U0650856

价值导向的 IT 治理体系与实践

金和平◎著

中国三峡出版社

图书在版编目（CIP）数据

价值导向的 IT 治理体系与实践 / 金和平著 . — 北京：
中国三峡出版社，2023.12

ISBN 978-7-5206-0307-2

Ⅰ.①价… Ⅱ.①金… Ⅲ.① IT 产业—企业管理—研
究 Ⅳ.① F49

中国国家版本馆 CIP 数据核字（2023）第 249435 号

责任编辑：李　东

中国三峡出版社出版发行

（北京市通州区粮市街 2 号院　101199）

电话：（010）59401514　59401529

http://media.ctg.com.cn

北京中科印刷有限公司印刷　新华书店经销

2024 年 4 月第 1 版　2024 年 4 月第 1 次印刷

开本：787 毫米 ×1092 毫米　1/16 开　印张：20

字数：435 千字

ISBN 978-7-5206-0307-2　定价：108.00 元

P 序

reface

　　读完金和平博士新作《价值导向的 IT 治理体系与实践》，顿觉耳目一新，稍稍回顾，又感到深深的释然。为什么耳目一新？是有感于作者在书中体现的"心"与"法"。"心"是指作者身为企业首席信息官，用心做事、细心管事、精心判事。"法"是指作者用科学的精神、系统的方法、求实的态度做好企业 IT 治理、总结企业 IT 治理。为什么感到深深的释然，是解开了我数十年关于企业 IT 治理的心结，心结是指如何找到企业 IT 应用和管理实践路径的可操作性。

　　几十年来，企业信息技术应用和管理，从早期的计算机信息处理到办公信息系统、管理信息系统、ERP，从机电一体化到自动化生产线、CAD、CAM、CAE、CIMS、MES 到智能制造，从单项技术应用到综合集成，从技术管理或系统的管理到信息中心管理、信息资源管理到 IT 治理，在大量成功的实践背后，还有许多失败或不成功的教训。如何使企业在信息技术快速进步、应用模式持续创新、企业发展战略和结构不断变革的环境下，取得 IT 治理的成功，既有上升到理论的高度，更要有实践路径的操作性，推动企业信息化、数字化、智能化的进程健康前行，是一个历史性、全局性的课题。

　　回答这个课题，要立足国情、把握趋势、融汇全球进展，科学地推动实践、精细地总结实践，既要将实践升华到理论层面，又要将实践置于理论的指导之下，实现理论、实践的良性互动、迭代优化。这正是本书的特点所在。作者以三峡集团 IT 治理的全方位内容为实例，诠释了理论与实践结合的 IT 治理途径。

　　首先，作者将 IT 治理归纳为五个重点内容：IT 战略与企业业务目标的一致、通过绩效的度量能够促进业务的发展、关注关键 IT 资源的优化和适当管理、IT 的风险要降低、要为企业交付价值。

其次，作者将这些内容转化为一个个具体的指标，并将这些指标定量化，落实到企业的所有组织机构，落实到具体的信息化工作内容，实现全年系统的绩效考核和评估。本书的主要篇幅都用于如何将 IT 治理的主要内容根据一个个治理对象（组织机构）的特征，实现量化的考核和评估，这正是作者的用心着力之处。

国内外信息化、数字化发展的经验表明，不同的企业具有各自的特殊性，无论是 IT 治理的重点还是定量化转换的方法、指标，都不可以照搬。但他山之石，可以攻玉。精读本书，不是照搬，而是理解理论与实践、IT 与企业目标结合的方法，领会细致入微的工作态度，创造性地构造适合本企业的 IT 治理理论和实践。只要坚持科学求实的方法、坚持精细踏实的作风，我国企业的信息化、数字化、智能化必将加快迈上新的台阶。

是以为序

2024 年元宵节

自 20 世纪 80 年代起，中国进入信息化浪潮时代，通过信息化建设，促进了社会进步和经济的高速发展。信息化不仅改变了人们的生产生活方式，更是改变了人们的思维方式和管理模式，随着互联网、大数据、云计算、人工智能等新一代信息数字技术的飞速发展，中国全面进入数字化转型，IT（信息技术）越来越深入到经济社会的各个方面，越来越深刻地影响着各种组织的运作和企业战略目标规划。

关于 IT 治理，中外学者给出了很多定义，美国 IT 治理协会给 IT 治理的定义是："IT 治理是一种引导和控制企业各种关系和流程的结构，这种结构安排，旨在通过平衡信息技术及其流程中的风险和收益，增加价值，以实现企业目标。"在信息化时代，随着我国数字化转型的推进和数字经济的发展，IT 在各种组织中的价值越来越大。相应地，IT 治理会发挥越来越重要的作用。

本书作者金和平博士长期担任大型企业 IT 部门负责人和 CIO，从事企业信息化建设和 IT 治理实践。本书凝聚了作者数十年相关工作经验成果，通过介绍以价值为导向的 IT 治理背景、大型央企 IT 治理实践和未来努力方向，深入阐述了 IT 治理的重要性和方法。

本书从当代 IT 治理面临的问题出发，通过对 IT 治理五个维度及相互关系的研究，结合作者在大型央企多年来的 IT 治理实践，提出基于价值创造的 IT 治理体系及其实现路径、方法和案例。

C目录
ontents

序

前　言

第 1 篇　价值导向的 IT 治理体系

第 1 章　IT 治理的发展背景 3

1.1　IT 治理的发展 3

1.2　IT 治理和公司治理 5

第 2 章　IT 角色的三个发展阶段 8

2.1　IT 治理角色的主要发展阶段 8

2.2　IT 在组织中发挥的作用 9

第 3 章　IT 治理的目标 11

第 4 章　IT 治理的五个关键领域及价值化特征 14

第 5 章　IT 治理的框架与机制 15

5.1　决策领域 15

5.2　决策原型 16

5.3　IT 治理机制 17

第 6 章　IT 治理绩效以价值为导向 19

第 2 篇　价值导向的 IT 治理实践

第 1 章　战略一致性 23

1.1　三峡集团业务战略发展轨迹 24

1.2　与匹配业务战略轨迹对应的信息化发展战略 26

1.3　保持战略一致性的路径 32

1.4　清洁能源开发资产密集型企业信息化蓝图架构 34

第 2 章　IT 绩效管理 36

2.1　IT 绩效管理考核评价的演进过程 36

2.2　以应用为导向设计信息化分类考核体系 37

2.3　主要应用系统的绩效评价方法 42

　　2.3.1　OA 系统 42

　　2.3.2　工程建设管理系统 46

　　2.3.3　生产管理系统 47

　　2.3.4　财务管理系统 47

　　2.3.5　eHR 管理系统 47

　　2.3.6　招采等其他管理系统 47

2.4　IT 绩效管理的 PDCA 循环 48

　　2.4.1　目标设定阶段 48

　　2.4.2　行动与辅导 49

　　2.4.3　评估与评价 50

　　2.4.4　反馈与奖惩 51

2.5　信息化国际对标策略和指标设计 52

　　2.5.1　信息化国际对标的策略 53

　　2.5.2　信息化国际对标体系设计 53

第 3 章　IT 资源管理 58

3.1　广义的 IT 资源 58

3.2　IT 资源的集约化管理方法 60

第 4 章　IT 风险管理 65

4.1　三种 IT 治理机制 66

　　4.1.1　选择合适的决策架构是 IT 风险控制的基础 66

4.1.2　IT 风险的全过程控制 67

4.1.3　全要素风控 73

4.1.4　多样化的沟通方法是 IT 治理成功的关键 80

4.2　IT 标准治理流程 82

4.2.1　信息化标准规范框架内容 82

4.2.2　信息化标准体系设计 84

4.2.3　信息化标准治理体系设计 87

4.3　风险控制成熟度与评价 90

4.3.1　成熟度模型 90

4.3.2　IT 内部控制工作评价 91

第 5 章　IT 审计 95

5.1　IT 审计体系建设 95

5.1.1　建设原则与策略 96

5.1.2　建设步骤 96

5.1.3　IT 审计工作路径 97

5.1.4　IT 审计管理框架 97

5.1.5　IT 审计评价与持续优化 98

5.2　基于技术的 IT 风险控制与审计实施 99

5.3　企业 IT 审计工作规划 100

5.3.1　IT 审计规范与指南 100

5.3.2　IT 风险控制及其审计计划 100

第 6 章　IT 价值交付 102

6.1　IT 价值分析体系 102

6.2　应用系统价值评价模型 103

6.3　工程建设管理信息系统的价值评价与效益分析 105

6.3.1　经济效益指标 105

6.3.2　经济效益分析方法 105

6.4　生产运营信息系统的价值评价与效益分析 108

6.4.1　直接经济效益分析方法 108

6.4.2　间接效益分析 111

6.5　资源管控型应用系统的价值评价与效益分析 113

6.6　共享通用综合事务型系统的价值评价与效益分析 115

6.7　IT 业务管理的价值评价与效益分析 116

6.7.1　集中采购节约成本分析 117

6.7.2　集中管理节约成本分析 120

第 7 章　IT 治理面临的问题及发展展望 123

7.1　IT 治理体系实施难点 123

7.2　IT 治理未来的发展道路 123

附　录

附录 A　IT 审计推进计划 127

附录 B　工程管理系统考核评价办法（示例） 129

附录 C　信息系统运行月报（示例） 140

附录 D　数据稽核报告（示例） 158

附录 E　信息系统考评分析报告与信息化考评反馈报告（示例） 171

附录 F　信息系统上线规范（示例） 251

附录 G　年度信息化效益分析报告（示例） 254

文中注释 308

参考文献 309

第1篇

价值导向的 IT 治理体系

第1章

IT 治理的发展背景

1.1 IT 治理的发展

　　IT 正以前所未有的速度改变着人们的生产生活方式，数据正在对整个人类社会产生巨大的影响，使得企业的运营更加高效，社会和企业开启了全面数字化转型。

　　IT 指的是信息技术，全称为 Information Technology，主要用于管理和处理信息所采用的各种技术的总称。它主要是应用计算机科学和通信技术来设计、开发、安装和实施信息系统及应用软件。IT 有 3 个层面内容，分别指硬件、软件和应用。对组织而言，唯有当信息得到有效应用时，IT 的价值才能得到充分发挥，也才真正实现了信息化、数字化的目标。信息化、数字化本身不是目标，它只是实现组织目标的一种技术手段。

　　IT 治理是用于描述企业或政府是否采用有效的机制，使 IT 的应用能够完成组织赋予它的使命，同时平衡信息技术与过程的风险，确保实现组织的战略目标。

　　现实中，众多企业的 IT 现状与对 IT 的期望值不吻合，企业经常面临以下难题：

　　（1）企业对 IT 系统的依赖性越来越强的同时，面临不断增多的系统薄弱性和各种各样的威胁；

　　（2）在信息与信息系统上的投资规模与成本在不断扩大，高投入带来了高风险；

　　（3）不断发展的信息技术显著地改变组织形式与商业模型，在创造出新的机遇并降低了成本的同时，也使得商业竞争不断加剧；

　　（4）现代企业 IT 系统的停机可能会造成业务受到巨大损失、声誉下降、竞争优势丧失；

　　（5）IT 项目的高失败率，使得企业无法实现其预期的创新与利益，不能实现对 IT 的投资回报，或者不能对投资回报进行测量；

　　（6）IT 技术的高速发展对企业的技术引进与更新提出挑战，企业面临技术不完备，

IT 人才缺失，不能有效利用新技术……

这些问题表明，企业中的 IT 业务已经逐渐超越了纯技术范畴，它与企业的战略、管理、运行等紧密结合在一起；这些问题也不是企业中的 IT 部门所能单独解决的问题，它是企业董事会与管理层要考虑的问题，因此为了使 IT 为企业创造价值并降低其固有风险，企业的董事会和管理层应当把公司治理延伸到 IT 领域，形成完善的 IT 治理结构，通过为 IT 提供必要的领导力、组织结构和相关战略管控过程，来保证企业的 IT 能支持企业战略和实现企业目标。

1999 年，英国商业、创新和技能部（Department for Business，Innovation and Skills，BIS）发布了《内部控制：综合准则董事指南》（*Internal Control：Guidance for Ditectors on the Combined Code*，*Turnbull Report*，*1999*）报告。该报告认为，企业风险来自于许多方面，而不仅是财务风险，在信息技术普遍应用于企业经营管理、决策和生产各个环节的今天，从过往案例看，在金融界所有过去的风险问题都是由内部控制疏忽、信息技术应用失败引起的，而且与企业对信息技术基础设施的依赖和应用新技术的风险密切相关，报告呼吁企业高层领导树立风险意识。

IT 的双重性表现在：一方面信息技术支持企业的信息数据资产，帮助企业在市场竞争和商业环境中提高反应速度、降低成本；另一方面，IT 和 IT 应用也存在着风险，要加强治理和管理。因此，企业中的关键信息系统，既要与企业的发展战略相匹配，确保"公司治理"有效、透明，同时也要规避 IT 自身的风险。企业所有者与管理者如何从 IT 角度关注日益重要的公司治理和风险管理问题，是当下数字化转型企业的首要问题[①]。

1999 年下半年，国际信息系统审计与控制协会（The Information System Audit and Control Association，ISACA）成立了 IT 治理研究院，专门研究 IT 治理的概念，并提供了信息及其相关技术的管理体系模型和最佳实务，帮助企业领导层认识有效实施 IT 治理的必要性与益处，从而保证长期的可持续的成功，并且增强利益相关者的价值。

多年来，IT 治理体系已在世界 100 多个国家和地区的重要组织与企业中成功运用，指导这些组织有效利用信息资源，有效地管理与信息相关的风险。研究与探讨 IT 治理，对于信息化、数字化转型的探索和实践有着重要的指导意义。

2002 年，在"安然事件"后的一片混乱中，美国颁布了萨班斯—奥克斯利法案（简称"萨班斯法案"）[②]。作为萨班斯法案中最重要的条款之一，404 条款明确规定了管理层应承担设立和维持一个应有的内部控制结构的职责。该条款要求上市公司必须在年报中提供内部控制报告和内部控制评价报告；上市公司的管理层和注册会计师都需要对

① 唐志豪，计春阳，胡克瑾 . IT 治理研究述评 [J]. 会计研究，2008（5）：76–82.
② 萨班斯法案，其全称为《2002 年公众公司会计改革和投资者保护法案》，由参议院银行委员会主席萨班斯（Paul Sarbanes）和众议院金融服务委员会（Committee on Financial Services）主席奥克斯利（Mike Oxley）联合提出。

企业的内部控制系统作出评价，注册会计师还必须对公司管理层评估过程以及内控系统结论进行相应的检查，并出具正式意见。

由于大多数公司都高度依赖基于信息技术的控制措施，因此，萨班斯法案出台迫使许多公司在 IT 治理方面都加大了投入，升级了陈旧的系统，提高了运行效率，提升了公司的内部控制和 IT 治理水平。

对于大多数企业和组织来讲，IT 技术、设备设施升级可以通过采购获得，而 IT 治理体系则必须由组织根据自身的发展战略、治理架构来构建，所以从某种意义上来讲，IT 治理比技术更重要。

1.2　IT 治理和公司治理

IT 治理是信息系统审计和控制领域中的理念，万国商业机器公司（International Business Machines Corporation，IBM）最早将此理念引入中国。IT 治理就是要从战略、制度、标准和规范的角度来重新认识 IT 问题并完善 IT 治理机制。IT 治理是公司治理的一部分，对于公司治理，1999 年出版的《公司治理的基本原则》一书所下的定义为：为确定组织目标和确保目标实现的绩效监控所提供的治理结构。

美国 IT 治理协会（IT Governance Institute）给 IT 治理的定义是："IT 治理是一种引导和控制企业各种关系和流程的结构，这种结构安排，旨在通过平衡信息技术及其流程中的风险和收益，增加价值，以实现企业目标[1]。"

IT 治理就是要明确有关 IT 决策权的归属机制和有关 IT 责任的承担机制，以鼓励 IT 应用的期望行为的产生，以连接战略目标、业务目标和 IT 目标，从而使企业从 IT 中获得最大的价值[2]。

IT 治理的一个关键性问题是：公司的 IT 投资是否与战略目标相一致，从而构筑必要的核心竞争力。因为企业目标变化太快，很难保证 IT 与商业目标始终保持一致，因此需要多方面的协调，保证 IT 治理继续沿着正确的方向前进，这也是 IT 投资者真正关心的问题。对 IT 治理而言，要能体现未来信息技术与未来企业战略的一致性，既要尽可能地保持开放性和长远性，以确保系统的稳定性和延续性，同时，又因为规划赶不上变化，再长远的规划也难以保证能跟上企业环境的变化。IT 治理中一个相对有效的应对方法是，在信息化、数字化规划时，认真分析企业的战略与 IT 支撑之间的影响度，

---

[1]　ITGI. Board Briefing on IT Governance（2001）. www.itgi.org
[2]　孟秀转，于秀艳，郝晓玲，等 . IT 治理：标准、框架与案例分析 [M]. 北京：清华大学出版社，2012.

并合理预测环境变化可能给企业战略带来的偏移，在规划时留有适当的余地，从业务战略到 IT 战略，做务实的牵引，不必追求大而全。

图 1-1-1 说明了 IT 治理和公司治理的关系，IT 治理有助于建立一个灵活的、具有适应性的企业。IT 治理能够影响企业战略与运作：企业能够感知市场正在发生的变化，使用知识资产并从中学习，进而创新产品、服务、渠道、过程；迅速变化，将革新带入市场，衡量业绩。IT 治理应该体现"以组织战略目标为中心"的思想，通过合理配置 IT 资源创造价值。企业治理侧重于企业整体规划，IT 治理侧重于企业中信息资源的有效利用和管理。

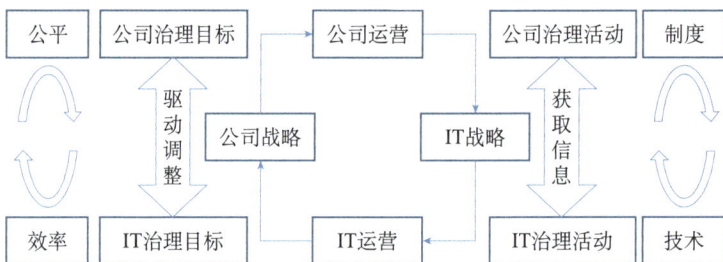

图 1-1-1 IT 治理和公司治理关系图

企业目标在于远景和商业模式，IT 目标在于商业模式的实施。企业目标与 IT 目标之间的关系如图 1-1-2[1] 所示：

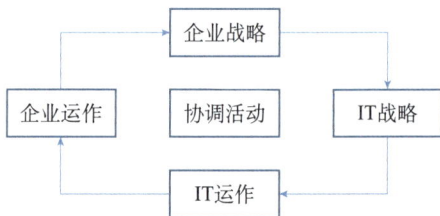

图 1-1-2 企业目标与 IT 目标之间的关系

概括地说，公司治理和 IT 治理都是市场（含政府）他律的机制，是如何"管好管理者"的机制，其目标也是一致的：达到业务永续运营，并增加企业的长期获利机会。无论大环境是好是坏，最高管理层（董事会）均应以达成其目标为责任，而且管理层需有能力协助其达成目标，因此，最高管理层（董事会）必须常常监督管理部门对决策判断与政策实施的绩效。

"斯达模式"[2] 这一被誉为国企摆脱困境、改革发展的创新模式，正说明了公司治理

---

① 孙强，郝亚斌，郝晓玲，等.IT 治理：中国信息化的必由之道 [J]. 办公自动化，2004（1）：5-8.
② "斯达模式"：以数据信息为基础，以计算机网络化为手段，把握"两个市场（采购、销售）、一个源泉（生产）"，以旬成本电算化为核心，进行两级控制、两级制约，促进定性管理向定量管理、静态管理向动态管理、事后管理向超前控制的转变，不断追求高效益。

和 IT 治理的重要性和互动关系。黑龙江纸业公司利用合资契机，对产权体制进行了改革，并按照现代企业制度要求，建立与市场竞争相适应的公司治理机制，明晰了企业产权，优化了生产要素配置，转变了职工观念，为大力进行信息化改造创造了有利条件；反过来，信息化也促进了公司的现代化管理[①]。

---

① 周志明，崔森. 制造型企业数字化转型的研究 [J]. 管理观察，2014（21）：80-82.

第 2 章
IT 角色的三个发展阶段

2.1 IT 治理角色的主要发展阶段

随着 IT 在企业发挥作用和担当角色以及被需求和重视程度的变化，IT 的发展主要可分为以下 3 个阶段[①]，递进关系如图 1-2-1 所示。

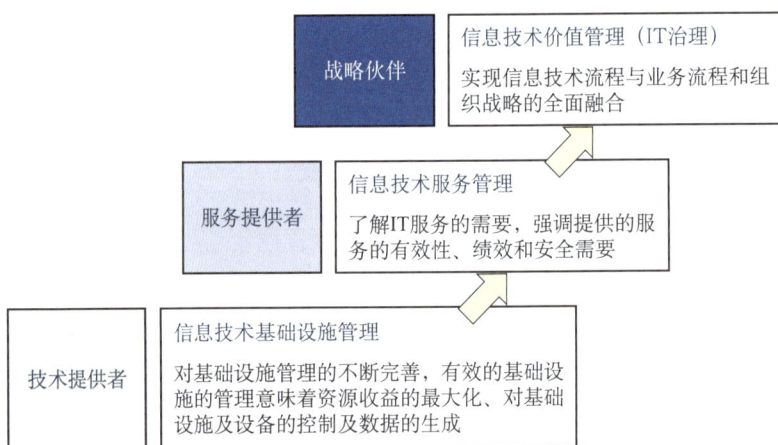

图 1-2-1 IT 治理角色发展阶段递进

第一阶段：技术提供者。在 20 世纪八九十年代，无论是在企业或政府等任何组织中，IT 角色主要负责硬件、软件或网络的搭建，主要是提供信息技术设施的管理，实现 IT 资源收益的最大化、对基础设施及设备的控制及数据的生成。

第二阶段：服务提供者。随着技术的发展、IT 作用越来越大和业务需求变化，IT 角色变为信息技术服务的提供者，主要是了解 IT 服务的需要，以保障服务的连续性，

---

① 金和平 . 以价值为导向的 IT 治理实践 [J]. 水电与抽水蓄能，2020，6（4）.

实现 IT 绩效以及安全需要。

第三阶段：战略伙伴。随着信息化、数字化转型成为社会变革、企业发展的"引领者"，越来越多的企业里面，IT 成为业务的战略伙伴，IT 角色变为信息技术价值的管理，实现 IT 流程与业务流程和企业战略的全面融合。

随着 IT 角色从一个很基础的角色地位发展到具有前瞻性的战略伙伴地位，相应地，IT 管理由单纯的信息技术基础设施管理、到被动型的信息技术服务管理、再到战略型信息技术价值管理，到达了 IT 治理的阶段。

2.2　IT 在组织中发挥的作用

当前，数字经济时代已全面来临，数据、网络、计算无处不在。从国家战略层面来看，国家提出网络强国、数字强国，提倡数字消费，促进数字经济发展。从国际环境层面来看，数字经济已成为大国之间较量的重要砝码。从企业发展要求来看，数字化赋能已经成为企业发展的常态。数字经济风起云涌，企业如果不开展数字化转型，终将会被淘汰，因此，各单位对数字化工作重视程度前所未有。然而，检验数字化转型成功与否的标准，不是企业用的设备更多，服务器更高级，而是企业的业务运营指标是不是更好，企业的效益是不是得到提升，比如企业的资源利用效率是不是更高了、能耗是否更低了；企业的设备是不是减少了维护时间和频次；企业的公文处理效率、质量是不是提高了，公文及各种数据资源利用是不是更充分了。因此，数字化转型要绩效驱动，IT 治理应以价值创造为导向。

随着业务的发展和转型，IT 建设的信息化广度和深度也在不断地拓展，信息化发挥的价值或者作用在不断凸显。对于一个组织特别是企业来讲，我们从"两个维度、四个象限"来分析 IT 投资对于企业竞争力提升的影响。

如图 1-2-2 所示，在纵向上，企业主要面对外部同行业竞争，企业竞争力体现在对市场变化反应的速度；在横向上，企业竞争力主要体现在自身运行效率、产品和服务的差异化等竞争力基础上。

在第三象限，对于市场变化不大、以提高效率降低运营成本为主提高竞争力的企业，IT 在组织当中发挥的作用主要就是最传统的利用 IT 技术节省成本的能力；换句话说，这个时候，企业之间竞争的技术和提供的产品差不多，市场很稳定，需求也很稳定，比如水、电、气生产与供应等民生保障公用事业，就是典型的处在这个维度中，市场稳定，产品单一，主要聚焦利用 IT 技术提高运行效率和资源的节约，通过降低成本，获得相应的价值和利益。

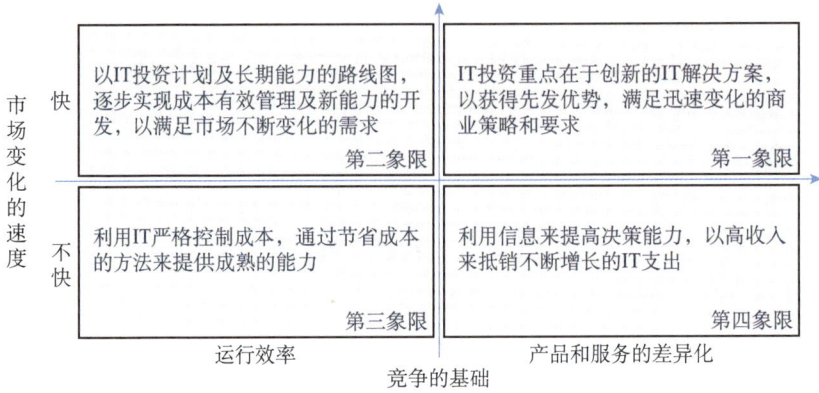

图 1-2-2　企业竞争力二维–四象限分析

在第四象限，主营业务变化速度不快的企业主要依靠产品和服务的差异化提高竞争力。比如手机行业，产品更新换代非常快，企业需要不断提供新的产品和服务。例如苹果公司对产品成本不太敏感，主要靠推出新产品和服务来抵销不断增长的 IT 支出，利用信息来提高决策能力，这里 IT 服务的重要性就更进了一个层次。

在第二象限，企业在进入一个新行业或新领域时，例如企业进军大数据产业，搞新型数据中心建设，即进入新基建领域，它跟传统的大坝、道路等基础设施老基建领域的技术是不一样的，这个时候企业就要求 IT 能够服务于企业新型业务领域的开发。

在最复杂的第一象限里，企业面向的市场是快速变化的，企业竞争靠产品的定制化和服务的差异化。对应企业就要有创新的 IT 解决方案，或者先发优势。例如阿里云计算来源于自身业务的驱动需要，电商商务要满足特定时间的大业务量需求，催生了云计算的发展，这时需要创新的 IT 解决方案来满足迅速变化的商业策略。阿里的发展愿景"让天下没有难做的生意"，这句话就解释了电子商务实际上就是传统交易的信息化，强调的是价值创造，在这样的领域，企业竞争要靠产品和服务的迅速更新变化来满足市场的需要时，更能体现 IT 的投资价值。

在探讨 IT 治理的目标之前，先看看 IT 治理可以解决哪些问题。我们先就公开报道的事件看一下 IT 治理失灵的例子。

IT 治理失败的例子之一是昆士兰医疗卫生部的工资系统项目。这个项目旨在更新旧有的工资系统以适应时代的需求，看似是一个出发点良好的项目。然而，从 2005 年开始，该项目在长达三年的时间里几乎没有任何实质性的进展，尽管投入了大量的咨询费用。这主要是因为项目小组的责权不分明，导致项目进展缓慢且效率低下。具体来说，昆士兰工党领导下的卫生厅部门雇佣了一个由埃森哲、SAP、Logica、IBM 等组成的业内精英团队来提供解决方案。然而，这个所谓的 "Payroll 梦之队" 在长时间内未能有效地推进项目，最终导致了大量的资源浪费和时间延误。后来，昆士兰州财政厅认识到这个问题，并在 2007年实行公开竞标，最终 IBM 赢得了合同。但即便更换了合同方，该项目的失败也已成为既定事实，对昆士兰医疗卫生部乃至整个州政府都造成了不良影响。这个案例揭示了 IT 治理失败的一个重要原因：责权不分明。当项目团队成员不明确自己的职责和权力时，就容易出现工作重叠、遗漏或者互相推诿的情况，从而导致项目进展缓慢甚至失败。此外，缺乏有效的沟通和协调也是导致 IT 治理失败的一个重要因素。在这个案例中，如果项目团队成员能够更好地沟通和协调，或许就能避免长时间的停滞和资源的浪费。因此，为了避免类似的 IT 治理失败，组织应该明确各个团队成员的职责和权力，确保他们能够有效地协作和沟通。同时，还需要制定详细的项目计划和时间表，并严格按照计划执行。此外，定期对项目进行评估和调整也是非常重要的，以确保项目能够按照预期的目标和进度进行。

IT 治理失败的另一个例子是英国国家卫生局（NHS）的 IT 系统升级计划，该计划最初预算为 6.9 亿美元，但最终成本高达 15 亿美元。然而，这个项目最终却以失败告终，对机构造成了巨大的损失。究其原因，在项目启动初期，没有建立一个明确的 IT 治理框架，导致项目的决策权分散在各个部门之间。这种缺乏统一领导和协调的情况导致了项目的多个方面存在冲突和矛盾。比如，技术部门希望采用最新的技术来确保系统的先进性和可扩展性，而业务部门则更关注系统的稳定性和与现有业务的兼容性。由于缺乏一个统一的决策机制，这些冲突无法得到妥善解决，项目预算不断增加，项目进展受到了严重的阻碍。此外，NHS 在项目执行过程中缺乏有效的风险管理机制，他们没有充分识别和评估项目可能面临的风险，也没有制定相应的应对措施，当项目遇到技术难题、人员变动等风险事件时，机构无法及时应对，导致项目出现了严重的延误和预算超支。

IT 治理失败的例子之三涉及新冠疫情，中国建设了传染病直报系统，建设运维费用在 10 亿元人民币左右，应该说是花费巨大，但在 2020 年新冠疫情暴发阶段，国家传染病直报系统并未发挥高效预防预警的效果，其实是 IT 投资无效的体现。如果 IT 投资未能帮助组织 / 企业实现预期的业务目标，如传染病直报系统并未发挥高效预防预警的效果，企业 ERP 系统未明显提高生产效率、扩大市场份额或提升客户满意度等，那么这种投资就是无效的，IT 投资未发挥效益。组织 / 企业在进行 IT 投资决策时应充分考虑业务需求、技术成熟度、员工接受度等因素，加强对 IT 项目的监管和评估，确保投资能够为组织 / 企业带来实际效益。

当然，也有不少 IT 治理成功的实例。比如：微软公司 IT 治理是一个典型的成功例子，微软通过建立完善的 IT 治理框架，确保了信息技术与业务战略的紧密结合，提高了 IT 决策的科学性和有效性，提升了 IT 服务的质量和效率，同时也增强了企业的竞争力和创新能力。

另一个成功的例子是亚马逊公司。亚马逊通过将 IT 决策与满足客户需求紧密结合、充分利用大数据分析来指导 IT 发展、注重培养和吸引 IT 领域的优秀人才、与众多企业建立良好的合作关系共同推动 IT 发展等有效的 IT 治理，实现了对海量数据的管理和利用，推动了电子商务业务的快速发展，成为全球领先的电商企业之一。

中国 IT 治理成功的案例包括：在 2000 年前后推出的"斯达模式"，通过全面的 IT 治理实现了黑龙江斯达造纸有限公司的跨越式发展，该公司以企业流程再造为突破口，以信息技术为依托，实现扁平化管理；以提高管理水平为重点，积极建设"管控一体化"系统，实现精益生产；以实现生产管理信息系统为主线，进行信息资源深度开发与利用，起到节能降耗、降低成本的作用。正是由于公司处理好了企业业务流程重组与企业信息化建设的关系，才使信息系统建设充分发挥。另一个是三峡集团，三峡工程管理系统（TGPMS）是我国水电界、工程界首次引进的大型集成化管理信息系统，是一个为设计、承包商、监理、业主共同完成一个项目目标而搭建的一个集成协同工作平台，在该平台上实现了以合同、财务为中心的数据加工、处理、传递及信息共享，以控制工程成本、确保工程质量、按期完成工程目标，该系统通过 IT 治理实现了大型工程供应链物流、价值流与资金流的协调统一，突破水电工程建设运营管控信息化数字化关键技术和平台建设难题，为推动行业科技进步和管理水平提升做出巨大贡献。

因此，IT 治理对业务目标而言有着战略意义，IT 治理状况直接影响到企业实现目标的可能性，通过 IT 治理机制可以合理避免以上发生的事件，良好的 IT 治理有助于增强企业的灵活性和学习能力，巧妙管理风险，辨别发展机遇。

对于企业最高管理层而言，IT 治理可以解决以下几个方面问题：

（1）发现 IT 本身的问题。例如 IT 项目未能实现期望价值的概率；终端用户是否满意 IT 服务的质量；是否有足够的 IT 资源、基础设施、竞争力来满足战略目标；IT 平均操作失误的原因；IT 没有推动业务改善而是阻碍业务的次数。

（2）帮助管理者处理 IT 问题。例如，IT 和组织战略目标的一致性程度；IT 的交付价值如何衡量；执行和管理人员采取什么样的战略动机来管理 IT；与企业运营成长的相关管理问题；企业是否清楚其业务目标与技术的关系；IT 之于业务是领先者、跟随者还是滞后者；企业对风险（风险规避和风险承担）是否清楚；有没有最新的企业相关 IT 风险的清单，采取哪些措施和行动来处理这些风险等。

（3）自我评估 IT 管理的效果。例如，是否经常向最高管理层定期汇报 IT 风险；IT 是否是最高管理层议程中的一个常用的术语，它是否以结构化形式表达；最高管理层是否就商业或业务目标与 IT 一致性进行阐明和沟通；最高管理层对主要 IT 投资是否有清楚的观点，包括风险和回报；最高管理层是否定期得到主要 IT 过程的报告；最高管理层在获取 IT 目标和限制 IT 风险时是否得到独立的保证等。

中国企业 IT 治理水平的高低造成了 IT 应用层次的差异[①]。一些单位有与其国际竞争对手一样的系统、软件，甚至技术和设备强于竞争对手，所以单从技术的成熟性和先进性而言，中国整体水平不低，但是为什么就没有竞争对手做得好呢？从 IT 治理的角度审视，其实技术的竞争早已超越了有与无的层面，甚至超越了抢夺技术最早占有权的层面，体现在业务和技术管理能力上的对抗。事实上中国目前所处的阶段缺乏的并不是先进的技术与设备，而是 IT 治理理念和管理方法论。IBM 大中国区金融事业部总经理张烈生说："所有把落败归咎于技术的人，都是在逃避一个事实：认识上的落后和管理上的无能"。当然，我们的周围也不乏在较落后的技术和设备上，把已有的技术应用得非常成功的范例。

IT 治理目标可归纳为以下几点：

（1）IT 治理要与业务目标一致。IT 治理要从组织目标和信息化战略中抽取信息需求和功能需求，形成总体的 IT 治理框架和系统整体模型，为进一步系统设计和实施奠定基础，保证信息技术跟上持续变化的业务目标。

（2）IT 治理要有效利用信息资源。目前信息化工程超期、IT 客户的需求没有满足、IT 平台不支持业务应用等问题较为突出，通过 IT 治理可以对信息资源的管理职责进行有效管理，保证投资的回收，并支持决策。

（3）IT 治理要强调风险管理。由于企业越来越依赖于 IT，新的风险不断涌现，例如，新出现的技术没有管理，不符合现有法律和规章制度、没有识别对 IT 服务的威胁等。IT 治理强调风险管理，通过制定信息资源的保护级别，强调关键的信息技术资源，有效实施监控、事故处理等。IT 治理使企业适应外部环境变化，为企业内部实现对业务流程中资源的有效利用，从而达到改善管理效率和水平的重要手段。

IT 治理的目标将帮助管理层建立以组织战略为导向，以外界环境为依据，以业务与 IT 整合为中心的观念，正确定位 IT 部门在整个组织中的作用，最终能够针对不同业务发展要求，整合信息资源，制定并执行推动组织发展的 IT 战略。

---

① 唐志豪 . IT 治理与企业绩效关系的实证研究 [M]. 北京：经济科学出版社，2012：144-152.

第 4 章
IT 治理的五个关键领域及价值化特征

IT 治理是一种控制组织关系和流程的框架，不是一个日常运营的管理流程，它是企业治理的组成部分。比如宏观的企业治理是股东会、董事会、监事会和经营层之间的关系，不包括每个部门的日常运作；IT 治理也是一样，在组织应用 IT 能力时，这些组织之间的关系和流程的框架是怎么样的？最终应该是能够确保通过 IT 的有效使用，增加企业的价值，实现组织预先设定的目标。

成功的企业能够理解 IT 风险，发掘并利用 IT 优势，通过保持 IT 战略与企业战略一致性，同时将受托责任分解于企业各个层面，增加 IT 价值创造，规避风险。

当然，IT 的成功表现有赖于在服务企业目的的过程中取得 IT 资源投资和使用优化，以及适当的绩效评估。

IT 治理的使命是保持 IT 与业务目标一致，推动业务发展，促使收益最大化，合理利用 IT 资源，适当管理与 IT 相关的风险[①]。

因此，高层管理者为保证 IT 运作有效实施，而必须重点关注的 5 个关键领域分别是：

（1）战略一致性，即 IT 战略与业务目标的一致；

（2）绩效度量，即通过绩效的度量能够促进业务的发展；

（3）资源管理，即关注关键 IT 资源的优化和适当管理；

（4）风险管控，即具有良好的风险意识，深入理解组织风险偏好、合规要求以及组织所面临的重大风险，并将风险管理的职责嵌入组织中[②]；

（5）价值交付，即确保 IT 实现预期战略收益。

IT 治理主要涉及两个方面：IT 要为企业交付价值，IT 风险要降低。IT 治理的五个领域都是由利益相关者价值驱动的，两个收益方面的内容即价值交付和风险规避，另两个方面来源于其驱动力，即战略一致性和绩效评估，而资源管理的目标是优化 IT 成本。

---

① 李维安，王德禄. IT 治理及其模型的比较分析 [J]. 首都经济贸易大学学报，2005（5）：44–48.
② 金和平. 以价值为导向的 IT 治理实践 [J]. 水电与抽水蓄能，2020，6（4）.

IT 治理的框架体系如图 1–5–1[①] 所示，即：IT 领域需要决策哪些问题、利用怎样的决策原型做出决策及做完决策以后怎样实施，从而促进 IT 技术能够创造有利于战略实施的价值。

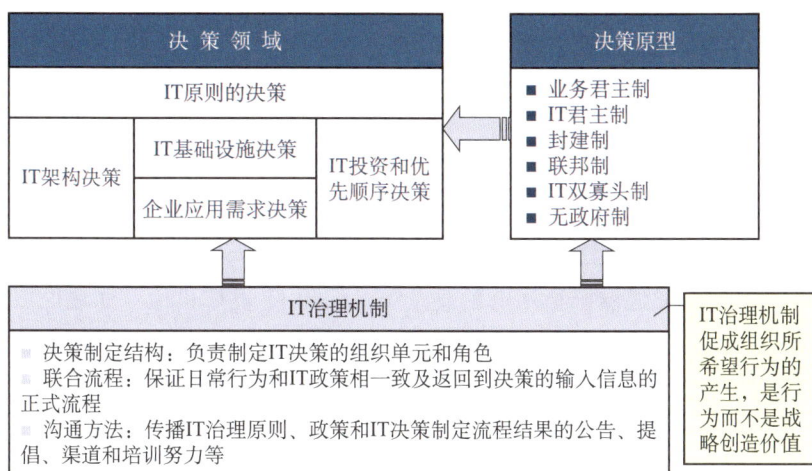

图 1-5-1　IT 治理机制框架

5.1　决策领域

IT 的决策领域主要包括 5 个方面：IT 原则的决策、IT 架构的决策、IT 投资和优先

---

① 金和平.以价值为导向的 IT 治理实践 [J].水电与抽水蓄能，2020，6（4）.

顺序决策、IT 基础设施决策、企业应用需求决策。其中，最重要的是 IT 原则的决策，IT 原则是对于 IT 在该企业如何运用相关的一系列最高陈述，是解决企业 IT 方向性的问题。企业要思考 IT 到底能干什么？能为企业创造什么价值？在技术方面，是先进性为主，还是以保护原有的投资和稳妥性为主？举例来说，有的企业要追求技术的先进性，一步到位就要上云（通过高速互联网，将企业基础设施、平台、业务等数据和应用程序存储在云服务器上），但有的企业还是传统 IT 投资更多，不想另起炉灶，浪费原有投资，以旧技术架构的 IT 继续保障企业业务的运转和连续性。笔者 2002 年到香港南丫电厂考察生产管理系统、企业资产维护系统时，看到他们用的还是磁盘操作系统（Disk Operating System，DOS）字符界面的应用软件，连 Microsoft Windows 操作系统图形界面都不是，他们觉得用得挺好，能够满足业务需要。所以，是否根据 IT 新技术立即升级原有系统，需要根据企业发展战略和业务需要，做出有利于价值创造的 IT 原则决策。

显然，IT 原则的决策在所有决策领域中具有决定性的作用。而架构的决策也非常重要，为了匹配企业战略和业务的发展，应该设计一个什么样的 IT 架构，来保证信息系统在相当长的时间内适应企业业务需要，对业务连续性和保障 IT 投资价值最大化具有重要意义。对于企业应用需求的决策，现实中很多业务部门两个概念分不清，一个是 want，一个是 need；want 是我想要的，need 是业务必须的、业务真正需要的；业务部门往往提需求的时候什么都想要，系统建设的时候却提不出真正的业务需求。还是以国家传染病直报系统为例，很多一线医生根本不知道怎么填，也不愿意去填，他不知道该怎么填、什么样的病症才属于传染病，因为当时新冠肺炎还没有纳入传染病，但系统里有一个疑似的肺炎可以填，这种需求是模糊的，所以我们一定要搞清楚需求、明确清晰实际的需求，才能开发建设好适用的信息系统，保障 IT 发挥价值。而之所以需要投资和优先顺序的决策，则是因为对于任何组织而言，它的资源都是有限的，无论是资金还是人力，确定 IT 投资重点和系统建设的优先顺序非常必要，好钢需要用在刀刃上。对于 IT 基础设施的决策，这是所有有效 IT 能力的基础。企业必须共享可靠的基础设施服务，需要考虑快速上线应用服务，以及决策企业是否需要上云；在适当的时候构建适当的基础设施的远见，可使企业的业务活动得以快速的开展信息化实施，使企业创造更大价值和成本节约成为可能。

5.2 决策原型

在阐述决策领域后，随之而来的就是怎样做出决策的问题，由于 IT 与业务的"紧耦合"性，使得有些项目是业务部门占决策主导地位，有些项目是 IT 部门占主导地位，有些项目是由业务和 IT 部门共同主导。以下通过提供一组 IT 治理原型，从而为 IT 决策权的分配提供选择。

IT 决策机制如图 1-5-1 所示，分别从 IT 原则、IT 架构、IT 基础设施战略、业务应用需求和 IT 投资 5 个维度，一共有"业务君主制、IT 君主制、封建制、联邦制、IT 双寡头制、无政府制"6 种决策原型[①]。6 个原型中的某一个原型，能够描述某公司是如何对 5 项关键 IT 决策中的一个或多个做出决策，或为决策者提供信息输入。

（1）业务君主制：由高级业务主管负责制定影响整个企业的 IT 决策。这里可能是一个或一群业务主管。

（2）IT 君主制：由专业的 IT 人员制定 IT 决策。这里可能是一个或一群 IT 主管。

（3）封建制：业务单位领导、关键流程负责人或其代表制定 IT 决策。这种模型并不十分常见，因为绝大多数企业都在追求贯通各个业务单位的协同性，这种模型不能为整体的决策制定提供便利。

（4）联邦制：由企业核心主管和业务团队共同制定 IT 决策。相当于中央政府和地方政府的协同工作方式。该模型最难以形成决策，因为企业特别是大型企业的领导者和业务部门所关注的问题是不同的，前者关注的是企业全面、持续和均衡的发展，后者一般只关心本部门业务的开展和绩效。该模式下，最大、最强的业务部门通常对决策产生最大影响。

（5）IT 双寡头制：由企业 IT 主管和业务主管共同制定 IT 决策，双方同等权力参与的治理安排。

（6）无政府制：即由每一个单独的业务单元，甚至由使用者制定 IT 决策。

企业采用什么样的决策原型，需要根据每个企业的发展现状、理念、模式由最高领导者明确，但每个企业都要有一个符合自身特点的科学决策架构，以保障 IT 价值创造和投资回报。

5.3　IT 治理机制

IT 治理机制促成组织所希望行为的产生，是行为而不是战略创造价值，战略指引未来、指明发展方向，但战略制定得再好，倘若没有行动、没有有效的落地，也创造不了价值。

企业通过一系列治理机制——结构、流程和沟通，来实施治理计划。设计周详的、

---

① Weill Peter，Jeanne W Ross. IT Governance：How Top Performers Manage IT Decision Rights for Superior Results[M]. Harvard Business School Press，2004：10-20.

容易理解的和清晰的机制，促进了期望 IT 行为的产生。相反，如果机制实施乏力，那么治理计划将不会产生预期的结果。

有效的治理运用了三种不同类型的机制：

（1）决策制定结构：负责制定 IT 决策的组织和角色，比如委员会、执行团队和业务 /IT 关系经理等。

（2）联合流程：用于保证日常行为和 IT 政策相一致，并提供返回到决策的输入信息的正式流程。包括 IT 投资建议和评估流程、架构例外流程、服务水平协议、费用分摊和指标等。

（3）沟通方法：传播 IT 治理原则、政策和 IT 决策制定流程结果的公告、会议、渠道和培训等。

IT 治理是指在企业或组织中，对信息技术（IT）资源和流程进行有效的管理和控制，以确保 IT 系统能够支持企业的战略目标和业务需求。IT 治理的目标是通过建立一套有效的治理框架和流程，确保 IT 投资的效益最大化，降低 IT 风险，并提高 IT 服务的质量和可靠性。IT 治理包括以下几个方面：

1. 战略规划：确定企业的 IT 战略和目标，与企业的战略目标相一致。

2. 组织架构：建立 IT 治理的组织架构和职责分工，确保 IT 决策的科学性和合理性。

3. 风险管理：识别和评估 IT 风险，并制定相应的风险管理策略。

4. 投资管理：对 IT 投资进行有效的管理和控制，确保 IT 投资的效益最大化。

5. 绩效管理：建立 IT 绩效评估体系，对 IT 服务的质量和绩效进行评估和改进。

总之，IT 治理是企业或组织管理 IT 资源和流程的一种方法，通过建立有效的治理框架和流程，确保 IT 系统能够支持企业的战略目标和业务需求。IT 治理机制就是分配好 IT 决策角色，进行决策程序管理的架构，是集成一致的联合可管控流程。IT 治理机制是 IT 价值创造的关键环节，是促进企业或组织希望行为的产生。

为了评估 IT 的有效性，衡量和管理对 IT 的所有支出以及由 IT 而获得的收益。IT 治理的绩效一般通过成本控制、业务增长、资产使用、业务灵活性等 4 个维度来进行衡量和评估[①]。

（1）在成本控制方面，考虑的是信息技术的有效利用，实现降本节支。一是制定 IT 成本控制策略，建立明确的 IT 成本控制策略和预算管理机制，定期审查和优化 IT 项目和支出。通过精细管理和合理分配资源，确保 IT 投资的合理性和回报率。二是持续优化和改进，IT 部门应不断评估和改进自身的工作流程和服务质量。通过定期的绩效评估和反馈机制，发现问题和瓶颈，并采取相应的措施进行改进。三是新技术的转型，IT 部门需要关注技术的发展趋势，并及时进行技术转型。比如，当从传统的服务器架构向云计算、容器化等新技术转变。这样的技术转型可能需要一定的投资和学习成本，但能够带来更高的效率和灵活性。

（2）在业务增长方面，考虑能否靠 IT 充分发挥作用来促进收入增长，实现企业增收。随着数字化和智能化的发展，IT 企业用户对实时性和即时性的需求将越来越高。他们希望能够实时获取和处理数据，以做出及时的决策和应对市场变化。因此，企业的关键业务处理平台需要提供更快的数据处理和分析能力，支持严苛的实时数据处理和实时决策，实现"更高，更快，更强"。另外一个方面，IT 企业用户对更复杂和细致的数据处理需求也会增加。他们希望能够进行更深入的数据分析和挖掘，以获取更多的商业洞察和价值。因此，关键业务处理平台需要具备更强大的数据处理和计算能力，支持更复杂的数据操作和算法，实现企业业务的增长。

（3）在资产使用方面，考虑是否通过 IT 来提高资产使用率，实现管理增效。IT 实现企业资产管理包括三个方面。一是清单管理，通过建立完整的资产清单，企业可以准确了解自己拥有的 IT 资产，包括数量、型号、配置等信息，从而更好地进行规划和管理。二是资产追踪和定位，IT 资产管理系统可以帮助企业追踪和定位各个资产的位置

[①] 维尔，罗斯 . IT 治理：一流绩效企业的 IT 治理之道 [M]. 杨波，译 . 商务印书馆，2005（5）.

和状态，提高资产利用率和管理效率。三是资产维护和保养管理，通过 IT 资产管理系统提醒企业对资产进行定期维护和保养，延长资产的使用寿命，减少故障和损失。通过 IT 管理资产，是企业自动化和简化资产管理流程，减少人工操作和错误，提高工作效率，为企业管理者提供全面的数据和报告，可以帮助企业管理层做出更明智的决策，优化资源配置。

（4）在 IT 有效利用方面，企业创造一个新的业务时，应考虑通过信息技术的有效应用来增加业务的灵活性，实现推动企业发展。一是在企业扩大规模时快速复制业务流程和管理模式，企业在同一业务领域设立新的分公司、子公司，通过 IT 可以迅速的将成熟的项目前期、投资管理、工程建设、人力资源、财务等系统在分子公司迅速铺开，助力新的市场迅速形成完整和严谨的团队工作能力。二是企业新业态的培育，通过 IT 有效利用数据分析，促使企业发现自身缺陷或者是提升的关键点，帮助企业找到行业创新点并形成新业态。

当评估治理绩效时，企业高层管理者应首先确定这四个因素在企业业务中的相对重要性，然后再按照各个因素评价企业绩效等级。

第 2 篇

价值导向的 IT 治理实践

在本篇中，作者结合二十多年信息化建设实践经验及大型企业集团 IT 治理的不断探索总结提升，按照 IT 治理的五个关键领域分别阐述如何通过有效的 IT 治理为企业增加和创造价值。

中国长江三峡集团有限公司（以下简称"三峡集团"）在发展过程中，通过 IT 治理"战略一致性、绩效管理、资源管理、风险管理、价值交付"5 个领域的探索实践，不断提升信息化对公司战略和业务的支撑能力和关键作用，以期为大型企业或组织在落地 IT 治理时提供参考和借鉴。本篇内容包括 IT 战略和组织战略保持一致的重要性，如何利用 IT 绩效管理推动 IT 战略落地，如何利用集约化的管理理念对 IT 资源进行整体配置和有效利用，如何通过一系列 IT 项目全生命周期风险控制和管理的办法，降低 IT 项目的失败率，更好发挥 IT 价值实现项目目标，IT 价值交付是如何实现的，以及量化分析计算和多维度定性分析的方法。

第1章
战略一致性

业务战略一致性是 IT 价值实现的最根本保障。为保障信息化建设顺利进行，信息化（数字化）战略必须成为企业战略的有机组成部分，企业战略实施和发展也离不开信息化建设的支撑。

三峡集团从一个单一的项目开发公司成长为世界最大的水电开发企业和中国领先的清洁能源集团，经历了多次重大业务战略调整、资产重组和管理变革，其 IT 战略也伴随着企业的战略发展持续优化调整，以适应企业发展和变革。图 2-1-1 是三峡集团战略发展轨迹，图 2-1-2 是三峡集团信息化发展轨迹。

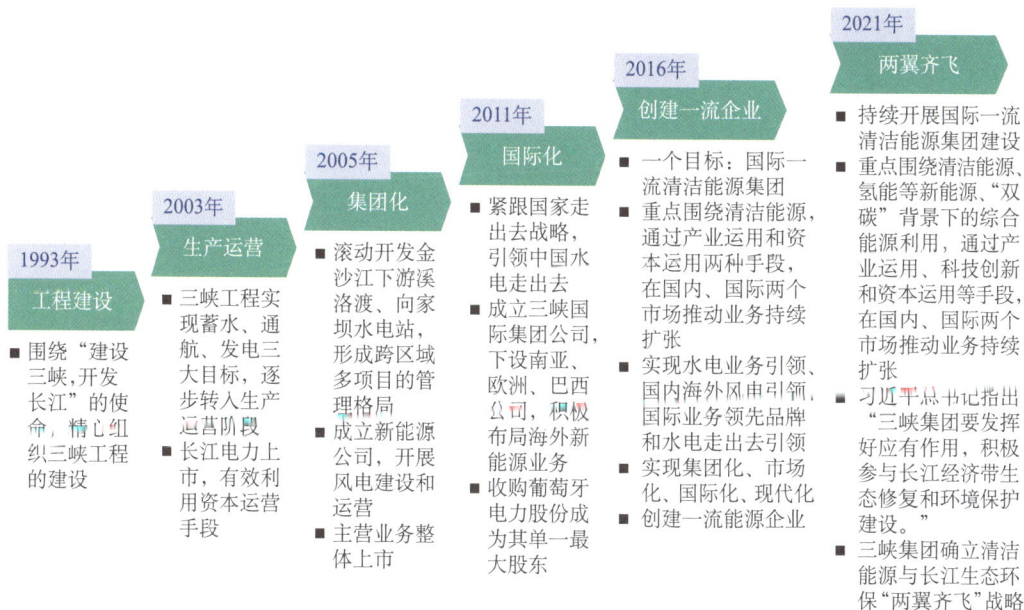

1993年
工程建设
- 围绕"建设三峡，开发长江"的使命，精心组织三峡工程的建设

2003年
生产运营
- 三峡工程实现蓄水、通航、发电三大目标，逐步转入生产运营阶段
- 长江电力上市，有效利用资本运营手段

2005年
集团化
- 滚动开发金沙江下游溪洛渡、向家坝水电站，形成跨区域多项目的管理格局
- 成立新能源公司，开展风电建设和运营
- 主营业务整体上市

2011年
国际化
- 紧跟国家走出去战略，引领中国水电走出去
- 成立三峡国际集团公司，下设南亚、欧洲、巴西公司，积极布局海外新能源业务
- 收购葡萄牙电力股份成为其单一最大股东

2016年
创建一流企业
- 一个目标：国际一流清洁能源集团重点围绕清洁能源，通过产业运用和资本运用两种手段，在国内、国际两个市场推动业务持续扩张
- 实现水电业务引领、国内海外风申引领、国际业务领先品牌和水电走出去引领
- 实现集团化、市场化、国际化、现代化创建一流能源企业

2021年
两翼齐飞
- 持续开展国际一流清洁能源集团建设
- 重点围绕清洁能源、氢能等新能源、"双碳"背景下的综合能源利用，通过产业运用、科技创新和资本运用等手段，在国内、国际两个市场推动业务持续扩张
- 习近平总书记指出"三峡集团要发挥好应有作用，积极参与长江经济带生态修复和环境保护建设。"
- 三峡集团确立清洁能源与长江生态环保"两翼齐飞"战略

图 2-1-1　三峡集团战略发展轨迹

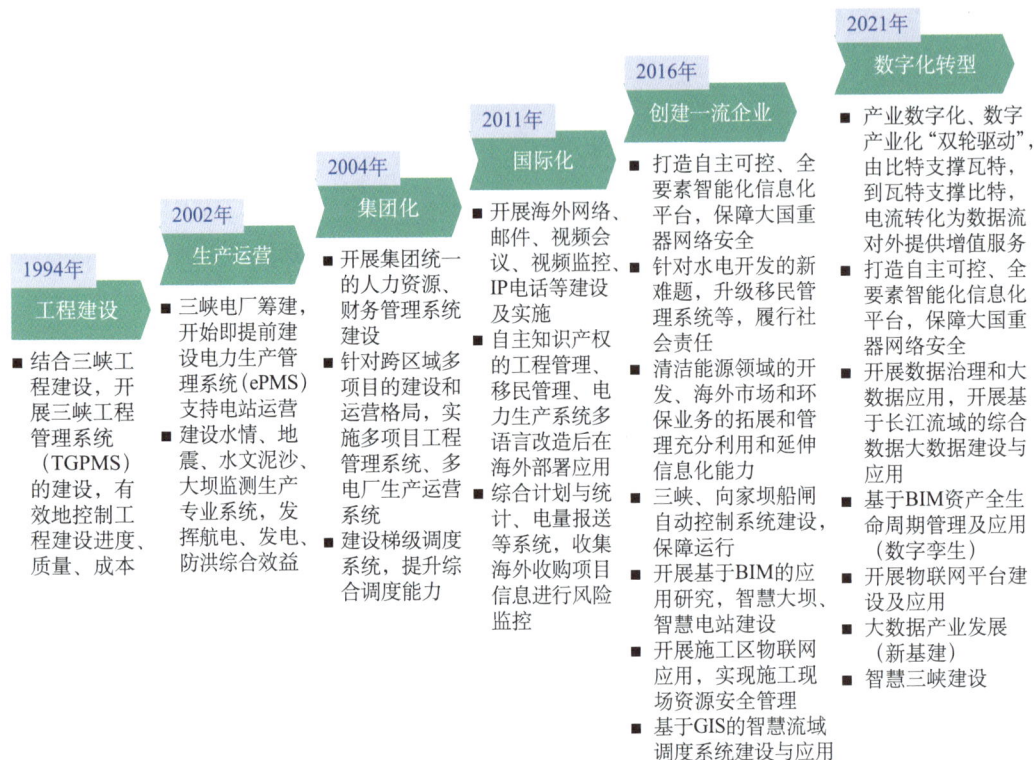

图 2-1-2　三峡集团信息化发展轨迹

通过从三峡集团业务发展和信息化发展轨迹对照来看，三峡集团信息化发展战略与业务战略轨迹高度一致，每个阶段的信息化战略很好地匹配了业务战略的重点和发展目标。

1.1　三峡集团业务战略发展轨迹

三峡集团业务发展轨迹大体上可以分为以下 6 个阶段：

阶段一：中国长江三峡工程开发总公司成立至三峡电厂首台机组发电。战略业务中心是建设三峡工程。

1993 年，经国务院批准，成立中国长江三峡工程开发总公司（以下简称"三峡总公司"），履行"建设三峡，开发长江"的伟大使命，主要目标是要建设好三峡工程，这一阶段其主要战略任务是保障三峡工程建设的进度、质量、安全和成本控制目标的实现。

阶段二：三峡工程初期蓄水、首批机组发电至开发建设金沙江两个超级电站。

2003 年，三峡工程实现初期蓄水、通航、发电三大目标，同时，三峡电厂首批机组发电后，逐步转入常规的生产运营阶段，于 20 世纪 80 年代建设投入运行的葛洲坝电厂并入三峡总公司。三峡工程进入边建设边运营阶段，这一阶段需要在搞好工程建设的同时，也要做好两大水电站的生产运营，发挥好大型水电工程的综合效益。这期间，重组原由华中电管局代管的葛洲坝电厂并完成改制，新成立的中国长江电力股份有限公司（简称长江电力）实现在上海证券交易所上市，企业利用资本运营的手段积累资金，逐步实现长江干流水资源的滚动开发。

阶段三：企业实现集团化管控。三峡集团开发建设金沙江下游溪洛渡、向家坝、乌东德和白鹤滩 4 个巨型水电站，开始长江流域梯级滚动开发；成立新能源公司开发风电和太阳能，公司主营业务由单一水电开发向多项目水电开发和新能源业务开拓，企业管控体系由单一项目管理逐步向构建集团化管控的架构转变，公司名称在 2009 年更名为中国长江三峡集团公司。

2005 年，三峡总公司开始转战金沙江下游，滚动开发 4 个巨型电站，形成跨区域、多项目的超级巨型水电工程管理格局。同时成立长江新能源开发有限公司，开始投资风能、太阳能。三峡电站资产注入长江电力，实现整体上市。

阶段四：开拓国际市场。"十二五"时期，三峡集团全面实现以下四个方面的转变：一是由单个工程项目建设公司向流域梯级滚动开发转变，二是由单一的水电向大型水电为主的综合性清洁能源开发转变，三是由单纯开发建设向开发建设与资本运营相结合的发展模式转变，四是由国内水电开发为主向国内水电开发和国际水电开发并举转变。

集团公司以马来西亚沐若水电站工程总承包（Engineering Procurement Cosntruction，EPC）项目为契机，积极拓展国际水电业务。原中央企业中国水利投资集团公司并入，并重组为两个子企业，一个是中国三峡新能源有限公司［后与长江新能源开发有限公司合并，更名为中国三峡新能源（集团）股份有限公司，于 2021 年实现上市］，另一个是中国水利水电对外公司（从 20 世纪 50 年代开始，一直从事国际工程承包业务），设立三峡国际能源投资集团有限公司，从 2011 年开始大规模进军国际市场。利用 2008 年金融危机后欧美国家出现的资产价值低谷机会，低价收购葡萄牙电力等国际优质能源资产，全面开展国际清洁能源投资，企业国际业务得到蓬勃发展，国际投资业务聚焦具备互联互通条件的周边国家市场、南美洲和非洲水资源富集市场、欧美发达国家新能源市场等，并稳步拓展国际配售电业务，国际承包业务覆盖 40 多个国家和地区。

阶段五：差异化竞争和创建国际一流企业。"十三五"期间，三峡集团根据自身水电技术特点和新能源资源禀赋，制订了"海上风电引领者"的业务发展战略；同时，根据国际竞争及外国技术卡脖子现状，积极推进国际一流企业建设工作，发布了《关于加快建设国际一流清洁能源集团实施方案》。

三峡集团的巨型水电站机组控制装置由国外引进，技术上依赖国外，因国际竞争的日趋激烈，存在卡脖子和安全隐患。"十三五"期间，解决卡脖子问题和差异化竞争成为企业核心能力发展的重要内容。2017 年完成公司制改制，由全民所有制企业变更为国有独资公司，名称变更为中国长江三峡集团有限公司，这期间重组进来了上海勘测设计研究院有限公司、湖北能源股份有限公司和重庆三峡水利电力（集团）股份有限公司。

阶段六：实施"两翼齐飞"战略。三峡集团正立足新发展阶段，完整、准确、全面贯彻新发展理念，构建新发展格局，推动高质量发展，奋力实施清洁能源和长江生态环保"两翼齐飞"。

2018 年，国家发展改革委、国务院国资委印发中国三峡集团战略发展定位意见，明确三峡集团在深度融入长江经济带、共抓长江大保护中发挥骨干主力作用。"十四五"期间，三峡集团制定了清洁能源和长江大保护"两翼齐飞"战略，成立长江生态环保集团有限公司、长江生态环境工程研究中心和长江绿色发展投资基金，切实承担长江大保护工作；同时通过科技创新和资本运营两种手段，在国内国际两个市场，积极推进数字化转型，开展科技创新，努力提升企业核心能力。"十四五"时期将基本建成世界一流清洁能源集团和国内领先的生态环保企业，努力为实现碳达峰、碳中和目标，促进经济社会发展全面绿色转型作出更大贡献。

1.2　与匹配业务战略轨迹对应的信息化发展战略

对应上述的企业战略发展轨迹，三峡集团的信息化发展战略与信息化建设完全与企业发展轨迹相一致，有力支撑了企业的业务发展和战略转型，具体如下：

阶段一：三峡工程管理系统（Three Gorges Project Management System）建设。

三峡集团 1993 年成立，启动三峡工程建设，对应当时的集团核心业务"三峡工程建设"，围绕工程建设管理的信息化工作至关重要，从 1994 年开始，三峡工程管理信息系统规划设计开发工作启动。这个阶段，三峡集团没有把主要人力物力投入到 OA 系统、财务系统、人资系统等管理信息化系统上，这个阶段最重要、最能创造价值的是工程建设管理的业务系统，所以，当时以总经理陆佑楣为首的公司高层果断决策，花重金从加拿大引进一套工程项目管理软件，更是看中了这套软件蕴含和固化的项目管理方法。当时花一个多亿人民币引进开发看不见摸不着的软件，公司内外很多人都持观望怀疑的态度，因为 20 世纪 90 年代初这种项目信息化失败的案例特别多，好在当时以陆佑楣为首的公司管理高层战略意志坚定，理念超前和清晰，就是要通过引进市场经济条件下西方先进的管理理念方法和现代化的计算机信息管理系统，来促进工程项目管理的科学化、市场化、规范化变革，助力三峡集团实现了水电建设引领的核心优势。

三峡工程管理系统建设模式是引进消化吸收再创造，公司决策由信息化部门牵头，举全公司之力，集中各部门各单位的业务骨干，联合相关高等院校、电子工业部、航天工业部、中国科学院等国内高水平水电工程管理和信息技术团队组成联合科研攻关团队，通过消化、吸收、再开发，成功开发建设了具有完全自主知识产权的三峡工程管理系统，并克服重重困难和障碍，在工程建设管理中推广应用实施，保障了三峡工程的顺利建设与交付，也成为荣获国家科技进步特等奖的三峡工程建设的重要组成部分。

三峡工程管理系统引进了当时世界上先进的管理理念、方法、模型，并结合中国大型工程建设实情、中国工程项目管理实践，对国外有数十年成熟应用的工程管理系统原型进行再造与开发，利用现代大型数据库技术，围绕项目管理核心，全面控制工程管理各方面各阶段数据，构建一个覆盖成本、进度、质量、设计、采购、施工、资产交付等各个业务环节的管控信息化平台，实现从项目概算→工程量清单→合同→计量支付→竣工验收→工程结算→财务竣工决算→资产移交全过程的管控，建立了一个跨组织、分布式协作、综合集成的大型工程综合管理控制系统，为我国大型工程建设管理提供了一个集工程管理模型、软件功能模块和数据体系三位一体的、符合中国工程项目管理实践的具有创新性的示范系统。

系统以合同管理为主线，管理范围全面覆盖工程建设各方面，构建了连接集团公司各管理部门并延伸至参建单位的工程管理协同工作平台，支撑了跨组织、跨地域对工程管理全过程、全方位的控制与管理，有效保障了工程建设进度、质量、成本三大控制目标的实现，实现了矩阵化 EPC 集成综合管理及大型工程供应链物流、价值流与资金流协调统一。

通过三峡工程管理系统的应用，能够强化岗位责任制和责任意识，方便岗位绩效评估，提高工程管理规范化程度和强化基础工作管理，促进和实现工程管理业务协调运作，形成高度集成的共享信息资源库，提高业务工作质量和效率，促进管理优化和资源优化配置，降低工程成本，提高管理工作的预见性和决策准确性、可靠性[①]。

经过历时二十余年深入系统的研究、开发和实施，通过持续的创新，三峡工程管理系统形成了拥有完全自主知识产权的核心技术，无论就其系统综合性能，还是其解决问题的规模和复杂程度的能力，都是超越了国内外其他同类系统，尤其在功能领域覆盖、流程适应性、协同工作、支持管理水平持续改进等方面，优于国际国内同类系统的总体水平。三峡工程管理系统在三峡工程成功应用，引起了工程建设行业的普遍关注，他们前往三峡考察、学习，均表示希望借鉴三峡工程管理系统的成功经验，提高工程建设管理水平。

2001 年 10 月，三峡总公司成立三峡高科信息技术有限责任公司（以下简称三峡高

---

① 樊启祥，强茂山，金和平，等 . 大型工程建设项目智能化管理 [J]. 水力发电学报，2017，36（2）：112–120.

科），目的是将具有自主知识产权的三峡工程管理系统推广到全国的水电工程建设和其他行业的工程建设上去，借此与中国工程界分享三峡工程建设中的管理经验和信息化建设成果。截至 2022 年，三峡工程管理系统成功应用于 245 个大型工程项目，管控资金超 3 万亿元人民币，在奥运场馆水立方、广州亚运城、北京大兴机场及金沙江流域、大渡河流域、乌江流域、岷江流域、清江流域、渠江流域等 30 多座国内外水电站的工程建设中，"四纵四横"中 7 条客运专线、300 多个新能源场站的建设、云南铜业新厂房建设、东岳庙数据中心建设、覆盖长江流域十一省市的长江大保护业务等工程中，都有三峡工程管理系统走过的足迹。上述工程的建设过程中，通过对三峡工程管理系统的应用，对提升工程建设管理水平、促进工程管理的规范化、科学化发挥了很好的作用，赢得用户和业界同行尊敬，为三峡集团赢得了良好的社会声誉，实现了三峡管理输出，传播了三峡文化，促进了我国大型工程建设整体管理水平的提高，也为集团公司科技成果市场转化积累了经验。

三峡工程管理系统在三峡集团内外部推广应用创造了巨大的社会效益和经济效益，经过二十多年的推广应用，三峡工程管理系统为三峡集团和三峡高科带来了诸多荣誉，包括：国家科技进步特等奖重要组成内容、湖北省科技进步一等奖、第十届中国国际软件博览会（INT'L SOFT CHINA 2006）金奖、广州市人民政府颁发的"广州市科学技术奖励三等奖"、云南省委省政府颁发的昆明新机场建设转场"先进集体嘉奖"、2019年（第四届）全国"互联网＋"智慧机场建设发展高峰会"优秀软件荣誉奖"等，成为国内工程建设信息化领域的典范和标杆。以三峡工程管理系统为基础，编制了国家标准 GB/T 35296—2017《财经信息技术建设项目投资管理软件通用数据》，带动了我国基本建设领域信息化水平的提升[①]。

阶段二：电力生产管理系统（Electric Power Production Management System）建设。

对应企业战略发展的第二个阶段，为保障 2003 年三峡电站实现首批机组发电，在 2002 年开始筹建三峡电厂的同时，启动了电力生产管理系统的建设，在三峡电站首批机组投产即同步上线了信息系统，为电站生产管理和运营提供了支撑。这在当时国内甚至全世界也是很少见的，即：业务系统上线比业务开始时间还早。电力生产管理系统是以打造三峡集团范围内所有电站、全部生产部门单位和全体生产员工集中使用的集团级电力生产管理信息系统为目标，在引进先进的国外企业资源计划系统（Enterprise Resource Planning，ERP）成熟软件的基础上，通过客户化开发建成的符合三峡集团特点的电力生产经营管理信息系统。电力生产管理系统包括设备维护管理、物资管理、财务与成本分析管理、计划合同管理、人力资源管理、技术文档管理、运行管理和安全及可靠性管理等八大业务模块，涵盖了电力生产经营管理的主要业务范畴。通过不断完善和推广实施，电力生产管理系统目前已建设成为一套完整的集团性电力企业管理信息系

---

① 金和平，潘建初，朱强. 水电工程信息化特征、架构与实践 [J]. 水电与抽水蓄能，2018，4（5）：1-9.

统，并完全覆盖三峡集团所有的电力生产业务活动。

2013 年整合完成后的新一代电力生产管理系统实现了与其他各业务系统的有机结合，形成了完整的功能闭环，业务数据实现了结构化和数字化的系统管理，关键业务报告实现了系统自动化生成，大大提高了电力生产各项业务管理的规范性，杜绝人工干预的随意性，进一步提高了企业电力生产管理的效率。电力生产管理系统作为跨区域大型水电站群电力生产管理信息系统，获得电力行业企业管理创新成果二等奖和电力行业信息化优秀成果一等奖，入选中央企业信息化示范工程，被亚洲权威杂志《MIS Asia》评为 2004 年度"管理信息系统创新奖"，成为该年度亚洲唯一当选的 ERP 项目，助力三峡集团实现了水电生产运营一流的核心优势。

这个时期，配合电站安全生产运行，三峡集团通过建设并依靠水情测报、地震、水文泥沙的监测、大坝安全监测等这些专业系统，来发挥三峡电站整个防洪、发电、航运的综合效益。

阶段三：集团级 ERP 系统和移民信息系统建设。

2004 年，三峡总公司各个专业业务板块已经初步形成，公司开始转型走集团化的道路，IT 治理方面及时决策，迅速开发了公司统一的人力资源和财务系统，在企业全面推广应用，并迅速覆盖重组进来的子企业，同时以档案管理系统为原型建设集团知识管理系统。

通过推行统一的财务信息系统，实现了对下属单位财务和资金的集中管理和实时监控，完成集团成员内核算、信息、管理的统一，形成了集团集中式财务管理模式，实现了集团内各成员单位会计核算和财务管理工作的规范化、程序化、标准化和数据的共享，为执行集团财务管理制度、规范会计核算流程提供了统一的信息技术平台；围绕集团业务计划、全面预算方案的制定、下达、控制及反馈流程，建立集团公司战略投资与计划预算管理系统，固化战略管理流程，并实现与业务系统应用、数据级集成，提升对计划预算执行过程和成本控制的支持；通过资本运营及财务战略管理系统，提高集团投资决策的科学性，降低系统性风险；通过实施固定资产管理系统和产权管理系统，能准确摸清集团"家底"，提高资产的利用率；通过网络报表系统实施各类决算报表、每月快报、内部管理报表及时快捷；网上自助报销系统通过与预算、费用执行情况关联，在费用发生时即进行实时控制；通过报销单据和借支单据的自动关联，借支、报销费用和个人（单位）账户进行关联，强化了集团公司预算管理和现金管理，方便了报销及审批过程；KPI 系统财务模块能实时展示集团各种财务信息，方便管理和领导决策。集团人力资源管理系统实现了集团公司人力资源管理业务动态信息集中，通过人力资源管理系统实现人员信息、组织机构、人员变动情况、薪酬福利、劳动合同、人事档案等信息的实时动态汇总、查询和分析，并将人事管理规范化、简单化；针对地域分布广阔、组织结构复杂、人员基础信息量大等特征，eHR 系统使企业人力资源信息由离散状态转向动态集中的状态，覆盖全体在职员工，提供全方位的人力资源管理、分析、决策支持服务^①。

在公司发展转型阶段，水电开发的新难题是移民。为解决这个难题，公司开创性地投资开发建设了移民管理信息系统，提出了"移民指标可核查、移民资金可追溯、移民安置效果可评价"的系统建设目标；建立了集自然、社会、经济等科学于一体的移民工作信息化协同管理模型，适用于多工程、多阶段、多单位、多层级用户，实现了移民管理的"全工作链"和"全数据链"；提出和设计了一套科学、规范、完整的水电移民实物指标编码体系，适用于水利水电工程各阶段实物指标管理。

这个系统不仅三峡集团在使用，更多的是提供给政府的移民工作人员以及广大移民来用，并推广到了国外水电工程建设中^②。"移民"对于水电工程来说十分重要，不仅是移民费用占投资的比重越来越高，如果移民不能按时搬迁出去的话，水库不能按时蓄水、电站根本不能发电，所以移民信息系统特别重要。几十万的移民，通过这个系统大大解放了移民工作者生产力，使移民工作变得非常高效，系统记录了每一户移民搬迁的实物情况，一棵树、一片瓦、一颗青苗都有照片和记录，每一笔拨款和支付情况都有原始记录，移民可以通过移动终端查询，资金管控变得规范，规避了风险。系统还包含移民安置工作、独立评估、后续帮扶工作功能，构建了移民管理各单位共同工作、资源共享的工作平台，促进了移民管理工作进一步科学化、规范化、程序化，提升了管理效率和管理水平，在实行政务公开、保护移民切身利益、促进移民资金管理规范、维护社会稳定等方面发挥了重要作用，带来了巨大经济效益和不可估量的社会效益。以移民信息系统为参照，编制发布了能源行业标准《水电工程征地移民实物指标分类编码标准》。

此外，针对跨区多项目的建设和运营格局，实时实施了多项目的工程管理系统。在水库调度和发电调度能力建设方面，开发建设并使用梯级调度系统来提升综合调度能力；为适应风电、光伏等新能源项目的投资建设，沿用了三峡工程管理系统等信息化建设科技成果，有力支撑了新能源业务的发展。

阶段四：信息化向国际化业务延伸。

"十二五"时期，公司紧跟国家"走出去"战略，逐步开拓国际市场，成立国际业务专业化子公司，主要在南亚、东南亚、欧洲、南美洲从事清洁能源领域的开发和海外市场的拓展，集团充分利用和延伸原有的信息化能力，把国内应用成熟的工程建设管理系统、电力生产管理系统等通过语言适配和加上当地的法律法规要求后就直接延伸到海外。比如马来西亚沐若总承包项目、巴基斯坦基拉姆河流域的卡洛特、科哈拉等一系列工程开发，全部使用三峡工程管理系统。海外项目逐步纳入集团公司信息化管理范畴，及时监控建设、生产、经营数据；利用"数字地球"，将集团国际有关业务状况、地点

① 林初学，毕亚雄，梁福林，等.移民管理信息系统研发与应用[C].全国电力行业企业现代化管理创新5年经典案例集.中国电力企业管理[J].2015（1Z）：520–523.
② 樊启祥，金和平，翁文林，等.基于数字流域的梯级水电工程管理系统设计与应用实践[J].水力发电学报，2016，35（1）：136–145.

位置、风险点等信息接入集团综合运营监控指挥系统。引入国际先进咨询机构资源库数据，建立集团全球海外清洁能源资源库系统。根据项目所在国家的有关法律法规和移民政策，修改完善移民管理信息系统现有功能，在海外水电站建设项目推广实施。这个时期的 IT 治理，公司开展了"创一流企业信息化的国际对标"，通过与国际先进信息化企业的对标分析，找出薄弱环节有针对性地加以改进。

另外，在资本重组方面，三峡集团重组并购了中国水利投资集团公司、中国水利水电对外公司、湖北能源集团股份有限公司、上海勘测设计研究院有限公司等数个企业，都是将公司已有的信息系统直接延伸部署到新的子企业。

阶段五：信息化支撑集团创建一流企业。

"十三五"时期，三峡集团战略目标是成为以"实现水电业务引领、国内海上风电引领、国际业务领先品牌和水电走出去引领"为标志的国际一流企业。这个时期的信息化重点开展了数据治理和大数据平台建设，从集团层面保障数据信息共享，打通各个管理和业务流程，实现信息快速流通、任务快速执行、科学决策和远程指挥调度，克服大企业病问题。另外，三峡及金沙江下游四座巨型电站都是国家的大国重器，三峡工程重要的工业控制系统大多引进的是国外技术和产品，公司信息化的另一个重点是围绕自主可控、安全可信开展基于国产化软硬件的替代，提供软硬件平台支撑清洁能源系统运行控制技术攻关：一是打造自主可控、全要素智能化信息化平台，保障大国重器网络安全；二是开展工业控制系统软硬件研究，拟通过三至五年努力实现自主可控；三是针对水电开发的新难题，升级智慧移民管理系统等，履行社会责任；四是清洁能源领域的开发、海外市场和环保业务的拓展及管理，充分利用和延伸信息化能力；五是开展三峡、向家坝船闸自动控制系统建设，保障运行；六是开展基于建筑信息模型（Building Information Modeling，BIM）的应用研究，智慧大坝、智慧电站建设[①]；七是开展施工区物联网应用，实现施工现场资源安全管理；八是建设基于地理信息科学（Geographic Information Science，GIS）的智慧流域调度系统与应用。

阶段六：开始数字化转型。

"十四五"时期，三峡集团由单一清洁能源开发向清洁能源开发和长江大保护"两翼齐飞"转变。公司紧跟国家数字化转型战略，积极推动和开展数字化转型。

一是通过产业数字化、数字产业化"双轮驱动"，由比特支撑瓦特，到瓦特支撑比特，电流转化为数据流对外提供增值服务；二是充分利用最新技术继续打造自主可控、全要素智能化信息化平台；三是继续进行数据治理和基于大数据平台开展应用，利用数据为企业创造价值；四是开展基于 BIM 的资产全生命周期数字化建设及应用（数字孪生）；五是打造物联网平台，为数字化转型提供基础支撑；六是基于长江流域的综合数据大数据建设与应用；七是进行大数据产业发展，以零碳数据中心投资建设作为突

---

① 金和平，柳东，张睿，等 . 基于 BIM 的水电资产全生命周期管理系统架构及实践 [J]. 水电与抽水蓄能，2021，7（4）：7-14.

破口。

同时，为积极支撑长江大保护业务开展，将三峡工程管理系统推广应用到环保建设业务中，开发建设智慧水务和水管家信息化平台，开发"管线宝"软件，助力城市污水管网建设和智慧管理。开展水资源全生命周期数字化转型基础设施建设，开发建设涵盖数据管理、工程建设、业务运营的智慧水务数字化平台，形成可复制可推广的智慧水务运营管控模式，为"清洁长江"提供支撑。到 2022 年，已形成"管线宝""水务通"两项具备自主知识产权的智慧水务核心产品，有效解决了城市治水管水过程中的管线全生命周期管理和日常运营应用这两大核心业务需求。在国家"3060 双碳"战略目标下，我国能源发展趋势快速向绿色低碳发展，由传统的单一能源发展模式向综合能源发展模式转变，集中式能源系统向集中式与分布式相协调的能源系统转变，因此，数字化是传统能源转型的必然途径。为此，公司按照构建全场景、全网络、全生态互联的新兴业态和赋能模式，形成多能转换、多能互补、多网融合的综合协同能源体系的基本思路，开发建设"能管云"数字化能源管控与服务平台，横向打通电、气、水、热（冷）能源之间的信息壁垒，实现能源协同供应，纵向实现"源网荷储充"能源统筹互动优化和业务互融，实现能源流、信息流、业务流和价值流的交汇贯通，提供用能的态势感知、预测调度、智能运维、运营分析、营销客服、项目评估、能源交易七大功能，实现数字化、智能化的能源生产、供应、消费、存储和服务。

通过以上战略发展阶段与信息化建设阶段的对照，说明三峡集团整个信息化建设的轨迹与三峡集团发展的战略轨迹是完全一致的，有的地方甚至是超前的。信息化已成为三峡集团整体改制战略转型重要的支撑和管理工具，在决策支持、管理创新、管理复制和风险管控方面起到重要的支撑和引领作用，特别是管理复制，在企业开展一个新业务时，直接沿用过去成熟的流程、系统，实践证明确实非常经济和快速，降低了很多管控风险。

1.3 保持战略一致性的路径

企业如何使 IT 战略和业务发展战略能够保持高度的一致性呢？需要从规划、计划预算、制度等各方面来落实。主要通过以下途径，一是在企业发展战略中应明晰信息化目标定位，将信息化战略规划纳入企业战略发展规划中，按年制订信息化执行计划，对信息化规划实施定期评估与分析，与时俱进地不断修订和改进规划，实现信息化战略与业务战略一致性的闭环管理和迭代提升。

三峡集团信息化战略非常清晰，在三峡集团发展的前四个阶段，基于集团公司发展的战略，清晰明确了信息化战略目标是建设国际一流的信息化。在信息化战略目标指引下，三峡集团抓住两条主线，如同大多数资产密集型企业一样，一是建设、交付好的资产，二是把资产管理运营好，使资产发挥更大的价值。

三峡集团作为清洁能源企业，是不依赖于物资资源而依赖自然资源生产的资产密集型企业，其两条主线主要就是工程建设和生产运营，一方面要保证投资巨大、生命周期长的资产高标准地建设与交付，另一方面要长期运营好这些资产。企业核心资源定位为三大核心资源：人力、资本和信息，这里的信息资源是广义的，包括知识管理也是信息的一个部分。这个阶段的三峡集团固化并提升四个企业级的核心能力，长远地支撑企业发展和面向市场核心竞争力的提升，对应开发建设和实施的业务信息化系统，全面支持集团四个方面的战略转变。

另外，信息化战略规划要刚性可靠地落地。三峡集团信息化总体规划作为三峡集团战略规划的子规划，专门出台了信息化规划的管理办法，将企业的信息化规划分为多个层次，包括集团信息化战略规划、重要业务信息系统专项规划、技术设施等专项信息技术规划、子企业信息化规划等。每五年以国家国民经济的发展计划和三峡集团战略发展规划为依据，做三峡集团五年的 IT 战略规划，这是刚性的要求和制度性安排。每年在适当的时候还做一些修编，最重大的业务信息系统有专项的业务系统规划设计，比如工程建设管理系统、电力生产管理系统、移民管理信息系统、流域梯级调度系统、智慧大坝平台等，这些都要组织专项的规划设计。

每年信息化投资预算和项目计划保障了规划的落地实施。三峡集团信息化规划和计划的管理办法，除了规定信息化战略规划的编制以外，还规定了信息化年度计划汇编、审核、审批、下达与监督执行。各部门、各单位年度信息化建设计划纳入三峡集团年度综合计划，从而保证三峡集团整个信息化建设和企业的战略能力、业务能够高度匹配。

企业信息化规划与计划管理办法，一般包括以下几个方面的内容：

第一，制订办法的目的是为加强和规范企业的信息化建设规划与计划管理工作，使信息化更好地服务于企业的中心工作，服务于公司的整体战略发展，是为了避免企业信息化建设"各自为政"、信息系统重复建设、"烟囱式"发展，保障集团信息资源整合与集成应用。

第二，企业信息化总体规划应明确公司信息化发展的战略目标、政策蓝图和实施路径，引领公司的信息化工作；信息化重大项目应做专项规划，并明确信息化项目的目标、原则和实施路径；信息化年度计划应围绕企业年度工作目标，明确当年的信息化建设任务，并纳入公司综合计划管理进行强管控。另外，要明确公司信息化总体规划、重大项目专项规划和信息化年度计划的组织、审核和审批机构及权限。

第三，是要规定信息化规划与计划的内容和程序，一是将信息化总体规划作为企业发展战略和规划的组成部分，与企业战略发展规划编制工作相配套，定期组织编制，作为指导企业信息化建设的框架文件和中长期发展规划的职能规划。二是大型企业下属各单位可在集团信息化总体规划基础上，结合本单位情况另行编制信息化子规划或实施规划。三是信息化总体规划报告编制一般分三个阶段：业务需求与信息化现状分析，信息化蓝图设计，实施路径制定。

第四，是企业要在信息化总体规划指导下，结合信息化现状和实际需求编制年度信息化工作计划，作为企业的专项计划严格执行。要加强信息化年度计划项目管理，新增补项目计划或计划内项目调整目标值，需要履行相应报审报批程序。企业要将信息化总体规划和年度计划中的信息化预算纳入企业预算管理，按有关制度严格执行。

第五，是企业要加强信息化工作计划完成情况考核评价工作，除考核工作完成情况外，还要评价工作计划与总体规划的符合程度，具体考核指标及权重在年度考核文件中明确。要定期总结和审议企业信息化工作情况，对信息化工作计划执行情况对照总体规划进行检查和总结回顾，根据实际情况对信息化规划作适当调整。要编制企业年度信息化报告，通过报告发布展现企业核心能力和信息化价值。

通过以上这些措施，保证 IT 战略与企业发展战略的高度一致，从而促进 IT 更好地去为企业创造价值。

1.4 清洁能源开发资产密集型企业信息化蓝图架构

三峡集团是一家以大型水电开发与运营为主的清洁能源集团，主营业务是水电工程建设与管理、电力生产、相关专业技术服务。水电开发属一次能源开发，产品原料是可再生永续利用的自然资源。这决定了水电开发建设投资高，运营成本低，产品成本更多地取决于建设过程形成的设备折旧及利息。水电工程开发属重资产行业，资本性支出占比高，建设投资大、周期长，成功的工程建设管理及交付有竞争力的资产，对工程运营效果起到决定性作用。

水电工程的信息化特征，与其开发特点密切相关，主要表现在如下几个方面：

（1）工程建设在水电工程开发全生命周期中的地位及复杂性，决定了工程建设信息化是水电工程信息化的重中之重，利用 IT 科学有效地管理和控制工程建设，决定了能否形成有竞争力的水电资产。

（2）资源禀赋与自然环境密切相关，对自然环境的监测和物的感知成为信息化数字化、智能化的重要基础。

（3）移民管理成为最大的挑战，移民涉及的社会管理、政府治理急需信息化支撑。

（4）生态环境保护越来越成为制约因素，生态环境监测信息化日益重要。

（5）重资产、资金密集的特点决定了利用信息系统进行资金的集中高效管理，提高资金使用效率，降低资金成本成为提升开发效益的关键。

（6）建设和运营与空间属性密切相关，空间信息技术的应用领域广泛。

基于以上特征分析，水电工程业务信息化平台主要分为两大应用平台：由水电资产全生命周期管理（Asset Lifecyle Management，ALM）平台和流域全要素数字化智慧化管理（Intelligent River，I-River）平台组成。

水电工程资产全生命周期管理平台（ALM）架构如图 2-1-3 所示，以 BIM 技术为支撑，以水电资产建造运营管理为主线，贯穿水电工程规划设计、开发建设、生产运营全过程，集成水电各专业数字化信息系统，最终形成水电资产全生命周期管理平台。

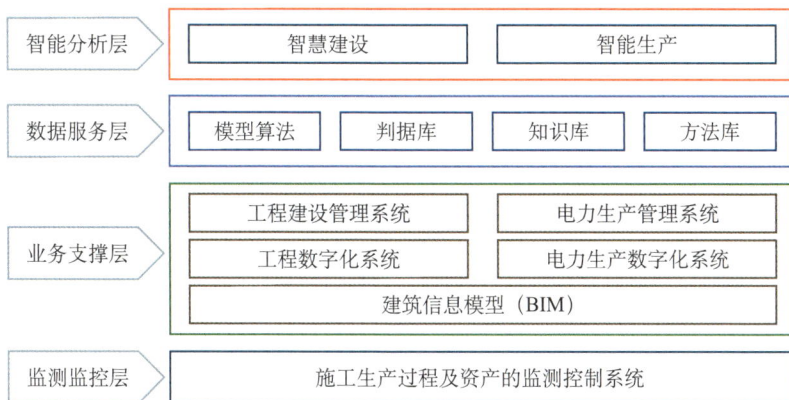

图 2-1-3　水电工程资产全生命周期管理平台（ALM）架构

流域全要素数字化智慧化管理平台 I-River 架构如图 2-1-4 所示，旨在地理空间平台的基础上，将流域各电站、库区的地形、地貌、环境、水文、泥沙、移民等信息集成管理，对流域的自然要素和人类活动要素进行全方位的数字化重构，为工程建设、电力生产、灾害防治以及库区管理提供服务，最终建成智慧流域。

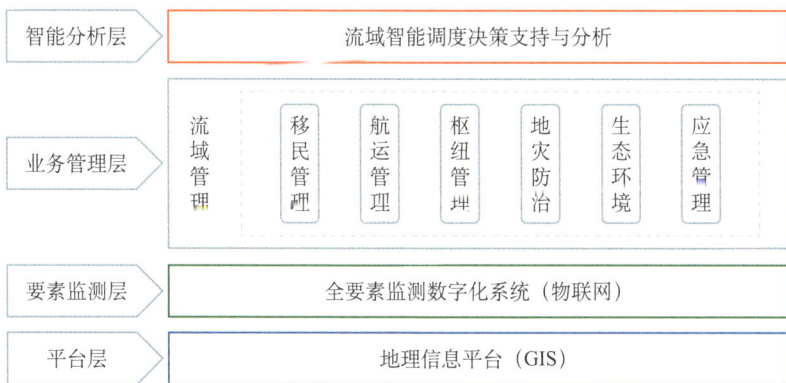

图 2-1-4　流域全要素数字化智慧化管理平台 I-River 架构

第 2 章
IT 绩效管理

IT 绩效管理是促进 IT 系统有效落地实施并不断优化提升应用水平的最根本保障，制订好了 IT 战略，就要有效的实施落地，促使其能够创造更多的价值，推进信息化的关键手段是 IT 绩效管理与考核评价。IT 绩效管理需要随着企业信息化进程不断迭代优化完善，建立一套适应企业管理水平和业务战略的动态绩效跟踪考核评价体系。本章将笔者多年在企业 IT 绩效管理方面的实施经验、评价方法论、动态优化过程等作系统的优化和总结。

三峡集团积极推进信息化绩效与考核评价，将信息化考评与部门绩效挂钩，确保集团能成功和有效地整合管理、业务活动与信息技术应用。IT 绩效管理用来保障信息化建设价值达到预定目标，确保有效地整合管理流程、业务流程与信息技术。通过信息化绩效管理，以管理企业的思维与方法开展 IT 治理，确保信息化建设与三峡集团业务战略保持一致，对三峡集团的集团化管控和生产运营发挥支撑作用。

2.1　IT 绩效管理考核评价的演进过程

确立 IT 绩效考评任务作为信息化实施的重要手段，从生产经营主营业务板块先行，扩展至职能管理。

三峡集团近 20 年来的信息化绩效考评工作从局部到全面、从人工考评到动态量化数据采集自动评分、从主要对 IT 业务的考评逐步过渡到主要对以 IT 支撑的业务能力水平的评价，形成了完整的信息化绩效体系。

三峡集团很早就策划并制订了信息化绩效管理制度，一直沿用至今。2004 年，《中国三峡总公司信息化建设总体规划》明确提出要将信息化考核作为推进信息化工作的重要举措付诸实施，并将其纳入信息化工作办公室的工作职责。2005 年，三峡集团启动信息化考核评价工作，颁发《中国三峡总公司信息化考核办法》并不断进行修订，作为信息化考核的总则、大纲，正式将信息化考核评价纳入所有下属公司和业务部门年度绩效考核。2006 年，又将总部职能部门及其他直属单位纳入信息化绩效考评范围。

三峡集团从集团层面对业务部门建立信息化应用水平绩效，考评各部门和业务单位的使用效果、数据质量、推广力度等，并将信息化考评纳入到各单位的年度绩效考核指标中，占一定的分值，从而更好地推动企业信息化建设。

2.2　以应用为导向设计信息化分类考核体系

三峡集团始终坚持科学、客观、公正和有针对性的信息化考核评价原则，根据不同业务板块设计分类考评体系，以应用为导向，重视效益效果，确保三峡集团能成功和有效地整合管理、业务活动与信息技术。如图 2-2-1 所示，三峡集团将信息化绩效考核指标分为基础指标与应用系统指标二类。

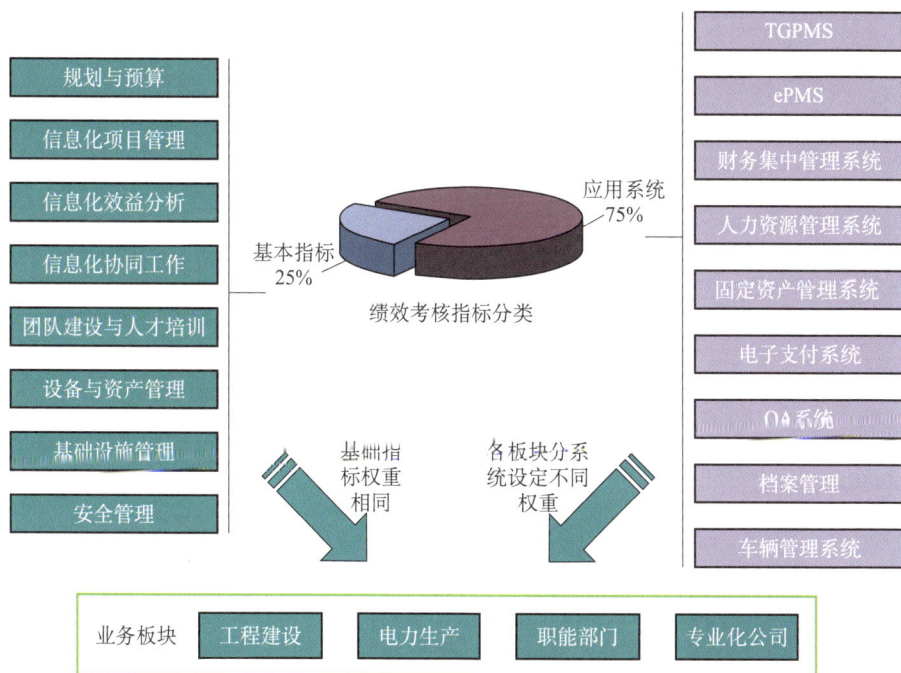

图 2-2-1　三峡集团绩效考核评价体系

其中，基础指标是考核信息化建设的保障和每个单位信息化管理的水平，针对三峡集团所有的部门和业务板块。考核内容包括：信息化领导力、信息化制度建设与协同工作、规划与预算、信息化项目管理、信息化效益分析、团队建设与人才培训、设备与资产管理、基础设施管理、网络安全管理、信息沟通与交流、软件著作权专利申报情况以及获得各种奖励情况等。

应用系统指标是根据集团公司对工程建设、电力生产等价值创造主链，集团职能管理部门和专业化服务公司等业务板块分系统设计不同的权重，所考核的系统包括三峡工程管理系统、电力生产管理系统、财务集中管理系统、人力资源管理系统、固定资产管理系统、电子支付系统、OA 系统、档案管理、车辆管理系统等。如表 2-2-1 所示，是三峡集团 xxxx 年度各单位信息化考评权重情况，根据每个单位和部门的工作重点、业务范围制订出系统应用打分权重。

表 2-2-1　三峡集团 xxxx 年度各单位信息化考评权重

单位	基本指标	应用系统												合计
		TGPMS	ePMS	eHR	财务管理	资金电子服务	固定资产实物管理	OA/EIIS	车辆管理	档案管理	移民管理系统	招投标与电子商务	集团互联网站	
枢纽管理局	25	35		2		5	8	15	5	5				100
工程建设管理局	25	40		2		5	8	15	5					100
机电工程局	25	40		2			8	20	5					100
移民工作局	25	10		2			8	15	5		35			100
溪洛渡建设部	25	40		2			8	15	5	5				100
向家坝建设部	25	40		2			8	15	5	5				100
白鹤滩筹备组	25	40		2			8	20	5					100
乌东德筹备组	25	40		2			8	20	5					100
小南海筹备组	25	40		2			8	25						100
呼蓄公司	25	30			10	10	5	5	10	5				100
长江电力	25		30		10	10	5	5	5	5		5		100
三峡国际	25	5			10	10	5	5	35	5			5	100

续表

单位	基本指标	应用系统												合计
		TGPMS	ePMS	eHR	财务管理	资金电子服务	固定资产实物管理	OA/EIIS	车辆管理	档案管理	移民管理系统	招投标与电子商务	集团互联网站	
三峡新能源	25	10		20	20	5		20						100
中水电公司	25			20	20	5		30						100
三峡发展公司	25	25		10	10	5	10	10	5					100
财务公司	25			10	10	30	10	10	5					100
旅游公司	25			20	20	5	10	15	5					100
设备公司	25	25		10	10	5	10	10	5					100
招标公司	25			10	10	5	5	10	5			30		100
多能公司	25			20	20	5	10	20						100
水电公司	25			20	20	5	10	15	5					100
实业公司	25			20	20	5	10	15	5					100
高科公司	25			20	20	5	10	20						100
中华鲟研究所	25			20	20	5	10	20						100
办公厅	25	5		2			10	33	5	15			5	100
战略发展部	25	5		2			10	48		5			5	100
计划合同部	25	46		2			10	10		5			2	100
资产财务部	25	5		2	40		10	10		5			3	100
资本运营部	25	5		2			10	58						100
人力资源部	25	10		35			10	10		5				100
科技环保部	25	10		2			10	43		5			5	100
质量安全部	25	10		2			10	48		5				100

而表 2-2-2 则是 xxxx 年度三峡集团针对所有被考评单位信息化考评基本指标表，其包括了考评打分方法：

表 2-2-2　xxxx 年度三峡集团针对所有被考评单位信息化考评基本指标表

信息化基本指标考核评价评分细则
1. 信息安全管理（6 分）
①信息安全制度（1 分）
未制定本单位信息安全制度的扣 1 分
②信息安全措施（1 分）
针对信息安全检查出现的隐患问题，未及时采取措施或措施不得力的扣 1 分
③计算机病毒防治（2 分）
未出台计算机病毒管理规定的扣 1 分；因内部计算机病毒造成区域网络停运的，一次扣 1 分；造成全局网络停运的，一次扣 2 分；内部计算机病毒防治软件未按要求安装或安装比例未达到 100% 的，扣 1 分；内部计算机操作系统补丁未按要求安装或安装比例未达到 100% 的，扣 1 分；集团公司中毒机器查询系统中连续 3 天显示病毒情况严重的单位，扣 2 分；该项最低为 0 分
④信息安全事故（1 分）
发生信息安全事故，造成信息安全隐患、信息泄密或重要数据丢失的，扣 1 分
⑤系统账号管理规范（1 分）
无信息系统账号申请内部审批制度的扣 1 分；未能对人员变动情况及时跟踪，定期向信息中心反馈变更系统账号信息的扣 1 分，有反馈但不完整的扣 0.5 分；该项最低为 0 分
2. 信息化领导力（3 分）
①信息化领导小组设置情况（1 分）
本单位未设置信息化领导小组并报备的扣 1 分（职能部门不适用）
②本单位领导推动信息化工作情况（1 分）
根据本单位年度内未召开有会议纪要的信息化会议次数或对信息化工作批示的次数评分
③领导使用信息系统的情况（1 分）
根据部门单位领导使用信息系统频次评分
3. 信息化制度建设与协同工作（3 分）
①信息化制度建设（1 分）
未制定本单位有关信息化制度扣 1 分
②参加集团公司信息化会议情况（1 分）
根据信息中心记载评分，每少参加一次扣 0.5 分，该项最低得分 0 分
③协同工作情况（1 分）
根据集团公司信息办要求认真组织需求、积极参加信息化建设各项活动，做到按时提交各种材料。材料每未提交一次扣 1 分，未按时提交一次扣 0.5 分，本项最低得分 0 分
4. 信息化计划预算编报与执行情况（2 分）
①计划预算编报（1 分）
按集团信息办年度计划预算编制要求同步编报下一年信息化计划预算得 1 分，未编报 0 分

②预算完成率（1分）
当年预算完成率 ×1
5. 信息化项目管理情况（2分）
①项目立项与技术方案评审（1分）
项目实施前编制立项报告及技术方案并经审批或报送备案，每有一项实施前未按规定报集团公司信息办的，扣 0.5 分。该项最低为 0 分
②项目实施与验收（1分）
依据项目实施和验收情况评分。要求项目建设认真执行国家及集团公司有关规范、标准，实施过程控制得力，验收资料齐全，组织有力
6. 信息化团队建设与人才培训（2分）
①信息化培训情况（1分）
根据员工参加各类信息化培训比例确定得分
②信息化专兼职人员持证情况（1分）
信息化专兼职人员持证（含国家、行业或集团公司各种信息化专业技术技能证书）比率最高者得 1 分，其他用插值法确定得分
7. 信息化绩效管理和价值分析（2分）
①信息化考核评价（1分）
未建立信息化岗位责任制扣 0.5 分，未开展内部信息化考核评价扣 0.5 分
②信息化价值分析（1分）
未进行信息化价值分析扣 1 分。分析应依据信息化对技术创新、经营管理、工作方式产生的影响进行，或信息化对增加的价值和节约的成本进行分析，或在经营、管理和工作中遇到的问题如何通过信息化得到改善分析；分析应全面深入，有理有据，定性和定量相结合
8. 信息设备和资产管理（3分）
①信息资产集团化采购（1分）
自行采购一次，扣 1 分；未按时支付货款一次，扣 0.5 分。该项最低为 0 分
②信息资产管理情况（1分）
未执行集团公司信息类设备配置标准（含网络设备），一次扣 0.5 分；固定资产台账信息出现差错，每发现一项扣 0.5 分；未能对人员变动情况及时跟踪，并向主管部门反馈，扣 0.5 分；该项最低为 0 分
③视频会议系统配合（1分）
"（适用于总部职能部门、各建设部门、各下属公司） 有相对固定的综合部门人员负责视频会议的组织、协调和配合工作；召开视频会议前能够提前预订各地会议室、及时通知与会人员、明确公告会议安排；事先联系视频会议保障人员或归口管理部门做好保障准备工作，未做到一次扣 0.5 分。 （适用于总部视频会议归口管理部门、各建设部门、各下属公司） 配备专/兼职视频会议技术人员，负责视频会议技术保障，技术人员变动情况及时报告信息中心；在开会前技术人员能够按要求提前配合调试，会议中能够旁站职守，会议后做好信息的及时反馈；加强日常维护，确保系统始终处于随时可用的状态，保障系统的正常运行和会议的顺利召开，未做到一次扣 0.5 分。"

续表

9.信息化基础设施（2分）
①信息化基础设施建设（1分）
自建信息基础设施的单位，未满足集团公司设备配置规范的扣1分
②内部网络管理执行情况（1分）
无网络管理责任制的扣1分；未制订相关规范、制度，确保信息基础设施安全的扣1分；出现网络私接、乱接的情况，一次扣1分；该项最低为0分
总分25分，得分合计
特别情况加分项（最高不超过5分）
加分由各单位通过信息化总结材料自行申报。员工参加集团公司各种计算机技能竞赛、征文活动等获奖，获一等奖一次加1分；获二等奖一次加0.5分；获三等奖一次加0.25分，最高不超过2分。在国家一级刊物上发表信息化相关论文，每发表一篇加1分，最高不超过2分；行业、省、部、国家信息化奖励，每获奖一次加1分，最高不超过2分。在信息化专栏发布信息，每发布一篇得0.1分，最高不超过2分。在国资委中央企业创新信息平台发布信息，每发布一篇得0.1分，最高不超过2分。子企业发文设置CIO加1分。子企业开展信息化考评并与绩效挂钩加1分。在集团信息化标准栏目中每发布一条标准（规范或制度）加0.1分，最高不超过2分

2.3 主要应用系统的绩效评价方法

考评内容根据软件开发、IT 运维、应用实施、IT 管理等不同内容，选择不同的考评方法。

2.3.1 OA 系统

以 OA（办公自动化）系统为例，考核办法做到了量化细化和完全以业务为导向，考核指标设计从单纯的 IT 应用对应 OA 支撑的业务指标，通过数据的滤波及处理，保障考评结果科学合理的基础上减少过程的复杂性。

OA 的主要功能是公文的处理以及信息的发布。通过考核公文的上网率，促进线上进行公文处理以及信息的发布；通过考核公文差错率，提高公文的质量；通过考核发文、收文和签报的平均处理时长，考核公文处理的效率；通过考核信息发布与访问量，提高信息发布数量与质量等。总之，通过多个维度、精准并可量化的考核指标，体现应用系统的应用水平以及对业务价值提升的程度，来促进价值创造。

OA 系统应用考核评价各指标权重设置见表 2-2-3。

表 2-2-3　OA 系统应用考核评价各指标权重设置

考核指标	权重
发文情况	50%
收文情况	40%
信息发布情况	10%
系统使用广度	加分项最高 5 分

原则上所有统计数据由 OA 系统自动统计得到。其他需要提供的数据来源包括：发文出错信息来自系统管理员日常维护记录。

每项指标的评价打分采用百分制，各项指标的最低得分为 0 分。总得分为各考评指标得分乘权重与加分之和，总得分最高 100 分。各个指标考评打分方法如下：

（1）发文情况

从发文办结率（A1）、发文平均办理时长（A2）、发文出错次数（A3）这三个方面进行评价，评价方法与标准如下：

①发文办结率（占发文情况评价权重 40%）

$$A1=A11 \div A12$$

$$S11=A1 \times 40$$

式中　A11——本单位年度发文已办结文件数；

　　　A12——本单位年度发文总数；

　　　S11——发文办结率得分。

（年度发文总数是指在上年 12 月 16 日至当年 12 月 15 日期间发起的文件。在此期间发起的文件至当年 12 月 31 日归档确定为已办结文件，超过当年 12 月 31 日还未归档确定为未办结文件。）

②发文平均办理时长（占发文情况评价权重 60%）。该项采用比率法或平滑分类区间打分方法。采用比率法时最优值取最大值，但缺陷是，当某一单位发文处理效率特别高，高出绝大多数单位样本，会造成分值的严重不平衡，影响参评单位的积极性。此时，可以采用合理最优样本值作为满分值，或者采用平滑分类区间打分法。平滑分类区间打分法计算方法如下：

$$A2=（A21-A22）\div A22 \times 100$$

其得分值 S12 按区间划分为以下 5 个等级，计算公式为：

$$S12=\begin{cases} 60 & (若\ A2<0) \\ 55 & (若\ 0\leqslant A2<10) \\ 50 & (若\ 10\leqslant A2<30) \\ 45 & (若\ 30\leqslant A2<50) \\ 40 & (若\ A2\geqslant 50) \end{cases}$$

式中　A21——本单位发文平均办理时长；

　　　A22——系统发文平均办理时长；

　　　S12——发文平均办理时长得分。

本单位发文平均办理时长——当年流经本单位的所有发文和签报流程节点（含本单位、其他单位、集团公司的发文、签报流程，以小时计算，下同）。在本单位各办理人员处停留的时长之和 ÷ 当年流经本单位的所有发文和签报流程节点个数之和（若同一办理环节经过多次，算作多个节点个数；多人同时处理的会签节点，算作多个节点个数，下同。）

系统发文平均办理时长——当年集团 OA 系统所有发文时长平均值取得。

③发文出错（归档后需要管理员修改或收回记为发文出错）

最高扣 5 分，最低不扣分。

$$A31=A3 \div A11$$

$$S13=A31 \times 100 （若 A31 \leqslant 0.05）$$

$$=5 （若 A31 > 0.05）$$

式中　A31——出错率；

　　　A11——本单位年度发文已办结文件数；

　　　S13——发文出错项得分。

$$A=（S11+S12-S13）\times 0.5$$

式中　A ——发文情况最后得分。

（2）收文情况评价

从收文办结率（B1）、收文平均办理时长（B2）两个方面进行评价，评价方法与标准如下：

①收文办结率（占收文情况考核权重 40%）

$$B1=B11 \div B12$$

$$S21=B1 \times 40$$

式中　B11——单位年度收文已办结文件数；

　　　B12——本单位年度收文总数；

　　　S21——收文办结率项得分。

年度收文总数是指在前一年 12 月 16 日至当年 12 月 15 日期间本单位收文流程收到或发起的文件。在此期间的收文至当年 12 月 31 日归档确定为已办结文件，超过当年 12 月 31 日还未归档确定为未办结文件。

②收文平均办理时长（占收文情况评价权重 60%）

$$B2=（B21-B22）\div B22 \times 100$$

该项采用比率法或平滑分类区间打分方法，其得分值 S22 按区间划分为以下 5 个等级，计算公式为：

$$S22=\begin{cases} 60 & (若\ B2<0) \\ 55 & (若\ 0\leqslant B2<10) \\ 50 & (若\ 10\leqslant B2<30) \\ 45 & (若\ 30\leqslant B2<50) \\ 40 & (若\ B2\geqslant 50) \end{cases}$$

式中　B21——本单位收文平均办理时长；

　　　B22——系统收文平均办理时长；

　　　S22——收文平均办理时长得分。

本单位收文平均办理时长——当年流经本单位的所有收文流程节点（含本单位、其他单位、集团公司的收文流程，以小时计算，下同）在本单位各办理人员处停留的时长之和÷当年流经本单位的所有收文流程节点个数之和（若同一办理环节经过多次，算作多个节点个数；多人同时处理的会签节点，算作多个节点个数）。

系统收文平均办理时长——当年集团 OA 系统所有收文时长平均值取得。

$$B=(S21+S22)\times 0.4$$

式中　B——收文情况最后得分。

（3）信息发布情况评价

通过对各单位使用 OA 系统人均信息发布量（C1）、信息平均点击数（C2）两个方面进行考核，评价方法与标准如下：

① 人均信息发布量（占信息发布评价权重 50%）

$$C1=C11\div C12$$

该项采用平滑分类打分方法，其得分值 S31 按区间划分为以下 3 个等级，计算公式为：

$$S31=\begin{cases} 100 & (若\ C1\geqslant 1) \\ 70 & (若\ 1>C1\geqslant 0.5) \\ 50 & (若\ C1<0.5) \end{cases}$$

式中　C11——本单位年度信息发布总量；

　　　C12——本单位 OA 系统注册人数；

　　　S31——人均信息发布量项得分。

② 信息平均点击数（占信息发布评价权重 50%）

$$C2=C21\div C22$$

该项采用平滑分类打分方法，其得分值 S32 按区间划分为以下 6 个等级，计算公式为：

$$S32=\begin{cases} 100 & (若\ C2\geqslant 25) \\ 90 & (若\ 25>C2\geqslant 19) \\ 80 & (若\ 19>C2\geqslant 15) \\ 75 & (若\ 15>C2\geqslant 10) \\ 70 & (若\ 10>C2\geqslant 5) \\ 60 & (若\ C2<5) \end{cases}$$

信息发布情况最后得分：

式中　C21——本单位年度信息点击数总量；

　　　C22——本单位年度信息发布总量；

　　　S32——信息平均点击数得分；

　　　C ——信息发布情况最后得分。

（4）系统使用广度评价

设置满分 5 分（最高 5 分），对各单位使用 OA 系统除公文流程外，使用其他工作流程及其使用效率两个方面进行评价。

系统使用广度评价方法与标准如下：

D1= 每增加一个其他工作流程应用，且在当年持续使用过程中，加 1 分。

D2= 每增加一个其他工作流程应用，但提交上线 3 个月未正式使用，或启用后使用频率不高、中途停用超过 3 个月，扣 1 分。

$$D=D1–D2（D≤5）$$

式中　D1——其他工作流程应用得分；

　　　D2——其他工作流程应用扣分；

　　　D ——系统使用广度最后得分。

综上所述，OA 系统应用考核评价总得分：S=A+B+C+D。

2.3.2　工程建设管理系统

工程建设是资产密集型企业价值创造链的核心环节。工程管理系统（TGPMS）是三峡集团核心的业务信息系统，自 20 世纪 90 年代末开始投入运行至今，其功能不断完善，其考核评价指标体系也在不断地演变和完善中。随着系统应用的不断深入，其发展变化大致经历了两个阶段：第一个阶段主要是 20 世纪为了推动系统应用；第二个阶段则是提升各部门各单位的应用水平，充分发挥三峡工程管理系统的作用并创造更大的价值。与这两个阶段相对应的评价体系也大为不同：第一阶段主要是鼓励用户用系统，用户用的功能模块越多，其考核评价得分就越高，这个阶段的考核评价相对较为简单，但符合当时应用阶段的实际情况；第二个阶段则重建了整个评价体系，新体系通过带权重精确到表单字段级的数据质量评分为主，兼顾激励用户多用数据、创新应用和主动进行效益分析。各功能模块所占权重会根据应用情况每年进行动态调整，对于新投运、重要的或者应用水平较低的模块会被赋予较大权重以引导用户重点提升（20xx 年工程建设管理系统考核评价办法详见附录 C）。

近十年来，三峡工程管理系统考评还特别引导用户加强数据质量控制，把数据质量标准定义工作进行了前移，即：在系统实施阶段就要确定系统的数据质量标准，这个标准既指导应用，又是考核评价的重要依据，也为大数据时代的到来、大数据应用做好基础保障。

2.3.3　生产管理系统

电力生产管理信息系统的完整考核涉及八个业务面，包括设备维护、运行管理、安全可靠、物资管理、计划合同、财务管理、文档管理、人力资源，采用该系统的单位根据自身情况选择应用模块。在考评阶段，针对各单位选用的应用模块设置不同的考核范围和权重。通过电力生产管理系统实现三大指标提升：一是资产的有效使用增加发电收入；二是物资成本的节约；三是人工成本的节约。其社会效益主要体现在三峡大坝的防洪、航运、抗旱补水等综合效益上。

2.3.4　财务管理系统

财务管理系统考评分析包含系统安全、系统应用、数据质量、报表质量、预算管理等方面。

2.3.5　eHR 管理系统

人力资源管理系统实现人员信息、组织机构、人员变动情况、薪酬福利、劳动合同、人事档案等信息的实时动态汇总、查询和分析，并将人事管理规范化、简单化。针对地域分布广阔、组织结构复杂、人员基础信息量大等特征，eHR 系统使企业人力资源信息由离散状态转向动态集中的状态，覆盖全体在职员工，提供全方位的人力资源管理、分析、决策支持服务。在考评阶段，包括员工信息数据质量、薪酬福利数据质量、培训记录录入情况、日常工作完成情况等考核指标。

2.3.6　招采等其他管理系统

电子招标采购系统包括招标实施、评标专家管理、供应商管理和决标模块的应用模块。在考核阶段，包括电子采购平台有关招标及采购计划的申报与审批、招标及采购立项的申报与审批、非招标项目实施、招标项目实施、招标及采购信息数据录入、决标模块、评标专家与供应商系统的应用等方面。

报销系统打通了预算、请假、网上商务订票、销假、无票据报销、会计审核与支付等环节，能大大提高各种经常费和专项费报销的效率和管理水平，并为集团设立区域性会计核算服务中心提供了支撑。

2.4 IT 绩效管理的 PDCA 循环

三峡集团信息化绩效管理通过目标设定（P）、行动与辅导（D）、评估与评价（C）、奖惩激励（A）四个阶段工作，建立了信息化绩效管理体系，形成 PDCA（Plan Do Check Act）过程性闭环管理以及绩效结果应用等，强调完整的绩效管理循环。

三峡集团针对不同的信息化工作内容，选择不同的绩效管理手段，如：能力成熟度模型（Capability Maturity Model，CMM）、IT 平衡计分卡、信息技术基础架构库（Information Technology Infrastructure Library，ITIL）、信息及相关技术的控制目标（Control Objectives for Information and Related Technology，COBIT）、关联绩效卡等，逐步建立并完善信息化绩效指标体系。

在目标设定方面，三峡集团从战略层面进行 IT 绩效管理统筹，参考国务院国有资产监督管理委员会等上级机关的相关要求，定义出目标、关键绩效指标、目标值；对关键绩效指标进行分解，同时建立业务部门应用水平的绩效指标。集团公司各单位根据年度工作任务和信息化总体规划，确定本单位信息化年度目标。

在行动与辅导方面，三峡集团通过建立信息化关键绩效指标系统，提供 IT 管理支撑，随时随地进行行动纠偏。集团公司信息化领导小组办公室履行 IT 治理办公室职能（信息办，后更名为网信办，即网络安全与信息化领导小组办公室）按期发布信息系统运行月报、半年报、年报、数据稽核报告等，提出改进建议；通过召开网信办工作会议，对当年信息化工作进行总结、点评和再部署。三峡集团网信办结合年度工作计划、走访和调研情况，拟订三峡集团各部门、各单位信息化考评重点，科学合理制定考评实施细则，明确考评程序。

2.4.1 目标设定阶段

三峡集团从战略层面进行 IT 绩效管理统筹，通过信息化绩效管理来保障信息化建设与管理达到预定目标，确保有效地整合管理流程、业务流程与信息技术。通过信息化绩效管理，以管理企业的思维与方法治理信息技术，确保信息化建设与集团业务战略保持一致，对公司集团管控和生产运营发挥支撑作用。针对不同的信息化工作内容，选择不同的绩效管理手段，如：能力成熟度模型（CMM）、IT 平衡计分卡、信息技术基础架构库（ITIL）、信息及相关技术的控制目标（COBIT）、关联绩效卡等。从集团层面对业务部门建立信息化应用水平绩效，把业务部门的信息系统使用效果、数据质量、推广力度等纳入到考核指标中，从而更好地推动企业信息化建设。根据各单位年度工作任务和信息化总体规划，并结合年度走访和调研情况确定信息化考核重点，按年制定并颁布当年的考核实施细则。

2.4.2　行动与辅导

三峡集团通过建立信息化关键绩效指标管理系统，提供 IT 管理支撑，随时随地进行行动纠偏，按期发布信息系统运行月报、半年报、年报、数据稽核报告等，提出改进建议；通过召开信息化工作会议，对当年信息化工作进行总结、点评和再部署。信息化管理部门结合年度工作计划、走访和调研情况，拟订集团公司各部门、各单位信息化考评重点，科学合理制定考评实施细则，明确考评程序。

附录中提供了按月公布应用系统使用月报（见图 2-2-2）、数据稽核报告（见图 2-2-3），供读者参阅。

中国三峡总公司信息系统运行月报
（20xx 年 12 月）

一、工程建设管理系统运行情况

（一）工程管理系统应用情况综合统计

	三峡工程	溪洛渡工程	向家坝工程	筹建处	新能源
总数据量					
本月	80 472	74 908	37 574	14 469	1823
年初至本月	655 304	503 593	253 160	153 220	19 823
年初至本月	54 609	41 966	21 097	12 768	1652
累计	9819	4 173 085	2 147 638	682 240	472 631
在线用户数					
本月累计数	912	535	478	225	62
本月日最大	49	31	27	13	5
本月日平均	29	17	18	7	2
系统访问次数					
本月累计数	2029	1481	1034	531	266
本月日最大	97	75	49	26	14
本月日平均	65	48	33	17	9
WEB查询系统访问次数					
本月	暂缺	暂缺	暂缺	暂缺	暂缺
年初至本月	暂缺	暂缺	暂缺	暂缺	暂缺
注册用户数					

图 2-2-2　三峡集团信息系统运行报告封面

中国长江三峡集团公司20xx年
第三季度信息系统数据稽核报告

目 录

一、工程管理系统...3

  （一）三峡工程...3

  （二）溪洛渡工程...5

  （三）向家坝工程..10

  （四）成都地区...14

  （五）白鹤滩工程建设部......................................14

  （六）乌东德工程建设部......................................19

WDDPMS 合同子系统..19

图 2-2-3　三峡集团信息系统数据稽核报告封面

2.4.3　评估与评价

三峡集团根据不同的管理领域、不同的业务性质，以及软件开发、IT 运维、应用实施、IT 管理等不同内容，选择不同的考评方法，对各部门、各单位的考评内容分为两部分：一是基本指标，包括网络安全管理、信息化领导力、信息化制度建设与协同工作、信息化建设专项计划编报与执行情况、信息化项目管理、信息化团队建设与人才培训、信息化绩效管理和价值分析、信息设备和资产管理、信息基础设施、信息化创新、存在的问题及建议等十一大类指标。由考评小组根据各单位年度信息化工作总结及统计指标进行考核评分，权重为 25％；二是应用指标，考核评价各部门、各单位信息系统应用水平，权重为 75％。原则上投入运行的信息系统全部纳入到考评范围内，考评单位和权重由当年考评实施细则确定。

经考核评议，信息化考核评价结果以分数的形式呈现，各项考核指标的得分加权平均后来计算各单位总分，满分为 100 分，以实际总得分数的高低将被考评单位划分为四个级别：总分数在 90 分（含 90 分）以上，为 A 级；总分数在 80～89 分，为 B 级；总分数在 60～79 分，为 C 级；总分数低于 60 分，为 D 级。同时，考虑以下加减分因素：一是在建设和应用信息系统过程中，对集团公司信息化建设提出重大完善和优化意见建议，或在行业内产生重大影响获得国家及行业奖励的单位，经审核并上报集团批准将酌情给予加分。二是单位信息化工作发生重大责任事故并造成严重后果，经审核并上报集团批准，该单位信息化考核结果直接确定为 D 级。重大责任事故是指：非属不可抗力原因、人为责任导致信息基础设施损坏、应用系统故障（或崩溃）、数据库损坏及数据严重丢失、信息系统管理使用不当造成重大资金支付错误、源代码泄露、信息化建设投资重大决策失误等，并因此造成重大经济损失之任一项。

三峡集团信息化考评结果由集团公司信息化领导最高层机构进行审批，并纳入到经营绩效考核结果中（信息化考评反馈报告例见附录 F）。

三峡集团要求各单位按年进行信息化专项工作总结，如图 2-2-4 所示，三峡集团制订了各单位信息化工作总结模板，覆盖了 IT 管理的方方面面。

20xx 年度集团公司
××单位信息化工作总结（模板）

一、本单位 2017 年信息化工作概述

二、本单位 2017 年各信息系统应用情况工作总结

三、信息化专项工作总结（按以下内容要求逐项总结）：

（一）网络安全管理；

（二）网络安全应急预案制订与演练情况(信息中心与各子企业填写)；

（三）信息化制度建设与协同工作；

（四）信息化计划、预算编报与执行情况；

（五）信息化项目管理情况（如有）；

（六）IT 设备和资产管理（包括集团采购执行情况）；

（七）视频会议系统管理；

（八）信息化绩效管理和价值分析；

（九）加分项特别情况说明（如有）。

图 2-2-4　三峡集团各单位信息化工作总结模板

2.4.4　反馈与奖惩

考核评议阶段形成的考评结果，包括对各单位的基础管理和各应用系统考核分数、排序、点评、期望等，三峡集团按年形成对每个单位的考评反馈报告，并以正式文件印发，同时印发的还有每个信息系统的年度应用考核分析报告（详见附录）。

信息化考评的目的是促进各单位信息化能力的提高和业务绩效的提高，因此，三峡集团信息化管理部门在考评结果上报审批和通报以前，都会通过不同形式就结果和报告

内容与被考评单位进行沟通交流，以达成共识和可接受，避免出现不和谐情况。

经过审核和审定的考评结果、考核评价反馈报告由集团公司信息化管理机构正式行文反馈给被考评单位。一般各下属单位都按年召开信息化工作会议，将集团信息化考评结果和考评反馈报告作为大会宣读、学习、对比和讨论改进的重要材料。

对于信息化考评成绩高、绩效工作突出的单位和个人，三峡集团通过树立标杆予以褒奖，促成各单位你追我赶、齐头并进的信息化工作大好局面。奖励类别设置为：信息化先进单位、各个信息系统应用先进单位，以及信息化先进个人。

三峡集团同时设置年度优秀信息化项目奖，纳入集团公司科技创新奖励范围。制订优秀信息化项目评选办法，按年开展优秀信息化项目评选，并将优秀信息化项目材料结集成册，形成信息化经验材料供大家学习和留存。

三峡集团要求申报优秀信息化项目应同时具备以下条件：①项目是本单位自主组织研发、建设或实施的信息化项目；②项目具有技术创新或应用创新性；③项目取得了成功经验、产生了经济效益或社会效益；④项目成果申报前未获得过集团公司优秀信息化项目奖。对于发生网络安全事故、造成重要信息泄密或重要数据丢失等严重后果的项目，不能参加优秀信息化项目评选，已被评为优秀信息化项目的经调查核实后予以撤销。

三峡集团优秀信息化项目设置为一、二、三等奖，根据大多数评选专家提议，可设特等奖，特等奖数量每年不超过 2 个。特等奖需具有创新性、自主知识产权，并取得了重大成功经验和较大经济效益；达到国际一流水平；一等奖应达到国内先进水平；二等奖应达到行业先进水平；三等奖应达到集团先进水平，具有集团内推广意义。对获得特等奖和一等奖的优秀案例，将由集团统一向国家有关部委和行业协会推荐交流。

三峡集团信息化管理部门对申报项目进行初评和筛选，确定入选项目。一般是邀请外部专家组成评审组，要对评选结果进行公示，再报集团公司总经理批准后予以表彰。

三峡集团积极开展信息系统效益量化分析和信息化价值评估，这部分公开沟通和反馈内容体现了信息化价值和信息化对企业经营发展的贡献率，可以提高 IT 人员的自豪感；三峡集团规定所有信息化建设项目在投入使用后应围绕成本控制、资产使用、增长、业务灵活性等维度对应用系统进行效益分析，现场信息系统效益分析报告纳入集团公司 IT 年度报告，并公开对外发布。

2.5 信息化国际对标策略和指标设计

为保障 IT 战略一致性，并使企业信息化向国际一流迈进，三峡集团开展了信息化国际对标。

对标就是企业将自己的产品、服务、生产流程或管理模式等与行业内外的先进企业作比较，克己之短，学人之长，不断提升自身竞争力，追赶或超越标杆企业的一种良性循环的管理方法。

国际对标管理作为一种独特而有效的管理模式，已被众多大型企业视为跨越瓶颈期的理想方式。

信息化国际对标是提高信息化绩效的重要方法，通过信息化国际对标了解与国际先进水平的差距，跟随国际先进标准和水平，逐步实现信息化国际一流水平的目标[①]。

2.5.1　信息化国际对标的策略

信息化国际对标在指标体系设计方面应遵循以下策略和原则，保证信息化国际对标的可行性和效果。

（1）业务与信息化相结合

信息化对标应在业务对标的基础之上，以业务对标的结果作为信息化对标的重要输入，信息化对标优先考虑信息化可以推动的业务领域和指标，如财务报表的生成周期。

（2）指标体系的全面性

信息化国际指标体系应考虑业务和信息化覆盖的全面性，对于集团化企业可以分为三个层面：集约化（集团管控）、业务管理、信息化管理。

（3）定量和定性指标相结合

在指标建立时采用定量指标和定性指标相结合的原则，以定量指标为主。

（4）尽量采用成熟模型

指标尽可能来自于成熟模型，如行业模型、标杆数据库的指标等，保证指标的通用性。

2.5.2　信息化国际对标体系设计

如表 2-2-4 所示，三峡集团从集约化管理、业务管理和信息化管理 3 个层面，分别设计了集约化管理指标体系、企业人财物管理指标体系、企业主营业务指标体系和信息化管理指标体系。

---

① 孟秀转. IT 控制能力与企业绩效关系的理论与实证研究 [M]. 北京：清华大学出版社，2013.

价值导向的 IT 治理体系与实践

表 2-2-4 信息化国际对标体系设计

层面	指标体系	
集约化管理	集约化管理指标体系	
业务管理	人财物管理指标体系	主营业务管理指标体系
信息化管理	信息化管理指标体系	

（1）集约化管理指标体系设计

集约化管理支持企业获得了差异化竞争优势，同时在业界引领发展方向，在支持国际化的经营上帮助企业占据领先地位。其指标体系设计见表 2-2-5。

表 2-2-5 集约化管理指标体系设计表

领域	指标
行业和业务模式	产业布局 / 整合、业务模式、关键业绩表现
资产管理	物理资产管理、资本和资金管理、人力资源管理、外部资源利用
组织和文化	层级和跨度、职责和授权、绩效管理、企业文化
业务流程	标准化和规范化、统一性和灵活性、持续优化
信息管理	信息的完整性、及时性和准确性、信息的处理和分析、对管理决策的支持

集约化管理的成熟度等级由低到高可分为认知、起步、发展、优化、领先等级别。每个指标都有不同级别成熟度的描述，其指标描述见表 2-2-6。

表 2-2-6 集约化管理的成熟度等级区分表

成熟度等级	信息的处理与分析指标描述
认知	了解数据量和数据复杂性双重激增给企业带来的挑战，以及海量信息的潜在价值和可能给企业带来的长期优势； 了解需要利用技术对信息进行分析和处理才能获得洞察力并转化为行动，并获得收益
起步	具备了一定的人员、流程或工具，能够对数据进行基础的收集、了解、融合或者处理分析； 可以进行应用，提高现有流程的效率或自动化，或利用分析技术证明行动的合理性；但分析或者共享信息和洞察力的能力有限
发展	在信息收集的同时可以按规则完成一定的处理，可以按需求进行数据分析，提供分析结果； 已经积累了一定的分析经验，可以通过分析实现效率提高，并开始着眼于利用分析技术优化整个企业； 利用分析技术指导行动

成熟度等级	信息的处理与分析指标描述
优化	对信息进行分析处理时进行分类，常规的信息需求采用常规化自动化的处理和分析，非常规的信息需求有流程来规范其处理； 将分析技术作为竞争力量，擅用新方法工具将分析技术嵌入到日常运作中，有效地转化成行动，比如改进业务流程和客户满意度等，实现优化和差异化，形成长期优势； 采用分析技术驱动的洞察力与业务战略密切结合，支持业务增长和新的业务模式
领先	支持全球化运营的信息处理和分析能力； 挖掘信息对内外部各个利益相关方的潜在价值，探索利用信息分析来获取收入的新业务模式和合作机会

（2）业务管理指标体系设计

以业务流程为导向，用指标来考量业务流程的成本、效率和质量、时间周期，研究如何通过信息化来提升业务流程的效率和质量、缩短时间周期、降低成本。

首先，可以通过基础指标来总体衡量业务管理的成本、效率和质量，如全职人员数量、支出、所服务的人数、信息化成本等，具体见表 2-2-7。

表 2-2-7　业务管理指标体系设计表

指标	说明	衡量项
某业务职能支出预算比	某业务职能支出 / 年度总预算	成本
某业务职能管理预算（每人）	某业务职能管理预算 / 人员总数，如 HR 预算包括 HR 人员的报酬、用于培训的成本等	成本
每 10 万美元利润中，某业务职能全职员工数量		效率和质量
某业务职能部门全职员工所服务的人数	总员工数 / 某业务职能员工数	效率和质量
每 1000 美元收入中用于某业务职能的系统成本	某业务系统成本（包括硬件、软件、人员成本）	成本

除了基础指标外，根据具体的业务管理流程设计出与流程相关的指标，如人力资源管理的招聘周期，具体见表 2-2-8。

表 2-2-8　具体业务管理指标设计表

领域	流程	指标	说明	衡量项
人力资源管理	人员招聘管理	招聘周期	从提出招聘需求到发出 offer 的时间周期	成本
	薪酬福利与员工挽留	普通员工中获得绩效奖金的比例		效率和质量
财务管理	预算与财务分析	制定一个年度预算循环所需要的时间（天）		时间周期

领域	流程	指标	说明	衡量项
财务管理	总账与报表管理	完成年度报表所需要的时间（天）		时间周期
主营业务管理	质量管理	质量合格率（%）		效率和质量
	安全管理	单位投资事故比（%）		效率和质量
	计划管理	计划工时与实际工时比	（计划时长－实际时长）/实际工时	效率和质量
	设备管理	设备的平均维修间隔时间（MTBR）		时间周期

（3）信息化指标体系设计

信息化指标体系可分为 IT 战略适用性及执行力、应用开发、技术/基础设施、实施与服务管理、组织与人员等 5 大领域，每个领域均包括不同的指标，具体如图 2-2-5 所示：

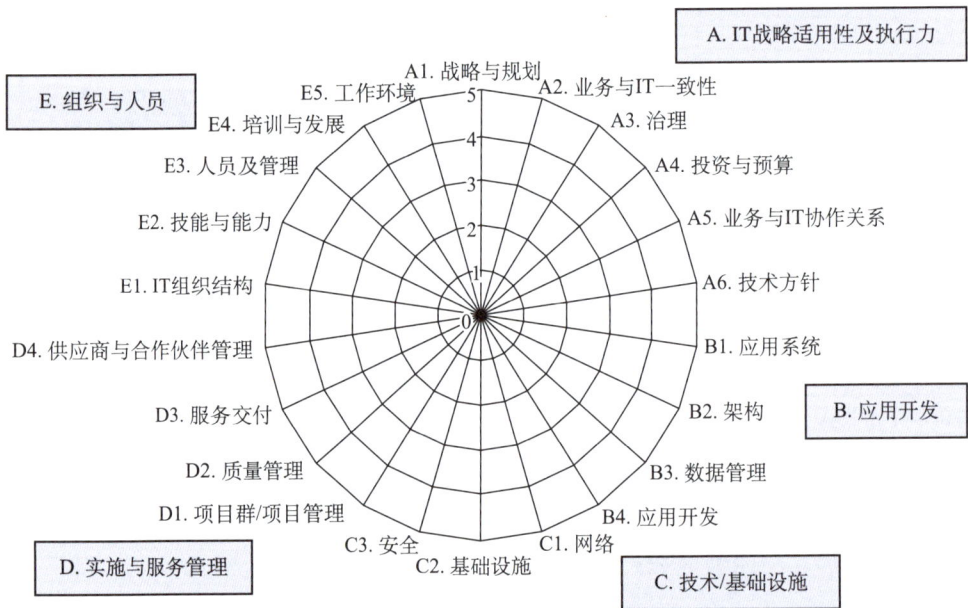

图 2-2-5　信息化管理指标体系

以应用开发为例，其指标体系设计见表 2-2-9。

表 2-2-9　信息化指标体系设计——应用开发表

领域	指标
应用系统	主要应用系统满足业务需求的情况及覆盖率
架构	IT 架构的确定及管理方式

续表

领域	指标
架构	信息架构的规划与调整周期（年）
数据管理	数据整合与维护职责的定义
	作为企业信息资产集中管理的数据与内容比例
应用开发	应用功能需求定义方式
	应用设计、开发及测试过程管理
	业务运营系统实施、试运行及切换管理
	用户需求响应及处理方式
	自主开发系统时选用的技术平台
	分析决策系统的开发及管理方式
	软件成本（开发、维护与外购版权）占 IT 成本比例

技术 / 基础设施的指标体系设计见表 2-2-10。

表 2-2-10　信息化指标体系设计——技术 / 基础设施表

网络	监控与优化网络通信与带宽状态
	网络投入占 IT 成本的比例
基础设施	管理技术设施的测试、验收
	新设施的部署与切换管理
	硬件及设备投入占 IT 成本的比例
信息安全	企业的 IT 安全制度及维护
	IT 安全风险评估方式

信息化指标体系是信息化国际对标的重点，根据不同企业的信息化重点，还可以基于以上指标进行定性对标，如架构，不仅可以进行架构管理成熟度的对标，还可以开展具体架构的对比、采用关键技术的分析等。

总结：指标体系是信息化国际对标的基础，通过建立科学、完整的指标体系，支持企业与标杆企业进行长期的跟踪，并不断寻求改进，推动信息化绩效的持续提升，从而实现国际一流的信息化水平。

第 3 章
IT 资源管理

IT 资源已是越来越重要的企业战略资源，数据成为新的生产要素，IT 投资日益成为企业增长最快的支出。IT 资产更新迭代快，技术发展快，做好 IT 资源集约化科学化管理，充分发掘 IT 资源的效用是 IT 价值创造的基本条件。本章结合笔者多年对企业 IT 资源管控方面的探索实践，探讨如何构建全面的 IT 资源管理体系，降低 IT 资源获取和维护成本，如何更好地发挥资源效用等方面进行阐述。

3.1 广义的 IT 资源

广义的 IT 资源包括数据、应用系统、设备、技术、人员等[①]。IT 资源管理一般包括以下五个方面：

（1）数据（Data）

数据就是数值，也就是我们通过观察、实验或计算得出的结果，数据是载荷或记录信息的按一定规则排列组合的物理符号，可以是数字、文字、图像、声音等，也可以是计算机代码。对信息的接收始于对数据的接收，对信息的获取只能通过对数据背景的解读。数据背景是接收者针对特定数据的信息准备，即当接收者了解物理符号序列的规律，并知道每个符号和符号组合的指向性目标或含义时，便可以获得一组数据所载荷的信息，亦即数据转化为信息，可以用公式"数据 + 背景 = 信息"表示。数据可以用于科学研究、设计、查证、数学等，数据作为信息的载体，当然要分析数据中包含的主要信息及分析数据的主要特征。

---

① Mathias Salle. IT Service Management and IT Governance：Review，Comparative Analysis and their Impact on Utility Computing [J]. 2004.

当前，数字经济正成为重组全球要素资源、重塑全球经济结构、改变全球竞争格局的关键力量，我国已将数据作为与土地、劳动力、资本、技术等并列的生产要素，用数据说话、靠数据决策、依数据执行变成了企业的普遍行为规则，未来所有行业的发展都有赖于数据和数字技术推动。因此，数据是企业最重要的资源。

（2）应用系统（Computer Application Systems）

计算机应用已深入到科学、技术、社会的广阔领域，按其应用问题信息处理的形态，大体上可以分为：①科学计算：求取各种数学问题的数值解；②数据处理：用计算机收集、记录数据，经处理产生新的信息形式，主要包括数据的采集、转换、分组、组织、计算、排序、存储、检索等；③知识处理：用计算机进行知识的表示、利用、获取。

计算机的应用几乎渗透到社会各个领域，对于企业来说主要是以下一些方面：①计算机辅助设计、制造、测试（CAD/CAM/CAT）；②办公自动化：用计算机处理各种业务、商务；处理数据报表文件；进行各类办公业务的统计、分析和辅助决策；③经营管理：企业计划与规划，分析统计，预测，决策；物资、财务、劳资、人事、采购、物流、风险等管理；④情报检索：图书资料、历史档案、科技资源、环境等信息检索自动化；⑤自动控制：生产调度，工业生产过程综合自动化，工艺过程最优控制等；⑥模式识别：对一组事件或过程进行鉴别和分类，它们可以是文字、声音、图像等具体对象，也可以是状态、程度等抽象对象；⑦事务管理：面向事业单位，主要进行日常事务的处理，如车辆管理、请销假管理、食堂管理等。

企业通过利用 IT 技术建设应用系统，使 IT 服务于企业的生产、经营管理和决策，在系统推广应用过程中进行流程再造、生产效率提升和决策科学化，并随着技术的发展不断升级迭代系统。

（3）设备

这里说的是与企业 IT 有关的设备，一般来说，可以分为计算设备、网络设备、计算机外围设备等。计算设备一般指个人计算机（台式、笔记本、平板等）、服务器、边缘计算、存储设备等。网络设备是用来将各类服务器、PC、应用终端等节点相互连接，构成信息通信网络的专用硬件设备，包括信息网络设备、通信网络设备、网络安全设备等；常见网络设备有：交换机、路由器、防火墙、网桥、集线器、网关、VPN 服务器、网络接口卡（NIC）、无线接入点（WAP）、调制解调器、5G 基站、光端机、光纤收发器、光缆等。而计算机外设是对计算机输入设备、输出设备、外存储设备、多媒体设备的统称，通常是包括显示屏、打印机、扫描仪、绘图仪、摄像设备、语音设备等。

设备是保障企业信息化实施和价值创造的工具，是现代企业重要的生产资源，应该制订相关的设备采购、管理和维护制度，保障 IT 设备的安全稳定运行。

（4）计算机技术

计算机技术是指计算机领域中所运用的技术方法和技术手段，或指其硬件技术、软件技术及应用技术。计算机技术具有明显的综合特性，它与电子工程、应用物理、机械工程、现代通信技术和数学等紧密结合，发展很快。计算机作为一个完整系统所运用的技术，主要有系统结构技术、系统管理技术、系统维护技术和系统应用技术等。系统结构技术的作用是使计算机系统获得良好的解题效率和合理的性能价格比。系统管理技术的基本目的在于最有效地利用计算机的软件、硬件资源，以提高机器的吞吐能力、解题时效，便利操作使用，改善系统的可靠性，降低费用等。系统维护技术重点在实现自动维护和诊断的技术，实施维护诊断自动化的主要软件为功能检查程序和自动诊断程序。系统应用技术的应用十分广泛，包括程序设计模块化和自动化、软件工程技术架构，比如云服务架构、微服务架构等。

对于信息科技企业，应该研发更多原创的、基础性的技术。对于其他企业来说，重要的是开展应用和实施方面的技术研究。

（5）人才。企业信息化人才主要包括两类，一类是企业 IT 专业人才，是指企业的信息管理部门或与之相近的信息中心部门的人才，其主要从事信息化建设与规划，并承担信息技术应用和信息系统开发、维护、管理，以及信息资源开发利用工作，以实现提高组织的信息设备使用效率、完善信息系统功能、保证组织各项信息管理工作高效运转、更好地辅助组织其他部门各项工作的目标。另一类是管理或生产业务人才，他们是信息系统的使用者、需求方，信息化需要通过他们产生价值。

企业信息化人才的基本特征是"既懂得经营管理，又懂信息技术，具备复合型、综合性的知识和能力"。

3.2 IT 资源的集约化管理方法

以集约化的管理理念，对 IT 资源（包括数据、应用系统、设备、技术、人员等）进行整体配置和有效利用，将有利于降低 IT 成本，发挥企业 IT 更大的作用。

三峡集团在数据、应用系统、设备、技术、人员等各 IT 资源方面制定如下的集约化管理办法：

（1）数据资产化

三峡集团将数据作为企业的重要资产，采用集中式的大数据中心核心资源建设模式，所有数据集中共享与分析利用。三峡集团特别注意在所有业务系统中建设知识管理模块，将系统使用过程中的经验和数据及时转化成数据资产，建设了集团大数据平台，构建数据基础制度，逐步形成完备的数据治理体系。

三峡集团是长江开发和保护的主力军，目前已经掌握了长江沿岸有关的自然环境、经济和社会方面的大量数据，比如气象、水情、地质、地震、地质灾害、泥沙、水生生物、两岸边坡及植被、空气质量、水环境、移民情况、生产生活排放、长江保护、防洪、航运、发电、污水处理、物联网设备监控、大坝安全及环境监控、道路交通等。目前正在准备组建长江流域大数据公司，搭建长江流域大数据交易平台，实现数据资产化管理和市场化数据增值服务。

（2）IT 基础设施集约化、一体化建设和运维

三峡集团要求各部门和下属单位不再单独设置机房和管理人员，建设宜昌东岳庙大数据中心。

（3）业务系统统一化

三峡集团对集团范围内的同质业务采用统一的应用系统，促进业务的规范化和管理一致性复制输出，也保障了数据的标准化和集中共享。如工程建设统一采用三峡工程管理系统（TGPMS），生产运营统一采用电力生产管理系统（ePMS），人、财、物、资金管理等信息系统全集团统一，各所属单位不再另建。新成立单位和重组进来的单位，立即更新集团统一实施的信息系统。同质的业务采用统一建设的应用系统，这样也降低了系统建设运维的成本，同时还会保护用户的使用习惯。这也保障了三峡集团近 30 年的业务快速发展和兼并重组的顺利进行，使得管理和业务能够快速延伸覆盖。

另外，三峡集团认真做好信息化规划，按照 EA 企业架构进行管理，所有信息化项目必须符合信息化总体规划，项目立项纳入集团统一的信息化计划管理，按照 EA 系统架构进行管控。

（4）IT 设备实现集中采购和管理

三峡集团于 21 世纪初就开展了 IT 设备的统一选型，实行集中采购。三峡集团由 IT 管理部门每年进行市场调研、技术跟踪分析，然后根据用户需求，确定个人电脑、打印机、网络服务器等设备的技术参数及配置标准，以正式文件形式发布。再通过组织竞争性谈判，跟有实力的供货商签订一个框架协议，协议里包括了设备技术指标、供货价格、货款结算期限、质量保证和售后服务等。各所属单位根据框架协议下单订货，供货商先按订单供货，然后按照协议规定的时间与三峡集团结算一次货款。经多年的对比测算，IT 设备采购成本降低了 20% 左右。另外，减少了重复劳动，采购环节所花费的人力成本也大幅降低。

（5）技术资源可得性、先进性与可维护性。三峡集团很早就成立了专业的 IT 部门，定时安排专门的技术分享，形式可以随意，既请进来，也走出去，广泛开展技术交流，实时跟踪技术发展方向，保障技术是随时掌握、随时可得的。新的技术需要结合企业业务特点和需求进行适配，三峡集团很早就采用全集团统一的技术路线、开发标准，可维护性特点鲜明，在集成化和需要充分共享的今天，更利于建立技术平台。

（6）建立强有力的信息化人力资源体系。三峡集团业务范围遍及国内所有省市和海外 40 多个国家和地区，网络、信息系统、数据存储等遍及全球，需要打造优秀的 IT 团

队，把人组织好、培训好非常重要，三峡集团采取的是偏集中的 IT 部门和团队形式，业务单元采用派出制，并采用非核心业务外包，建立企业自有的研发中心等模式来优化管理人力资源。人才培养采用"培训'培训师'"方法，快速扩散。通过建立信息化三维管理职能体系，设置一个纵向归口、横向协同的基准式 IT 组织架构。如图 2-3-1 所示，三峡集团通过建立强有力的信息化组织管理体系，实现信息化的"全员参与"。

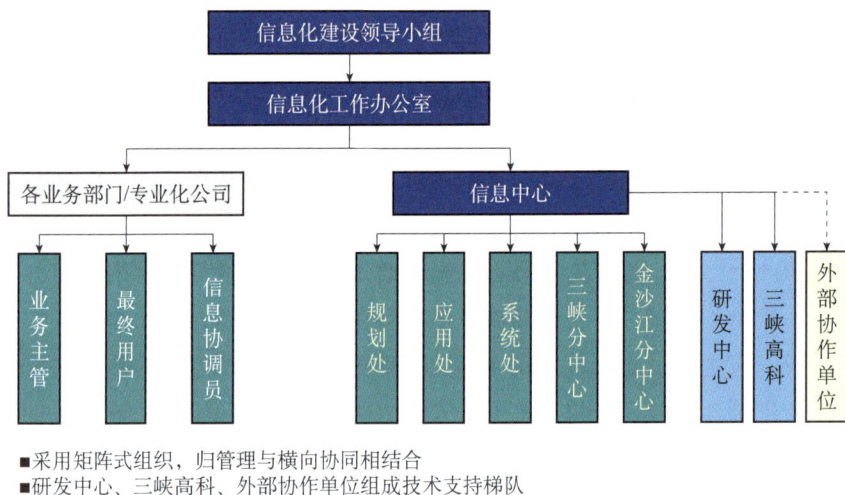

图 2-3-1　三峡集团全员信息化人力资源

围绕企业化管理架构和管控体系，按纵向归口管理、横向协同的原则，构建了以信息化建设领导小组（后更名为网络安全与信息化领导小组）为龙头，以企业信息化工作办公室（后更名为网络安全与信息化领导小组办公室）为枢纽的四个层面的 IT 治理架构，提供一体化、区域总部、多项目的信息化支撑和服务，从组织上保障信息化建设，并加快信息部门从传统的信息技术型中心向业务流程中心、信息资源中心、价值创造中心的转型，使 IT 更有效地为主营业务创造价值。

第一层面：由企业最高领导任组长的信息化建设领导小组，是信息化工作的领导与决策机构。小组成员由各个部门及子企业的主要负责人组成，统领企业信息化建设全局，研究决定、部署企业信息化战略、投资、机构等事项。

第二层面：企业信息化工作办公室，是企业信息化工作的执行与实施机构，由信息部门最高领导任组长，各部门、各子企业分管信息化领导任副组长，成员由信息部门技术骨干与业务部门专家组成，还有外部协作单位组成技术支持梯队。按横向协同与归口管理结合的原则，实行矩阵式管理，负责规划协调、政策标准制定、预算编制、项目立项论证、应用系统的开发实施运维等，协调企业信息资源，会同各部门、各子企业落实信息化建设领导小组统一部署的工作。

第三层面：信息化部门，是企业信息化工作的归口管理单位，负责企业信息化规划、信息化标准制订、信息资源的整合和系统集成、信息系统的开发、信息化建设预算的管理。为适应企业管理体系与企业化管控要求，下设置各专业机构，提供一体化、多项目的信息化支撑和服务。其主要职责如下：

①信息化建设规划。研究拟订企业信息化发展战略；编制信息化总体规划；组织审核企业各单位信息化规划；修订信息化总体规划；编制年度信息化工作计划；指导下属企业编制信息化子规划；监控规划执行情况；监控年度工作计划执行情况；信息化建设项目方案审查和评估。

②信息系统开发。制定系统研发计划；制定系统开发流程与规范、管理办法；制定系统开发技术方案；系统开发；软件维护、完善和升级；软件源代码和知识产权管理；监控软件开发进程是否满足应用需要；指导下属公司专业化系统开发；监控软件开发流程、规范、制度的执行。

③信息系统应用实施。制定与调整系统应用实施计划、方案；制定与完善系统实施规范；制定考核指标及评价方法 ；建立并落实应用推进体系；结合系统与实际业务；进行业务流程再造（Business Process Reengineering，BPR）；建立系统应用业务规范及操作流程、编码标准；落实数据责任体系；用户培训；应用授权管理 ；数据管理；需求管理；应用支持服务；信息系统应用流程监控、应用状况分析及数据稽核；信息系统应用绩效评价。

④信息系统平台建设与管理。制定企业信息系统平台的建设、升级改造计划；制定企业信息系统平台管理规范和管理制度；制定维修、维护、扩充改造、升级更新规范和制度；组织实施企业信息系统核心平台的建设与升级改造工作；负责对企业主要数据中心和系统平台设备的运维工作；负责企业信息平台的信息安全工作；负责企业网络平台增值应用的规划、实施和运维；负责企业机关用户的软硬件技术支持服务；负责客户端及其周边设备的维护维修；组织并实施公司级的各类系统平台技术培训；企业信息系统平台项目技术评审 ；监督、指导下属公司信息系统平台项目的执行；检查下属单位遵守信息系统平台相关文件规定的情况；监控系统平台运行情况。

⑤信息资源整合和应用系统集成。制定信息资源基础标准；编制信息资源整合和应用系统集成计划；实施信息资源整合和应用系统集成工作；监控信息资源标准的执行；监控信息资源整合和应用系统集成工作。

⑥信息化建设预算和费用管理。制定信息化预算和费用管理办法；编制信息化预算和费用计划；信息化建设年度预算的审核和报批；负责项目立项、招标、签订合同、验收、费用支付、归档和移交阶段性资料；编制信息化预算执行和费用分析报告；指导各单位编制信息化预算及费用计划；监控预算和费用计划的执行。

⑦信息系统资产管理。制定信息系统资产管理流程与规范；编制信息系统资产采购计划；进行信息系统资产采购；负责信息系统资产的日常管理；编制设备采购分析报告；监控各单位信息系统资产管理流程与规范执行情况；指导下属单位遵守信息系统资产管理相关文件规定。

⑧信息化建设组织和人力资源管理。规划信息化建设组织管理体系；编制信息化人力资源规划；建立信息化建设组织管理体系；信息化人力资源获取、岗位选聘；信息化建设人才培训和能力建设；指导下属单位信息化组织和人力资源建设；监控信息化人力资源状况和人才评价。

第四层面：由面向具体应用的管理者组成，是企业信息化的最终用户。

企业信息化成败的关键严格来说是用户，建设得再好的信息系统，再优化的流程，再先进的设备，如果用户不会用、不想用、不好好用、在应用过程中无法做到不断提高和完善，那么企业信息化也好、数字化也好，是不可能成功的。用户或者说员工的信息化意识、习惯、能力，是 IT 治理领域的重要内容之一。

企业在上线新信息系统时，一般来说用户是反对的，会导致他的工作习惯的改变，增加他的工作量，因为系统上线要做初始化、要补充输入基础的数据。还有是因为系统上线后使大家的工作透明化了，有些人的一些小权力不能再行使了，有些人工作不力的状态暴露了。因此，信息系统开发建设和实施前，一定要充分让用户参与进来，发挥用户的主观能动性，并做好用户培训工作。

三峡集团在发布的企业标准《信息系统应用实施规范》（Q/CTG 96）中，明确规定：在人员及组织准备方面，实施准备阶段应成立实施联合工作组，实施联合工作组应包含信息化人员和业务人员，信息系统使用单位和人员应深度参与应用实施。在业务蓝图设计方面，要立足用户，确保流程方案与实际业务操作深度融合，必要时可进行业务流程变革，在蓝图设计阶段应让用户了解信息系统的功能、管理思想以及应用流程，同时梳理用户需求，分清主次，保障用户深度参与。在实施前应组织用户培训，确保用户熟练利用信息系统开展相关业务工作，保障信息系统顺利实施和高质量运行；同时，要求用户培训应根据用户的系统角色和岗位职责进行，用户培训主要内容应包括业务流程、业务功能和系统使用操作等；系统用户应经培训并考核合格后，才能被授予相应系统操作的权限。另外，系统上线前还须制订"系统应用管理规定制定"，主要内容应包括业务流程、职责划分、操作规程、数据质量标准、权限管理、奖惩办法等，以确保信息系统有序、高效、安全地运行。对于信息系统上线前已发生的历史业务数据，实施联合工作组应结合实际情况，以确保满足业务需要为原则，帮助用户采取分阶段、分批次、适度简化数据等方式来制定历史数据转化策略，上线培训应指导用户在模拟环境中按照业务流程完成系统操作等。

第 4 章
IT 风险管理

IT 项目特别是应用系统开发及实施，由于其交付物的隐性特征和涉及诸多动态不确定因素的复杂性，决定了其必然是高风险的。信息系统开发实施不像构建大坝、楼宇之类具有显性物理特征的看得见摸得着的实物资产，它的交付物除了硬件设备之外，更多的是管理业务逻辑、数据关联关系和模型、软件源代码甚至是人员观念与操作技能、管理文化等无法直接可视的非实物形态的东西。

信息系统开发是一个复杂的系统工程，通常会涉及管理基础、流程设计、数据采集体系、操作人员素质、网络硬件基础设施、软件技术发展水平等庞杂因素，加之信息技术飞速发展和企业快速发展中频繁的组织管理变革要求，导致不确定因素非常多，风险管理难度很大。

信息系统建设不仅仅是一个软件开发的过程，更是一个应用实施的过程。很多企业开发建设系统积极性很高，应用实施阶段发现困难重重，慢慢驱动力越来越弱，达不到预期效果甚至到最后系统停摆。

在 20 世纪八九十年代，我国统计数据显示只有 30% 的信息系统能够成功地进行商业应用，而这 30% 的系统里只有 30% 的功能能上线有效使用，上线成功率不到 10%，失败率非常高。就在 2020 年，技术水平先进、投入巨资和人力的某流行病直报系统关键时候失灵，也充分说明 IT 风险控制的复杂艰巨性。如何全面有效实施 IT 风险管理，摆脱国内管理信息系统建设普遍存在的"开发时热热闹闹、应用时冷冷清清、几年后推倒重来"的宿命和魔咒，是一个十分值得研究和探讨的课题。本章结合 IT 治理的三种机制，将笔者在多年的信息化建设中探索并不断总结提升的 IT 风险控制若干实践经验进行体系化总结和阐述。

4.1 三种 IT 治理机制

IT 风险控制需要建立科学的 IT 治理结构和实施有效的 IT 治理机制，以降低 IT 管理风险，实现 IT 对业务发展的支撑，促进企业发展目标的实现。企业在 IT 风险控制方面已经具备了一定的基础，实施过程中可以集成现有架构，参照相关国际标准框架和最佳实践，在组织体系、标准制度、基础设施等基础条件方面进一步完善 IT 控制体系，确保相关资源和保障措施到位。

企业应基于现有的风险管理体系，对 IT 风险实现全过程和全方位的综合管理，从 IT 项目（包括战略规划、采购获取、系统开发、系统实施、系统运维以及项目外包等）、IT 运营（包括信息资产、IT 基础设施、IT 交付与支持等）以及 IT 能力（包括 IT 战略与新兴技术、IT 应用、IT 持续性等）多个维度进行风险识别与分析，构建全面的 IT 风险管理体系。

IT 风险管理主要结合决策架构、联合流程、沟通方法三种 IT 治理机制，进行风险的有效控制。

（1）在决策架构制定方面，要根据企业业务发展的情况选择合适的决策架构。

（2）在联合流程方面，应采用 PDCA 的循环对信息化建设全过程进行控制，保证信息化日常工作与 IT 政策战略目标一致，同时也强化 IT 标准的治理流程。

（3）在沟通方法方面，要采用多种形式的沟通方法手段进行有效沟通。

以下分别描述这三种 IT 治理机制在落地时的具体实践和方法。

4.1.1 选择合适的决策架构是 IT 风险控制的基础

决策架构就是第 1 篇所述的企业 IT 的 5 个关键决策领域采用什么样的决策方式。以三峡集团为例，采用如表 2-4-1 所示的 IT 决策架构：

表 2-4-1 IT 决策架构表

原型	决策				
	IT 原则	IT 架构	IT 基础设施战略	业务应用需求	IT 投资
业务君主制					
IT 君主制	√	√			
封建制					
联邦制				√	
IT 双寡头制	√			√	√
无政府制					

在 IT 原则的决策方面，采用 IT 双寡头制，也就是业务领导和 IT 部门共同来确定大的原则和方向。

在 IT 架构和 IT 基础设施战略方面，采用 IT 君主制，也就是主要由 IT 部门说了算、做决策，业务部门主要负责提需求，IT 部门负责架构管控和系统建设策略（采购还是自建），以及系统方案设计和 IT 基础设施的选型搭建。

在业务应用需求方面，因为需求的多样性和复杂性，所以根据不同情况采用了两种架构，一种是联邦制，对服务于主营业务的系统，比如工程项目建设管理系统、水库征地移民信息系统、电站电力生产管理、流域梯级调度、生态环保信息系统等，三峡集团总部层面和所属的业务单元及职能部门共同商讨研究确定业务需求；另外一种是 IT 双寡头制，主要针对集团职能管控和共享服务类的信息系统，如财务、HR、采购、战略与计划执行、风控与审计、知识管理、OA 等，由 IT 部门和职能管理部门一起研究确定系统建设的业务需求和目标任务。

在 IT 的投资方面，三峡集团也是采用 IT 双寡头制，由 IT 部门和职能部门共同研究决定 IT 投资组合、投资的优先顺序和计划等。

三峡集团自 20 世纪以来采用的 IT 决策架构，与后来美国麻省理工学院的学者彼得·维尔和珍妮·罗斯在其所撰写的《IT 治理》这本著作收集推荐的案例来比，他们推荐了两种比较科学的决策架构，三峡集团在自身信息化建设和管理过程采用的决策架构形式和实际实践与之不谋而合。从众多组织信息化建设的经验和教训看，科学的决策架构对信息化建设的风险控制至关重要，它能够帮助企业做出好的 IT 决策，从根本上避免颠覆性的系统推倒重来，以及大量的重复建设和资源浪费，从而形成有利于 IT 价值创造的决策体系。

4.1.2　IT 风险的全过程控制

第二种 IT 治理机制是通过集成化 IT 联合管控流程实现全过程风险控制。

信息系统建设全生命周期包括规划、建设、运维到后评价等环节，要形成一个对信息系统建设全过程的完整控制闭环。通过信息化建设的全过程控制，保证信息应用系统的实施效果。

计算机信息系统建设不仅是一个开发的过程，更是一个应用实施的过程，如图2-4-1 所示。

应用系统在实际应用落地必须有一个实施过程，才能将开发好甚至做过完整测试的系统与实际的业务匹配融合上，即使功能再完备的系统，在替代实际传统手工操作业务运作模式的时候，也必须制定好完整的业务规范和数据标准，保证系统能有效地运作。任何业务信息系统的上线都是一个管理变革，也就是 BPR（Bussiness Process Reenineering）的过程，必须采取有效的变革管理措施和策略。即使不改变任何传统的业务流程，也需要对业务流程按照计算机系统上线运行的要求做业务流程规范化 BPS（Bussiness Process Standarized）。

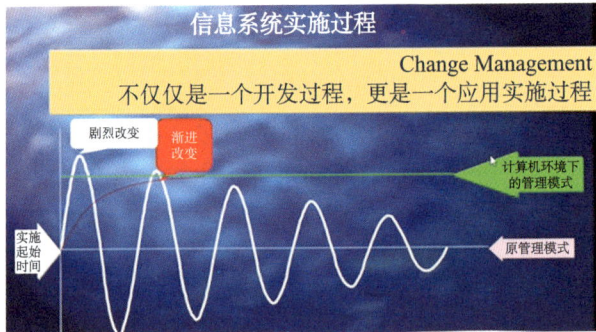

图 2-4-1　信息系统渐进实施过程

新冠疫情直报系统的失效就很清楚地说明了这一点。系统开发完成后，在 2019 年进行了成果发布，但是在新冠疫情一开始出现的过程中并没有发挥作用，主要原因就是缺乏对实施过程和实际业务上线的把控[①]。很多组织在建设系统的初期积极性很高、决心很大，也投入很大资源，但在实施过程中发现遇到的困难和阻力挑战那么多，加之现行业务工作本身的压力和忙碌，多线作战顾不上系统建设，无法投入足够的精力，慢慢地信息系统建设的驱动力越来越弱，到最后很多系统设计的功能无法有效运行发挥预期的效果，甚至舍弃不用，又换回到手工操作的状态，就像图 2-4-1 中所显示的曲线一样。信息系统失败的案例绝不鲜见，在很多企业、政府组织都有过类似的系统建设过程，投入不少的人力、物力、财力去建设信息系统，在利用现代信息技术提升科学管理水平的巨大热情渐渐耗尽以后，成为可有可无的摆设甚至完全废弃，过几年后又推倒重来。

三峡集团在信息系统建设实践中，全过程采用了多种有效的风险控制措施，确保信息系统能最终很好地发挥效用和价值，具体到规划、建设、运维和评价的各个阶段。

（1）规划阶段

必须建立和出台一个信息化建设总体规划，包括系统总体架构及实施落地的计划等。然后根据规划编制年度计划和预算，计划中要包含有具体的 IT 项目，每个项目实施前要编制相应的立项报告和技术方案，由信息化办公室按照已制定的信息化建设规划蓝图中的总体架构进行技术方案和立项的审查，审视已有的 IT 资源是否已经存在类似的应用系统和采用什么样的建设方案，避免重复建设和资源浪费。

采用什么样的建设路径和实施策略，由 IT 部门与职能部门、生产经营单位的 IT 治理办公室联合进行系统化评估，研究是在原有的系统基础上延伸完善开发还是新建系统，新建系统是自主研发还是购买更先进成熟的软件系统，是集团范围内统一开展建设一步到位，还是试点先行逐步拓展推广等。

---

① 徐璐璐，叶鹰. 从新冠肺炎疫情反思国家医学情报体系建设 [J]. 信息资源管理学报，2020，10（6）：38-46.

有一个例子可以较好地说明这种治理机制发挥的作用。集团所属技术和经济实力都非常强的上市公司申请立项建设科技管理信息系统，经过 IT 联合治理办公室的审议后，改变了其单独立项建设的做法，而是批复代表集团建立通用的科技管理系统先试点应用，然后再在集团范围内推广。笔者在贵州省贵安新区挂职时也推广了这样一套治理机制，在几个城区同时要建设一个城市三维可视化地理信息系统的情况下，由新区 IT 治理委员会统筹，根据新区各城区的资源条件、信息化基础和 IT 团队配置情况，决策先在条件相对成熟的大学城建设试运行，以后再到其他的城区推广，但同时启动全新区的三维地理信息采集，这样不涉及政府社会治理业务流程的基础性数据采集项目[①]。

规划阶段还必须对组织内部单位和岗位设定信息化的绩效标准，对外部协作单位提出数据采集的要求和规范。需要特别强调的是，在现代社会生产专业化分工日益细致的情况下，任何一个组织都不是孤立的，企业所在产业链上下游、供应链系统跨组织协作要求越来越高，很多的信息数据采集要靠外部协作单位甚至个人，如工程建设涉及的设计、监理、施工、供应商、政府机构、工程移民等，由于组织互不隶属，没有行政管辖权力，造成数据采集的难度更高，这就需要预先定义好产业链上下游企业的数据采集内容、时限、传递方式等，在招标文件和合同协议中设立严格可操作执行的经济约束条件，以保证企业经营管理决策必需的可靠数据来源。

（2）建设阶段

因为 IT 建设项目的复杂性，门类多样性，需要对各种 IT 项目按照特征进行标准的项目分类，每类项目再制订相应的标准阶段划分和里程碑控制策略，指导不同类别的 IT 项目管理。通常可以将 IT 项目划分为以下八类：

1）信息系统开发类项目；

2）应用实施类项目；

3）基础设施建设类项目；

4）网络安全类项目；

5）运行维护类项目；

6）软、硬件采购类项目；

7）专业咨询服务类项目；

8）新技术创新及研究类项目。

软件开发类项目严格遵循软件工程开发规范；应用实施类可以执行"先僵化后优化"的渐进式的 BPR 实施策略、方法；系统在上线之前设定系统上线标准和强制性经济措施，保证系统的上线质量和效果；建设过程当中，采用"以我为主、用好顾问"的联合项目团队（Integrated Work Team，IWT）的组织方式；通过"干中学、培训培训师（training by trainer）"多样化手段实现有效知识转移；坚持持证上岗、技术比武等强化

---

① 金和平，潘军，韦昌辉，等 . 城市新区三维可视化平台设计及应用实践 [J]. 电脑知识与技术，2020，16（17）：22–24.

用户操作技能，保证业务人员能达到系统上线所需的素质要求。软硬件采购类项目应实行集团统一与供应商谈判并签订框架协议的方式，各所属单位根据框架协议自行拿货与结算。规划咨询服务类项目一定要遵循集团公司总体规划、技术架构与实施路径。

在信息系统软件开发前，责任单位应提交软件开发技术方案，由网信办组织审查，确定采用成熟的商用软件或自主研发。采用成熟的商业软件所需二次开发和自主研发遵循以下规定：一是需求管理，按照需求调研、分析、确认、评审等环节执行。业务部门对目标系统提出完整、准确、清晰、具体的业务要求，各级信息化部门和业务部门共同组织编制软件需求规格说明书，应对软件需求规格说明书进行评审，只有软件需求规格说明书评审通过后，才能进入系统设计阶段。二是系统设计，应根据审定的需求规格说明书，各级信息化部门和业务部门共同组织编制系统设计报告并组织评审。三是系统设计报告评审。属于集团公司全局性信息系统软件的，由网信办组织评审；属于专业信息系统软件的，由负责建设该系统的子公司组织评审。只有系统设计报告评审通过后，才能进入系统实现阶段。四是系统实现，各级信息化部门负责软件开发的监督管理，业务部门配合。在系统实现过程中，系统建设各方必须严格遵守有关国家标准及集团公司相关标准和要求，确保软件开发质量。五是系统测试，测试人员必须严格按照集团公司制定的测试规范进行单元测试、集成测试、性能测试和安全符合性测试，并提交完整的测试报告。重要的信息系统软件需委托专业机构测试。六是成果交付，属于集团公司全局性信息系统软件的，由责任单位按照软件开发实施进度和工作要求，向网信办提出系统交付申请。属于专业信息系统软件的，由负责该系统软件建设的单位分级向上级相关信息化机构提出交付申请。

成果交付须满足以下条件：一是已完成信息系统软件开发的全部工作内容；二是设计开发的软件已通过测试；三是已提交信息系统软件开发的全部应提交成果。

另外，在信息系统软件开发前，要制定相应的信息系统软件开发配置管理规范，明确配置管理所使用的工具、遵循的流程、纳入配置管理的内容等。在软件开发过程中，全过程实施配置管理，以控制各种成果的版本，实现软件产品的完整性、一致性和可控性。

还要做好变更管理，在信息系统软件开发以及验收后的维护过程中，允许对系统功能进行变更。变更由各级信息化部门、业务部门共同控制和管理，按照"变更申请、需求管理、系统设计、系统实现、系统测试"五个阶段执行，每个阶段所产生的成果根据配置管理规范进行管理。

在信息系统软件开发过程中，应建立开发环境、测试环境、培训环境，以及成果交付后的生产环境等。在该信息系统软件开发前，制定成果发布规范，明确发布流程和发布内容等。

最后，要做好知识产权管理，在信息系统软件开发项目合同中明确规定软件的知识产权归属。开发完成并验收后的信息系统软件，责任单位应及时向国家知识产权局申请软件著作权，保护好企业的知识产权。

（3）实施与运维阶段

系统开发完成后，就进入系统应用实施阶段，这个阶段要建立完备的信息系统应用实施管理办法，包括所有与信息系统上线运行相关的工作，具体为实施组织、实施执行、系统上线、运行管理及应用评价等内容。应用实施是实现信息系统与业务融合的重要步骤，是信息系统实现价值的关键基础。信息系统应用实施管理是三峡集团信息化管理的重要内容之一，其基本任务是：通过标准实施方法推行、信息系统应用标准制订、实施能力评测、应用实施效果评价等手段，落实实施管理责任，确保达到预期信息化实施效果。

首先，应召开实施启动会。实施启动会是实施启动的重要形式，会议主要审议以下事项：实施目标与范围、实施策略与进度计划、联合工作组组成与实施管理办法等。

联合工作组是实施项目的一般组织形式，由信息化人员、业务人员组成。联合工作组分为领导小组和工作小组。应用单位应安排具有足够行政推动力的人员参加领导小组，相关业务骨干参加工作小组，深度参与应用实施。领导小组主要职责为：确定系统实施总体规划、审批业务新流程及业务规范、审批项目重大变更、协调应用各方关系，推动系统实施与应用等。而工作小组主要职责是：负责执行领导小组决定、负责完成业务蓝图设计工作、负责系统的二次开发与实现、负责系统上线运行前人员培训及业务规范制定等各项准备工作、负责向领导小组报告实施状况等。联合工作组应通过培训、讲座等多种形式增进信息化人员与业务人员之间的相互了解，为实现系统与业务的有机融合奠定基础。

业务蓝图设计阶段的主要任务是设计信息系统模式下实现预定目标的业务运行方式，主要内容包括业务流程再造、职责分工、系统功能等内容。业务蓝图设计成果将成为系统二次开发和系统运行制度编写的依据。

在系统实现上，联合工作组根据业务蓝图设计中对于系统的功能要求，开展系统二次开发工作。系统的二次开发应严格遵守集团公司有关软件开发管理的流程、规范和标准要求。系统开发完成并通过最终用户测试后方可上线。

用户培训是知识转移的过程，是系统顺利实施和高质量运行的关键条件，应予以重视。用户培训根据实施不同阶段和不同对象，通常可划分为概念培训、操作培训等。概念培训通常是实施初期且针对中高层管理人员，这类培训以介绍系统实现业务流程和业务功能为主，操作培训则是针对具体的业务人员，这类培训以介绍具体操作为主。用户培训工作可以由联合工作组负责，也可由"培训培训师"或"干中学"等方式培养出来的具有培训资质的业务人员完成。三峡集团核心业务信息系统实行持证上岗，用户经培训并考核合格后才能被授予系统相应操作权限。

其次，上线之前还要做好数据准备。联合工作组应当完成系统运行必备的数据准备工作，数据包括系统自身运行需要的元数据和基础业务数据两部分。对于系统建立前已经发生的历史业务数据，联合工作组应结合实际情况，以确保满足业务需要为原则，可采取分阶段、分批次、适度简化数据等方式来制定历史数据转化策略并严格执行。

信息系统上线运行分为试运行和正式运行。试运行旨在检验系统功能、性能、质量、安全等与实施预期要求的符合程度，试运行期间原有业务运行模式保持不变。系统通过试运行检验并符合预期要求后，才能进入正式运行。信息系统上线试运行应由联合工作组提出申请，申请时应具备以下条件：一是已对系统进行测试，确定功能、性能、安全等符合预先要求；二是已颁布系统运行相关的配套运行制度、业务规范和操作手册；三是已对相关操作人员培训并完成系统授权；四是已完成系统运行必备的数据初始化，内容包括系统元数据和业务数据；五是已完成支撑系统运行的软硬件环境准备；六是已建立系统运行技术支持体系。

经试运行检验，相关业务规范具备可行性且系统各方面指标达到预期要求，则应提出正式上线申请，经审批后方可正式上线。上线试运行、正式上线获批之后，应用单位应及时通过集团公司办公系统等渠道发布公告。系统正式上线之后，联合工作组应适时总结实施工作，编写实施报告，归档实施材料，形成经验和知识积累。

运行维护阶段应制定制度及规范，确保系统有序、高效、安全地运行，联合工作组必须完成系统相关的运行制度及规范的制定工作，并以正式文件形式正式颁布。运行制度及规范应包括业务流程、职责划分、操作规定、数据质量标准、权限管理、奖惩办法等内容。运行制度与规范内容应与集团相关制度规范无抵触。

（4）后评价

信息系统实施上线后的评价也很重要。通常每年度采用年度绩效考核评价报告的形式对各单位部门的信息化建设和应用进行年度综合评价；另外，还可通过编制年度信息化效益分析报告对每个信息系统的价值创造进行定量定性综合分析；此外，针对重大信息化建设项目，可以专门独立进行后评估评价等，不断总结信息化建设应用中的经验，形成 IT 系统建设应用水平与价值创造的螺旋式上升，实现信息化建设全过程的风险控制。

信息系统应用单位应定期分析、总结应用情况，编制报告，持续推进应用工作。

信息管理部门应对具备条件的系统通过系统运行关键绩效指标、数据稽核等方式监控系统应用情况，编制、发布相关评价报告。应用单位对评价报告中反映的问题应采取切实措施进行整改，持续提升应用水平。

三峡集团实行数据稽核制度、运行月报制度（记录访问次数、使用频率），对应用系统上线后的业务过程进行掌控纠偏，实现动态实时监控；通过软件工具（比如工单系统）固化运维流程，实现知识共享；通过 IT 服务热线，实现一站式服务。

三峡集团还对运行维护服务进行评估，运行维护服务对象出现故障时，由相关团队及时消除缺陷并编写故障签报，重大问题编写落实整改意见。三峡集团对服务对象运行情况分析按月进行，在收集、整理各类运行维护服务对象的运行状态和故障频次的基础上进行统计分析。

运行维护服务评估可以应用系统为基本单元，以运行维护服务对象故障签报和运行情况分析为基础，通过用户满意度调查等多种手段来实现。三峡集团通过组织内、外部专家对各部门、子公司所负责的信息系统进行巡检；并以供应商管理办法和考核指标为依据，收集整理信息系统使用部门的反馈意见，督促集团公司各部门、子公司对相关运行维护服务供应商进行评价和考核。

4.1.3　全要素风控

相比于计算机应用的另外两大领域自动控制和科学计算，信息系统的建设是一个复杂的系统工程，涉及的要素更多更全面。IT 风险要全过程控制，同时也要做好全要素的风控。总的来讲，一个管理信息系统的全要素构成可分为五个部分，如图 2-4-2 所示：一是计算机软硬件网络系统基础设施；二是应用软件，也就是应用系统；三是管理的流程和制度，相当于系统的"管理基础设施"；四是管理者，系统中最复杂、最活跃的要素；五是数据要素构成，没有数据，开发再完善的系统也是空的，实际上就是一个摆设。五大要素缺一不可，一个掉链子，这个系统必然是不成功的，必然创造不了应有的价值。

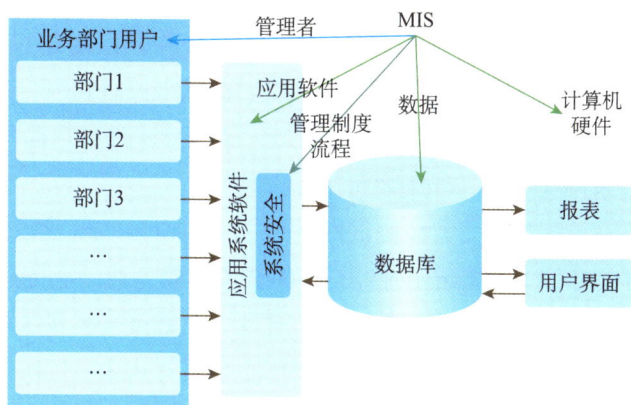

图 2-4-2　信息系统 5 个构成要素

（1）计算机软硬件网络系统基础设施

包括计算机硬件及网络系统、操作系统、数据库管理系统（DBMS）、应用支撑平台等商品化软硬件系统。可依靠采购获得和配置安装建立起来。

（2）应用软件

应用软件分为三个逻辑层：显示逻辑层（定义用户界面的显示规范）、业务逻辑层、隐含在数据库结构中的数据处理层。也就是说，应用软件必须符合管理业务规则、用户界面标准、来自用户数据需求的数据完整性约束。

（3）数据

管理信息系统的核心是数据。其价值主要体现在对数据或信息的使用上。用户通过应用程序将管理过程中产生的数据输入数据库，使得不同用户群可根据需要查询或按相应的业务规则附加上他们自己的数据，从而做到按照一定管理规则和制度的信息资源共享。

（4）管理制度和程序

管理制度和程序是信息系统的基础，管理的业务逻辑不仅必须体现在应用程序之中，它还必须作为数据安全保密（Data Security）设计和实施的依据。数据安全规定不同用户群对数据库的操作权限，体现了管理分工和职责，是集成的管理信息系统的重要组成部分。没有数据安全保密，则会造成管理信息系统混乱。

（5）高素质的使用系统的用户

人是系统中最复杂、最活跃的因素。用户是管理信息系统真正的主人。他们不仅作为系统的使用者，而且也应是系统建设的积极参与者。管理信息系统，要求不同用户群按照科学规范的管理制度和程序协调高效工作，使用系统的用户人员不仅需要掌握计算机软件的使用，还必须精通管理业务，并且有高度的责任感和较高的工作效率。高素质的使用系统的用户人员是系统成功与否的关键。

IT 需要全过程全要素的风险控制，其中不确定性最高、风险最难以控制的几个要素有三方面：一个是管理基础即业务流程、规范制度和组织协同，不同组织不同时期都会呈现出很强的动态性和变化过程；再一个就是管理者即使用系统的用户，是系统建设过程中最难把控和活跃的因素；还有就是系统建设过程中不断增长和累积的数据资源，IT 风险控制需要把这几个主要的核心难点要素把握住。计算机硬件和软件可以通过商业化采购直接获得。信息化建设核心的风险在这三大要素上面，下面把这三大要素的风险控制策略扩展开来阐述。

（1）管理变革和流程优化要素风控的渐进式 BPR 业务流程优化策略

BPR 缔造者 Hammer 与 Champy 指出："BPR 就是对企业的业务流程进行根本性地再思考和彻底性地再设计，从而获得在成本、质量、服务和速度等方面业绩的戏剧性地改善"[1]。对于中国企业，基本长期处于不断改革的时代进程中，生产经营管理方式发生着深刻的变革。

信息化建设是 BPR 管理变革的催化剂，是对业务流程采用革命性的推倒重来，还是通过信息系统实施逐步实现数据驱动的科学化规范化管理，是一个非常重要的实施策略选择，甚至决定信息化建设的成败。根据笔者多年的信息化实践经验，信息系统实施的渐进式 BPR 策略，是先进信息系统落地应用与管理业务融合过程中一种科学实用的方法论，通过系统上线后的系统化管控流程和业务逻辑，对手工操作业务过程实行一步一步地变革，最后达到一个革命性的管理提升效果。

渐进式 BPR 策略包括以下要素：

①合适的目标策划是信息系统实施成功的关键；

②基于对管理基础环境、人员素质等影响系统实施成败关键要素综合分析后，选择

① Michael Hammer，James Champy. Reengineering the Corporation：A Manifesto for Business Revolution[M]. London：Nicholas Brealey Publishing，1993：30–51.

达到系统管理目标的合适路径；

③"先僵化、后优化"是基于成熟系统和业务模型基础的实施捷径。

需要特别强调的是，合适的目标策划是信息系统实施成功的关键。甚至可以说"不切实际的信息系统建设的目标是信息系统建设的最大祸害"。如果对现有的管理基础、业务复杂度和人员的素质，没有一个很好的评估，开始的时候设定系统建设目标过于高大上，结果可能由于信息系统五要素中管理基础薄弱、制度不完善、流程不协调与系统要求不匹配产生巨大偏差、数据来源得不到保证、管理操作者素质与系统不适应等，导致投入大量人力资源，最后系统无法有效应用而无功而返。

渐进式 BPR 就是要对影响系统实施成败的关键要素进行综合分析后，选择达到系统管理目标的合适路径的一种很好的目标达成策略。即对现有管理的基础环境，包括当前的业务基础是否规范、管理是否精细化，人员素质是否能达到系统要求、能否理解管理的流程和业务逻辑，数据来源能否有可靠的保证，信息系统本身功能的成熟度和完备性、灵活性以及网络信息基础设施的可得性等进行系统性评估，科学实事求是地确定阶段性的信息化建设实施应用目标，最终实现信息系统支撑的业务全过程、规范化、精细化、科学化目标。

形象地比喻，就像一个人登高楼不可能一步跳上去，必须得设计相应的楼梯一级级才能爬上去，信息系统应用实施由于其受到诸多因素制约的复杂性，也需要因地制宜地设计好利用 IT 渐进式提升管理水平的合适的"楼梯"，否则很容易造成叶公好龙、欲速不达的局面。

在这里举个例子，是三峡工程管理系统应用实施过程中，施工合同结算的一个渐进式 BPR 爬楼梯逐步提高信息化管控水平的真实经典案例。

工程建设中业主单位（项目法人）与施工单位签订的施工合同的执行和工程价款结算是工程投资资金控制的重要基础性业务。施工合同结算支付看似简单，实际很复杂，工程施工成果是一个动态交付的复杂变化过程，资金既要支付准确、控制精细到位，又要能及时高效以保障工程资金供应，这会涉及投资质量进度的多维管理，我国工程建设管理中"跑冒滴漏"屡见不鲜。工程价款结算必须与进度工程量和合同 BOQ 工程量清单相匹配，也必须在施工成果满足质量要求的前提下进行。那么，在三峡工程管理系统施工合同结算功能初步上线的时候设计了以下 5 个台阶，如图 2-4-3 所示。

第一个台阶，系统中工程价款结算付款必须跟合同相对应，没有关联上合同是不能付款的，由于工程价款结算需要跨施工单位、监理单位、业务单位多个部门的数据流动和协同审核处理，这就需要给出统一的合同标识和编码，而手工操作往往是各单位部门各自编号，缺乏统一的合同编码，通过制定统一的合同编码规范，在这一步强制统一了合同代码，规范了很多当时大量不规范的合同信息。

第二个台阶，启用概算控制。如果已发生投资和成本没有对应上概算，就无法知道工程投资成本的基线和标准，也无法科学系统地进行投资成本和资金分析及预测预警，所以合同的每个工程量清单交付项要与概算项目对应上。不建立对应关系则无法将合同置为批准状态，也就无法在线上进行合同执行过程中合同变更、工程进度支付等业务。

第三个台阶，启用会计科目对应。业财一体化主要通过这一台阶实现，将工程概算项目、合同工程量报价清单项对应上相应的会计科目，这样在相应进度工程量申报确认并流转到财务部门后，财务人员进行大量资金的工程结算。原来制作会计凭证时要把按核算科目做繁杂的一笔笔会计分录，而且容易出差错。建立了会计科目与成本发生的对应关系后，可以用 IT 系统实现会计凭证的自动生成，既提升了会计核算工作效率，减少了财务人员的工作负担和人力消耗，还避免了差错，提高了工作质量。

渐进式BPR示例——施工合同及支付管理流程持续

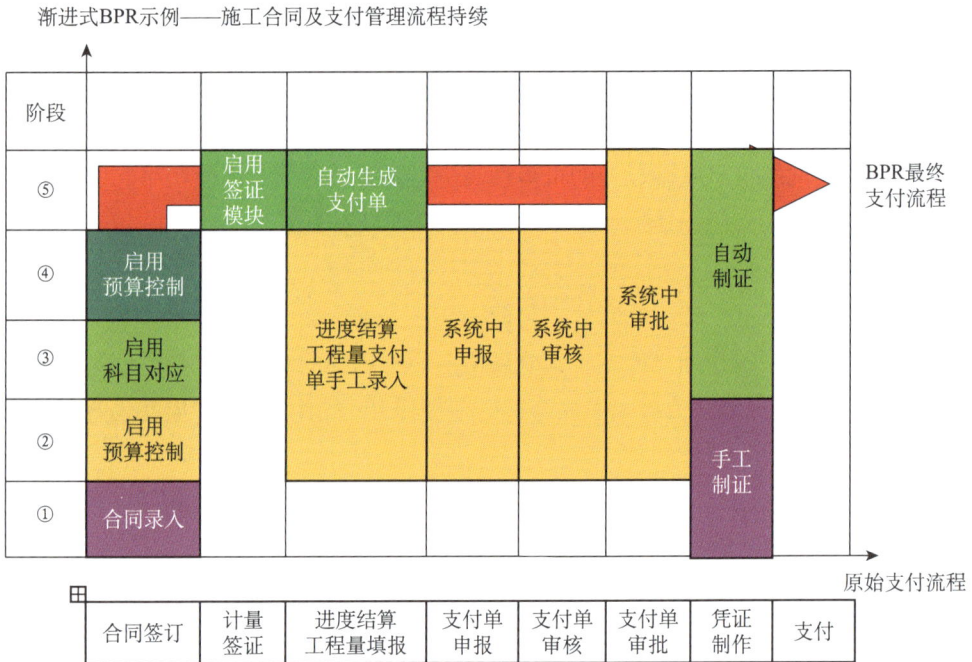

图 2-4-3　三峡工程管理系统实施渐进式 BPR 策略示例图

第四个台阶，启用预算控制。工程投资资金除了要做好大的总体概算控制外，还需要做到资金流、现金流的动态控制，因此，工程合同结算、成本发生还需跟年度预算计划相对应，建立年度资金预算与合同工程量清单的对应关系并启用预算控制，这样可以做大动态管控工程资金流，及时匹配工程的资金需求并精准控制资金成本。

第五个台阶，启用计量签证模块。相比以上按合同 BOQ 工程量报价清单每月手工填报进度工程量，这个管理台阶对工程施工的精益化提出了更高的要求，平时日常施工现场的施工单元计量签证全部都要线上录入，首先严格按施工详图分解施工单元，每个施工单元都要对应上合同 BOQ 项，施工单元完工后监理单位等做好现场质量验评和计量录入系统中，每月自动生成月进度工程量结算报表，整个管控的精细度大幅提高，跟工程质量管控、设计工程量进行了联动控制，形成了一个全链条、全过程、全方面的工程价款结算支付的规范化线上精准控制闭环管理流程。

第六个台阶，启用 BIM 可视化管控。

为什么不一步到位上到第 6 个台阶呢？这是因为最初在工程项目实施系统的时候，人员的观念、素质、管理的基础条件根本达不到，系统功能的成熟度也不高，匆忙强制上线使管理人员无法适应，无法保证可靠的数据来源，以致后续系统无法有效运转，必然导致失败。在系统实施前做好上线规划，根据系统上线的多方要素评估的情况，让具备上线条件的工程管理逻辑和工程模块能够先发挥作用，用户尝到甜头后，再一步一步上线更高级功能和更精准化的管控逻辑。在三峡集团，即使是重大的水电工程项目，也不是所有的项目都实施到第 5 步这样严密的线上管控流程。

实现以上的渐进式 BPR 策略需要一系列支撑技术，如图 2-4-4 所示。

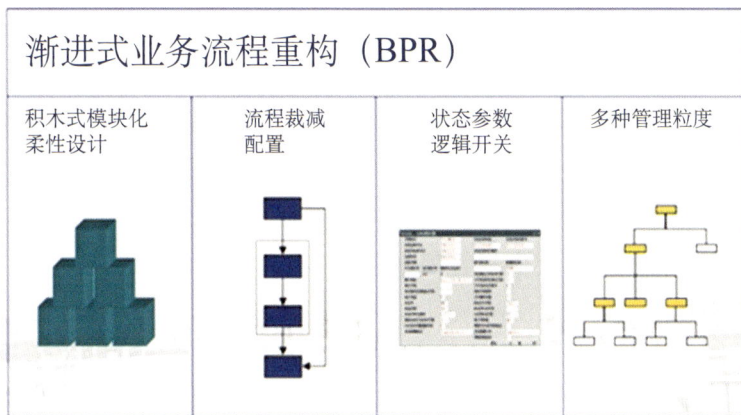

图 2-4-4　渐进式 BPR 策略支撑技术

第一，要采取积木式模块化的柔性设计，模块可以灵活组配，也可以分拆使用。第二个是流程裁剪配置技术，系统流程可长可短。第三个技术是状态参数，逻辑开关可配置，系统专门设置有相应的逻辑开关和业务状态的参数。以上描述的 5 个渐进式 BPR台阶很多就是靠逻辑开关来实现。第四个是多种管理力度适配技术，系统能够适合多样的管理力度，能够匹配以上案例所描述的多管理级次，系统可以只管到合同层面，也可以只管到合同 BOQ 报价单项，也可以管到精细的施工计量单元甚至工序这个层面，系统可以灵活支撑匹配这些管理的颗粒度。渐进式 BPR 的这些支撑技术可以帮助实现通过 IT 系统达成渐进式螺旋式管理水平提升。

信息化过程中还有一个流程变革策略非常有效："先僵化，后优化"，这是基于成熟IT 系统和业务模型基础的一个系统实施的捷径。许多企业在开始信息系统建设时，往往耗费巨大的人力去开展业务需求分析工作，这对以往市场缺乏成熟的应用系统产品或解决方案是可行的。但企业要建设的业务信息系统，其对应的业务一般来讲不会是业界从来没有过的业务，一般都会有相应的成熟的业务系统已经在别的企业或组织应用过。

2002 年，三峡电厂筹备期即开始实施生产管理系统，当时从瑞典引进一套在欧洲大型电厂大量使用过的较为先进成熟的以资产运营维护系统（Enterprise Asset Management, EAM）为核心的电站生产管理 ERP 系统，但是在实施初期，系统实施顾问按照电站的管理人员提出的用户需求整理出厚厚的需求分析报告后，电厂的高级管理团队发现不是想象中要落地的系统，高度模型化以后的"系统语言"和用户语言根本对不上。经过激烈的讨论后，笔者提出了"先僵化、后优化"的实施策略，先暂时搁置需求分析中的分歧，把引进的生产管理 ERP 系统中成熟可用的功能先在实际业务中跑起来，上线运行后再提出优化改进的需求予以提升，结果很多最初用户提出的"需求"消失了，系统比原来手工的流程更好满足管理要求。当然后来业界流行的"先僵化、后固化、再优化"，也诠释了渐进式 BPR 是信息化建设中一种非常适合的方法论。IT 技术人员或实施顾问一定要关注业务，有分析评估信息系统上线业务基础的能力，思考和谋划 IT 系统跟管理业务如何很好的匹配，需要沉下心来研究提出系统实施渐进式 BPR 的有效路径，这是一项非常需要有智慧的工作，是决定信息系统成败的关键所在。

（2）用户人员要素风控——知识转移和联合工作团队 IWT 策略

信息系统实施的过程也是一个知识转移的过程，信息系统所蕴含的管理业务逻辑、数据标准、流程设定、操作技能等知识能否成功地从实施者转移到应用者，是影响实施效果的重要因素。同时业务层面的管理制度、操作模式、数据处理加工需求、业务经验沉淀等知识能够转移到 IT，实施顾问和专家团队也很重要，IT 团队必须要理解业务，才能更好地开发建设相应的系统。

以下两种方法在实践过程被证明是信息系统建设中非常行之有效的。一是干中学，通过联合业务需求分析与 BPR、共同设计开发、应用系统集成测试、实际业务模拟等，实现业务团队、实施顾问团队、系统开发团队的多向知识转移，系统边建设边匹配真实业务场景。另外一个是"培训培训师"实现分层次的知识转移。

新的信息系统建设时，不可能把业务部门的工作停下来，所有业务人员专门来搞系统建设。一般会在各相关业务部门先选一到几名"超级用户"进行强化培训，与实施顾问团队一道把系统业务管控逻辑、流程方法等理解透彻，共同制定系统上线目标，拟定目标系统的业务流程规范、基础数据标准、功能操作规范和数据责任体系、数据处理标准（系统输出的报表账册报告等），熟练掌握系统操作技巧和数据管理技能，然后这些"超级用户"回到各业务单位和部门开展多层次培训，对这些业务部门的广大用户进行传帮带。

需要特别强调一点，"超级用户"的选择非常重要，应秉持"业务越忙的人越要参与系统"这一原则。很多单位在开展信息化建设时往往把部门里闲着的人员派到联合工作团队中，一般来讲这样难以保证取得很好的效果，越是忙碌的业务骨干对管理的理解越深刻，才能更好地理解管理信息化系统的内在业务逻辑，才能将实施阶段的一系列 BPR 设计和场景落地工作。

知识转移中信息化建设的组织形式很重要，联合工作团队 IWT（Inregated Working Team）这种形式是普遍采用的被实践证明行之有效甚至是信息化建设必须的一个组织形式。其典型的组织架构如图 2-4-5 所示。

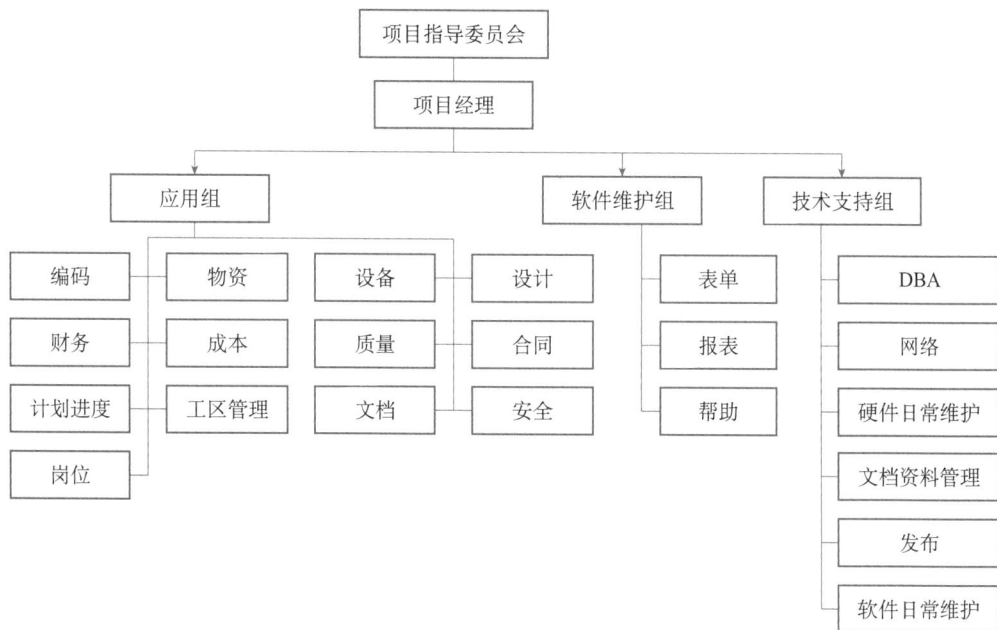

图 2-4-5　信息系统实施的一般组织形式图 IWT

IWT 主要体现在图中的应用实施组，系统实施顾问和各个业务团队人员共同负责系统上线的交付。

（3）数据稳定要素风控——以数据为中心的建设策略

管理信息系统界有一句话叫"三分技术、七分管理，十二分数据"。为什么叫十二分数据？因为信息系统是为了收集和采集数据，最后有效地利用数据而建立的，可以说信息系统生产的"产品"就是数据。所以信息系统建设一定要以数据为中心，围绕着如何制定"产品"的质量标准、"产品"的生产责任、"产品"的生产计划等来开展工作。

在系统规划设计阶段，可以采用信息工程方法论（information engineering methodology，IEM）方法，是詹姆斯·马丁（James Martin）在有关数据模型理论和数据实体分析方法的基础上，融合他所发现的"数据稳定性原理"，于 20 世纪 80 年代初提出的，其核心内容包括两点[①]：

①数据位于现代数据处理系统的核心；

②数据是稳定的，而业务处理是多变的。

组织机构的数据模型是相对稳定的，而应用这些数据的处理过程则是经常变化的，只

① 高复先.信息资源规划：信息化建设基础工程 [M].北京：清华大学出版社，2002.

有建立了稳定的数据结构，才能使行政管理和业务处理的变化能被计算机信息系统所适应。

围绕数据为中心规划设计系统，可以保证系统模型架构的稳定。如果按照组织机构去设计系统，显然不能构建一个稳定的系统，因为企业的组织机构往往会根据情况经常调整。

另外，系统实施的主要任务是能够按照规范好的系统化的业务流程去采集有效的数据。实施环节最核心的任务就是通过 BPR 制定和规范信息系统采集业务数据的流程，包括基础数据标准、数据采集规范和数据处理规范等，通过相应的流程配置、系统授权和用户培训，用先进的计算机信息系统替代传统的数据采集和处理方式。

系统上线最有效的标志是取代手工从系统生成业务单证，这也是控制系统上线的根本手段。比如财务凭证在系统上线前是手工制作的，系统上线运行的标志就是由计算机系统直接输出凭证，而不是打印表格往里填数据。

系统建设的最终目的是有效地利用数据辅助经营管理决策，最根本的价值体现在数据的利用上。综合性的业务报表是系统生成实施成功的重要标志。综合性的业务报表能够从系统中准确无误生成难度很高，它标志着系统上线后各种各样的数据都能跟原来的业务匹配上，不仅能通过信息系统有效地采集数据，还能高效准确地按照业务规范处理数据生成管理决策用的汇总业务报表，成功地替代了手工业务管理作业流程。当然，信息系统能提供远比手工管理更为灵活的参数化、多维度信息查询与分析功能。

所以在信息系统实施过程中，很重要的环节就是要制定一套计算机系统环境下的业务规范和数据责任体系，对每个业务部门的用户在系统里面录入什么样的数据、引用什么样的数据、生成什么样的单证和报表，在系统投入运行前必须做出硬性的规定，并在系统上线运行时得到有效的执行。所有这些系统实施环节都应该围绕着数据这个核心要素展开，否则系统将是无本之木、无源之水，信息系统的价值创造也就无从谈起。

4.1.4 多样化的沟通方法是 IT 治理成功的关键

IT 治理机制中信息化建设组织关系方的多层次沟通和多样化沟通方法，在 IT 风险控制方面有着独特的不可替代的作用，甚至决定了信息化建设的成败，其重要性怎么强调都不为过。以下按沟通的层次和机制分别阐述 IT 沟通机制如何建立和有效的实施。

（1）企业高管层

信息化建设需要建立多层次沟通渠道和机制，最重要的是高层沟通。很多时候 IT 技术团队会面临高层领导因为忙而抽不出大块时间听取汇报和协调决策信息化建设过程中的重大事项，不知道什么时机与高层领导汇报沟通什么内容，这就需要梳理高层领导协调解决的重大事项和关键问题清单，主要是第 1 章决策架构中涉及的重大决策事项，跟决策层沟通主要内容包括信息化战略、总体规划、专项规划以及信息化建设遇到的重大管理变革、重大技术方案调整等，信息系统建设的日常管理，则交由职能部门和技术团队负责。高层次沟通和决策层的重视，会对信息化建设产生事半功倍的效果。

还需要建立正式的高层沟通机制，在 IT 资源管理章节中的信息化组织体系中，将 IT 治理委员会职责纳入信息化建设领导小组，建立高层 IT 治理委员会的周期性例会机制，信息化战略总体规划的审定按规划的周期确定汇报和决策时间，年度计划和实施回顾汇报机制一般按年开展，信息化重大项目可安排专门的沟通汇报机制，治理委员会办公室职能纳入信息化工作办公室作为沟通协调的职能机构，落实正式委员会做出的决策。

企业重大战略行动计划中可以加入信息化专项行动，以在企业组织中凸显其重要性，比如三峡集团在 2008 年将信息化登高计划纳入企业科学发展观整改计划，宣示信息化的战略意义，极大地调动企业资源助力信息化的加速推进和不断提升。

（2）IT 部门与业务部门的沟通

IT 部门与业务部门的沟通是横向沟通，业务与信息化要融合才能真正创造价值，业务和 IT 两层皮必然导致 IT 项目的失败，这种横向沟通是信息化与 IT 融合的必备手段。

应成立专门的 IT 治理委员会办公室，办公室由跨 IT 部门和业务单位部门的信息技术条线、业务条线的核心成员组成。三峡集团信息化组织体系中的信息化工作办公室，履行的就是 IT 治理委员会办公室的职能。这个办公室可以采取信息化例会和专题会制度进行业务部门沟通，信息化年度绩效评价报告是横向沟通的有效载体。通过信息化工作办公室以及前文提到的联合工作团队 IWT 的工作机制，促使 IT 部门与业务团队"打成一片"，实现真正的团队融合，促进业务 IT 的深度融合。

（3）信息系统最终用户的沟通

这是最为广泛的沟通，需要摸清广大信息系统用户对系统实施、操作与不断优化的需求，不仅要通过访谈调研、业务测试、会议沟通等多种形式不断吸收用户的管理智慧，使用户也成为系统设计的积极参与者，加快系统功能与业务适配的迭代和升级，也要不断选用先进的技术如移动互联网、社交媒体等，让系统有极佳的用户体验，使得业务人员真正感受到信息系统带来的价值和好处，使用户成为信息化的拥趸。当然在通过信息系统实施推动管理规范化和变革提升的进程中，有时也需要采取一些强制性的措施确保系统的有效上线和应用。

（4）与不守常规者共事

IT 管理者应该是架构社会工作者，而不是架构警察，作为架构的社会工作者，要不断地去说服不遵守信息化治理规则和架构标准的业务部门单位，通过访谈、专题会议、文件、绩效管理工具、信息化考核评价、数据稽核报告等多种手段进行充分沟通，保证信息化建设目标按照战略规划、统一的架构以及科学合理的技术选择和实施路径去达成。

（5）建立透明的工作机制

三峡集团通过内部交流网站——信息化专栏，来进行各种交流，定期发布如系统运行月报、项目建设周报、数据稽核季报、绩效评价报告、网络安全信息、动态的信息化 KPI 等，增加治理的透明度，让所有相关方了解信息系统建设、应用、运维、安全等所处的状态。通过出版正式的年度 IT 报告对内对外进行信息化宣传，扩大影响力，增加品牌效应。通过信息化征文等形式号召业务部门单位的广大用户都来"讲 IT 的故事"，发掘信息化价值，增加对信息化认同感，培育价值创造的信息化文化。

4.2 IT 标准治理流程

IT 标准体系建立是企业信息化能否持续发展的重要基础，也是企业信息化成熟度的重要体现。全面的企业信息化标准使得企业信息化与业务形成良好的互动，增强信息化的业务支撑能力，实现信息化对业务中长期发展的强大支持，从而实现 IT 风险控制。

大多数企业拥有不同数量的信息化标准资产，如何系统地对信息化资产进行分类、治理、应用是信息化标准资产能否发挥作用的关键。本章节从企业架构的层面探讨信息化标准体系、治理体系的设计，提高信息化标准的可管理性，更好地发挥信息化标准的价值。

三峡集团按照企业架构（Enterprise Architecture，EA）框架构建 IT 标准规范体系来强化 IT 风险控制。

4.2.1 信息化标准规范框架内容

IT 治理机制里建立过程和资源的管控标准、强化 IT 标准的应用很重要。

三峡集团建立的信息化规范体系如图 2-4-6 所示。包括业务架构标准（业务流程的标准）、应用架构标准（什么样的业务匹配什么样的应用系统）、数据架构标准（采集沉淀哪些数据、基础数据的编码标准等）、技术架构标准（系统的构建和开发实现技术、基础设施网络等）。

标准也不是一成不变的，也要不断地动态的管控和治理。例如贵州贵安新区的智慧城市系统，首先建立了城市部件的统一标识体系和编码标准，对城市所有的管理对象建立统一编码标识体系，否则管理部门无法协同，标准的重要性不言而喻[①]。而且

---

① 李飞，李韦 . 地方政府推动智慧城市建设的政策工具选择——基于贵州省推动智慧城市建设的政策文本分析 [J]. 城市观察，2019（1）：132-146.

随着城市中管理对象（人、物等）的不断增加，需要不失时机地不断去扩充完善这些标准。

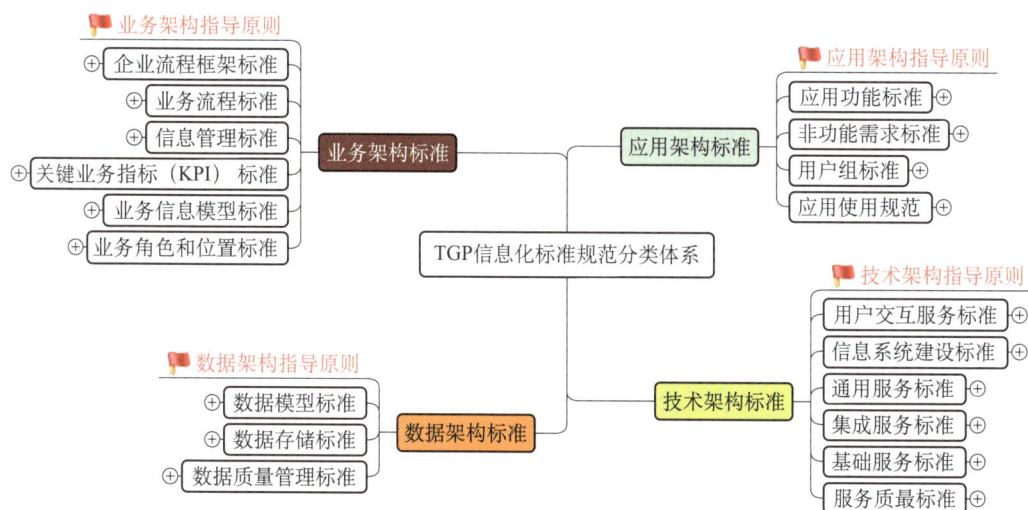

图 2-4-6　三峡集团信息化规范体系

标准体系可分为领域模型和治理模型两大方面。

（1）领域模型

三峡集团采用的信息化标准体系框架领域模型通过三个元素来约束标准：标准分类体系、标准关联定义、标准属性定义，如图 2-4-7 所示。

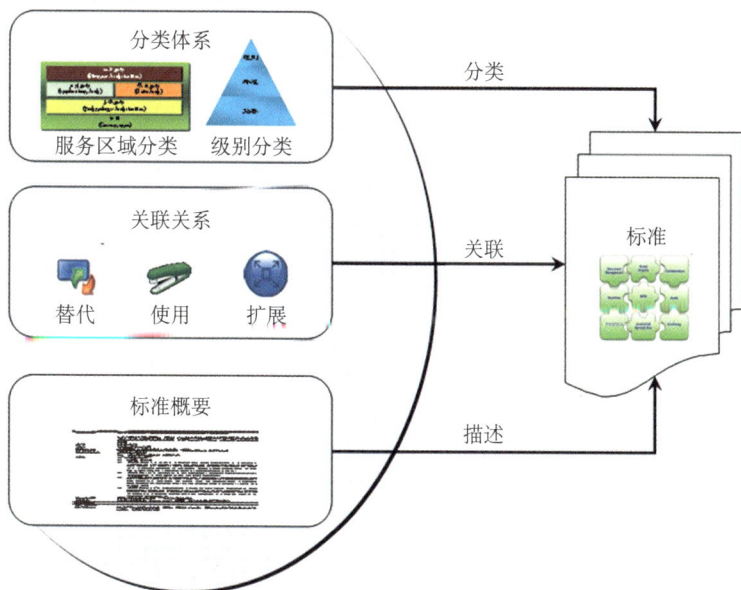

图 2-4-7　信息化规范体系领域模型

标准分类体系定义了标准将如何分类，理论上对标准的分类可以是多种多样的。标准分类体系设计应该遵循逻辑合理、界线清晰、覆盖完整、粒度适中的原则。

①逻辑合理：以信息化标准的服务区域为分类基础，以成熟模型为分类参考；

②界限清晰：每个分类有明确的界定说明，不同分类的互斥性强，没有交集；

③覆盖完整：整个体系的分类完整，避免无法确定类别的盲区；

④粒度适中：分类的纵深粒度合适，不过于粗放，导致标准关系松散的标准归属在同一类别中，不过于细化，导致关系紧密的标准内容分散在不同类别的标准文件中。

标准关联定义：标准之间不是孤立的，有可能存在各种各样的关联，随着业务、技术的需要，关联关系也会不断扩充。

标准概要定义了用于表述标准的基本属性，某些属性的内容（如标准的状态）在使用过程中可以根据实际情况进行调整。

（2）治理模型

如图 2-4-8 所示，治理模型包括四个基本元素：组织角色、治理流程、度量、支持能力，其中治理流程是核心内容。

其他元素与治理流程有密切的关系，组织与角色"参与"治理流程，度量结果"支持"治理流程的改进，支持能力"支持"治理流程的实现。

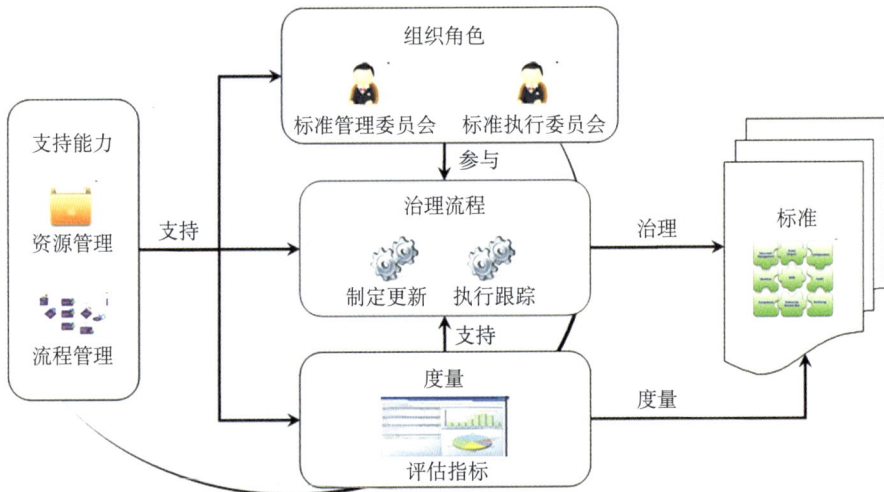

图 2-4-8　信息化规范体系的治理模型

4.2.2　信息化标准体系设计

信息化标准体系设计一般应包括标准分类体系设计、标准属性体系设计和标准关联体系设计 3 个部分。

（1）标准分类体系设计

标准分类体系基于企业架构（EA）方法论，遵照《企业标准体系表编制指南》（GB/T 13017—2008），通过对企业架构的服务领域进行分拆、合并、裁剪、补充，建立起以业务架构、应用架构、数据架构、技术架构为划分基础的信息化标准一级分类体系。

业务架构又可以细分成 6 个子类，如图 2-4-9 所示，其中，业务架构指导原则是关于如何进行业务架构设计、管理的指导性原则；企业流程框架标准是关于业务流程分类、建模和业务事件定义的标准；业务流程标准是关于具体的企业业务的各类流程的标准；关键业务指标（KPI）标准是定义 KPI 模型以及每个 KPI 属性、数据来源及如何应用的标准；业务模型标准是关于建立主题域模型、业务信息模型的标准；业务角色和位置标准是定义业务角色及业务位置的标准。

图 2-4-9　业务架构二级分类体系

在建立企业自身的信息化标准时，应优先考虑直接使用或引用国家、行业标准，对于国家、行业标准空缺的或者不够严格的，可参考国家、行业标准进行企业信息化标准的制定。示例见表 2-4-2。

表 2-4-2　企业自身信息化标准建立示例表

标准一级分类	标准二级分类	标准三级分类	标准名称	简要说明
业务架构标准	业务流程框架标准		EPF（Enterprise Process Framework，企业流程框架）	描述了业务流程的分类体系，提供了业务流程管理的方法，以保证流程的效率
应用架构标准	应用功能设计指导	应用功能模型设计指导	制造业企业资源计划（ERP）系统功能结构技术规范	ERP 系统功能结构是一种工具，适用于离散制造业各类用户比较、评价 ERP 软件产品，为 ERP 软件厂商开发 ERP、同时对用户修改和二次开发 ERP 软件系统也有重要的指导作用。本指导性技术文件给出的所有功能是 ERP 系统的最基本功能，各企业的 ERP 系统功能要根据企业具体情况而确定

续表

标准一级分类	标准二级分类	标准三级分类	标准名称	简要说明
数据架构标准	可靠数据源标准		MDM（主数据管理）	描述了一组规程、技术和解决方案，用于为所有利益相关方（如用户、应用程序、数据仓库、流程以及贸易伙伴）创建并维护业务数据的一致性、完整性、相关性和精确性
技术架构标准	用户交互服务标准	用户界面标准	用户界面设计标准（User Interface Design Standard）	本标准制定了用户界面的设计规范

（2）标准属性体系设计

三峡集团参照《都柏林核心元数据元素集》[①]，为标准的属性进行了面向主题的全面定义，包括每个属性及其取值范围的明确定义。在制定或更新标准时，这些属性和取值范围是不能随意更改和添加的，但是在标准属性体系中，支持对它们的动态扩展，即标准属性及其取值范围都可以根据业务或标准管理的需要，通过一定的流程进行更新和增加，以保证能够灵活地适应标准体系的发展需求，见表2-4-3：

表 2-4-3　标准属性体系设计示例表

标准属性	定义	取值范围示例
标准所有者	标准制定时对应的责任主体	
标准级别	标准的约束力级别	原则、标准、指导
适用对象范围	标准约束的对象范围，如约束部门、约束项目、约束业务等	
标准层次	标准对应的层次	国际标准、国家标准、行业标准、自订（企业）标准
标准状态	标准在生命周期中所处的阶段	起草、会审、发布、废止
标准版本	标准对应的发布版本号	V1.0、V1.1、V2.0
标准发布时间	标准发布的时间	2011.9.21
关键字	标准内容的关键字	防病毒、集成

（3）标准关联体系设计

信息化标准关联关系定义是标准关联体系的基础，而关联关系的管理是关联体系

---

① 《都柏林核心元数据元素集》：1995年3月，由OCLC（Online Computer library Center，联机计算机图书馆中心）和NCSA（National Center for Supercomputing Applications，美国国家超级计算应用中心）联合在美国俄亥俄州的都柏林镇召开的第一届元数据研讨会上，产生的精简元数据集。是一种跨领域的信息资源描述标准，为信息资源定义了十五种属性。

作用发挥的保障。只有通过多种方法和手段在标准制定时进行标准间关联关系的识别与确立,在标准更新时实现标准间关联关系的更新与维护,才能体现出标准关联体系的应用价值。根据 UML 关系模型,可归纳制定替代、使用、扩展三种关联关系见表2-4-4。

表 2-4-4　标准关联体系设计示例表

名称	说明	样例场景
替代	如果标准 A 和标准 B 之间的关联是"B 将 A 替代",则表明标准 A 失效,其原有服务的领域由 B 接替,而 B 处于有效状态。内容上要求 A 说明被谁替代;而 B 要说明替代了谁	在标准版本更迭时,新、旧版本间就是替代关系
使用	如果标准 B 对标准 A 有所依赖,如遵循了 A,则标准 B 对标准 A 的关联是"使用"。要求在标准 B 中说明对 A 的使用	当数据模型是通过 XML 模式来定义时,"数据模型规范"对"XML 模式标准"的关系就是"使用"
扩展	如果标准 B 在标准 A 的基础上,针对某种特定环境对某些条款作了补充(增加、更改或删除),则标准 B 是标准 A 的扩展。需要在标准 B 中说明扩展点	财务公司对信息安全的要求要高,则安全标准上进行扩充,如提高缺省安全等级要求

4.2.3　信息化标准治理体系设计

基于企业架构方法论,融合国际通用的企业架构标准(The Open Group Architecture Framework,TOGAF)架构治理理论[①],三峡集团构建了以组织角色、治理流程、标准度量和治理工具为主要环节的标准治理框架。

(1)标准治理组织和角色

三峡集团建立了标准治理组织,并设置了相关岗位角色,如图 2-4-10 所示。

标准执行委员会:可能包括的角色有架构师、技术领导等。主要职责是审核项目组在标准审核流程中提交的工作成果(如架构决策、架构设计等),给项目组提出改进建议。

标准管理委员会:可能包括的角色有企业架构师、业务利益相关者等角色。主要职责是确认标准建设规划,审核"标准执行委员会"提交的审核报告或解决提升的问题。

(2)标准治理流程

信息化标准治理流程由遵循流程、例外流程、标准制定流程和标准沟通流程组成,"遵循流程"促进信息化标准的执行,"例外流程"用来处理信息化标准无法被遵循的情况,"标准制定流程"处理创建和更新信息化标准,"沟通流程"促进标准在整个组织的宣贯和沟通。四个流程互相联系,互为输入和输出,如图 2-4-11 所示。

---

① Modeling Enterprise Architecture with TOGAF®[M]. Elsevier Inc,2014.

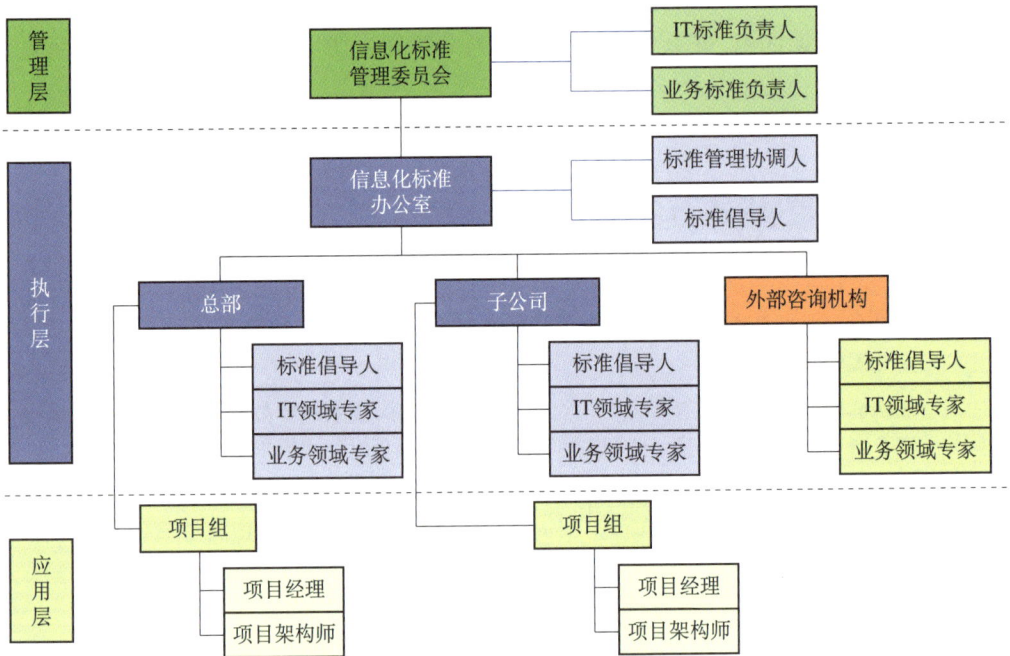

图 2-4-10　三峡集团信息化标准管理组织和角色

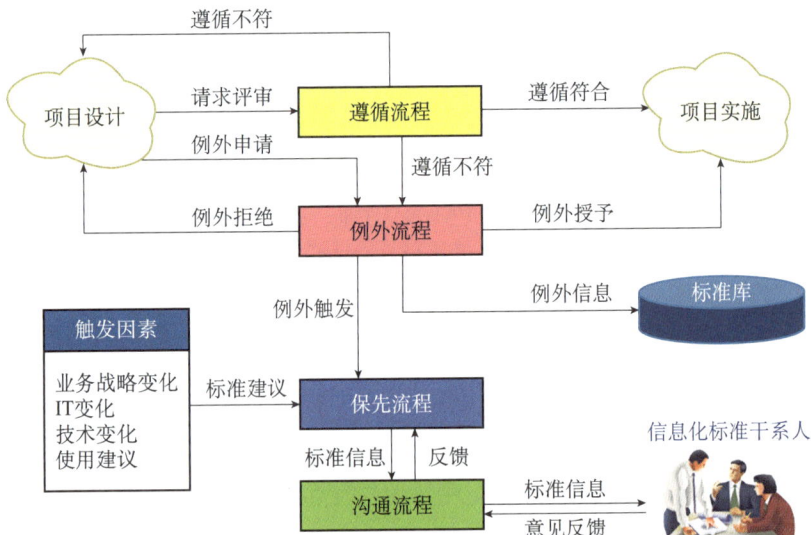

图 2-4-11　三峡集团信息化标准治理流程关系

遵循流程是审查信息化项目与信息化标准的一致性，以更好地提高 IT 投资的有效性，如图 2-4-12 所示。

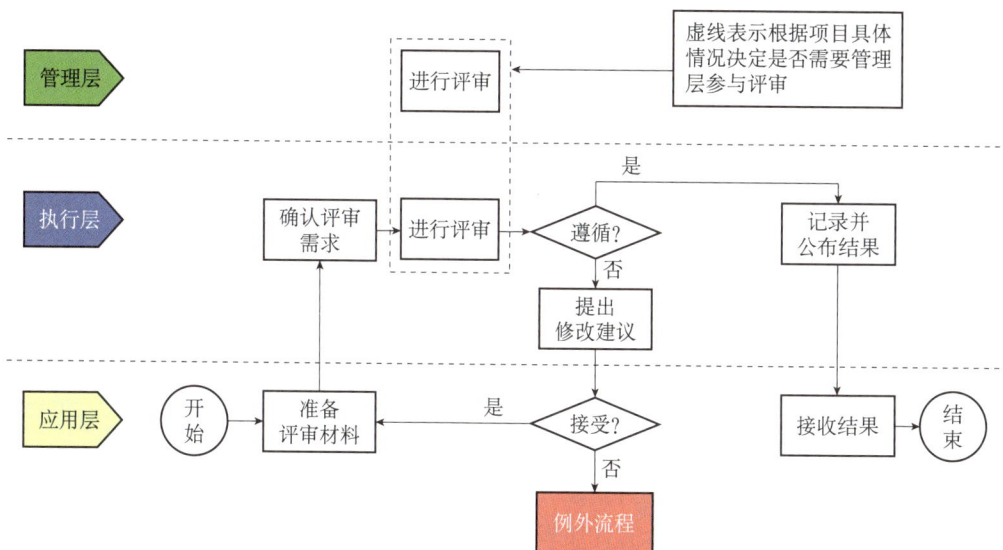

图 2-4-12　三峡集团信息化标准遵循流程

（3）标准度量

标准的度量对于 IT 治理非常重要，但一般企业做得都不够好。信息化标准度量主要分为两类：标准资产实体度量和标准治理度量。在企业信息化标准实施初期不宜制定过多指标，可随着时间推进按需增加度量指标。有关度量指标示例见表 2-4-5。

表 2-4-5　标准度量示例表

标准度量类别	度量指标	指标描述
标准资产度量	标准新建变更比	各类标准新建变更的总数和各自所占比率
	标准制定次数	标准制定次数
	标准制定通过率	标准制定通过比率
	标准制定成本	标准制定活动发生的成本（人·天）
标准治理度量	遵循申请次数	符合标准遵循的次数
	遵循成本	项目遵循发生的成本（人·天）
	例外申请次数	申请例外进行的次数
	例外授予比例	例外授予的项目数占申请例外的总项目数的比例
	遵循和例外比率	申请例外评审的项目数和遵循项目数的比率

（4）标准管理工具

为了促进信息化标准资产的可持续管理和治理体系的长效管理，还需要通过 IT 手段提供信息化标准管理工具，提高信息化标准管理效率，具体包括流程管理、标准资产管理、标准度量指标管理等。

三峡集团在制订信息技术标准过程中，坚持标准化与信息化相结合，总体与局部相结合，规划与实施相结合，体系与应用相结合，制标与采标相结合，管理与流程相结合，成本与效益相结合的原则有序进行。信息化标准体系和治理体系建设应充分体现标准化与信息化相结合、体系与应用相结合、制标与采标相结合的原则。

总结一下：信息化标准体系的建设是一个持续渐进、循环往复的过程，通过建立完整的标准体系，全力推进标准体系运行、标准体系的持续改进，逐步推进科学规范的标准化信息化工作秩序和作业。

4.3 风险控制成熟度与评价

企业由于其独特的行业背景和主营业务以及历史沿革变迁，业务发展快，IT 风险管理发展滞后，因此推进企业 IT 风险控制应当遵循企业信息化建设的条件，逐步稳定推进。

4.3.1 成熟度模型

IT 风险控制的发展与推进可以借鉴能力成熟度模型，利用持续改进过程的方法，逐步建设与优化，形成 IT 风险控制的规范化机制，如图 2-4-13 所示。

图 2-4-13　IT 风险控制成熟度模型

IT 风险控制与能力成熟度模型作为一种新的理念，可以为企业 IT 风险控制提供一个评估与改进的框架。参照信息及相关技术控制目标（COBIT）框架，三峡集团提出能力成熟度的特征与评分机制见表 2-4-6。

表 2-4-6　IT 风险控制流程整体情况成熟度模型

级别	IT 风险控制流程整体情况成熟度
无级别	没有评估内部控制必要性的意识。事件升级时才被处理
第一级 （0-20）	没有评估需要什么 IT 控制的意识。当执行高层次评估时，对重要事件的反应只是在非正式的基础之上。评估只涉及实际发生的事件
第二级 （20-40）	控制必要性的评估只是在需要选择 IT 流程以测量当前控制成熟度水平、应当达到的与现有的控制水平的差距时发生。一个非正式的研讨方法，包括 IT 管理者和参与这个流程的团队，被用来定义一个适当的方法来控制这个流程并且推动一个商定的行动计划
第三级 （40-60）	基于价值和风险驱动来识别关键 IT 流程。通过详细分析来识别控制需求、差距的根本原因和开发改进的时机。除专题研讨会外，使用工具和访谈以支持分析结论，确保 IT 流程所有者拥有并且推动评估和改进流程
第四级 （60-80）	IT 流程关键程度在相应业务流程所有者的充分的支持和协商下被定期的定义。控制需求的评估是基于这些流程的政策和实际成熟度，根据一个包括关键利益相关方的全面和标准的分析。这些评估的责任是清晰和强制性的。改进策略得到业务支持。达到期望结果的绩效被一贯地监控。有时组织外部控制审阅
第五级 （80-100）	业务变更考虑 IT 流程的关键性，并且包含任何重新评估流程控制能力的必要性。IT 流程的所有者定期执行自我评估，确认控制处于符合业务需要的正确的成熟度水平，考虑了成熟度的属性以找到使控制更加有效和高效的途径。组织根据外部最佳实践来制定标准，并寻求内部控制有效性的外部建议。对于关键流程，采取独立的审阅，以提供控制在所需的成熟度水平和按计划工作的鉴证

IT 风险控制能力成熟度评价指标应根据企业的长期规划与管理规定制定，在当前条件下评价 IT 控制与审计工作成熟度，可考虑在如下维度设定评价指标体系，在针对企业的调研分析基础上，形成对各维度指标的成熟度评价，应考虑在如下维度设定评价指标体系：

① IT 风险控制意识与沟通；

② IT 风险控制政策与程序；

③ IT 风险控制工具与自动化方案；

④ IT 风险控制技能与经验；

⑤ IT 风险控制职责与责任；

⑥ IT 风险控制目标与绩效度量。

4.3.2　IT 内部控制工作评价

从以上六个维度建立的评价标准与指标，并以此作为标准形成对企业的 IT 风险控制的评价。

（1）IT 风险控制意识与沟通

级别	意识和沟通成熟度
第一级	已意识到流程的必要性；很少对问题进行沟通
第二级	意识到行动的必要性；管理层沟通整个问题
第三级	理解行动的必要性；管理层采用更加正式和结构化方式进行沟通
第四级	理解所有需求；采用成熟的沟通技巧和标准化的沟通工具
第五级	能超前、前瞻性地理解需求；基于当前趋势事先交流问题，采用成熟的沟通技巧和集成沟通工具

（2）IT 风险控制政策与程序

级别	政策与程序成熟度
第一级	存在一些非计划的流程和实践对流程和政策没有明确定义
第二级	出现一些相似及通用的流程，但仅依靠个人经验用直觉进行依靠个人经验，一些流程已能重复使用，对一些书面要求和政策及流程有非正规了解
第三级	良好实践已能使用已制定及记录所有关键活动的流程，政策及程序
第四级	已有健全及完整的流程，并采用内部最佳实践所有流程已能重复使用及记录，政策经由管理层批准及签署，已采纳标准用以开发和维护流程及程序
第五级	已使用外部最佳实践及标准流程的文书处理已建立自动程序采用标准化和已整合的流程，政策及程序，以求达到端到端管理和改进

（3）IT 风险控制工具与自动化方案

级别	工具与自动化方案成熟度
第一级	存在一些基于桌面应用的工具；对工具使用没有统筹规划
第二级	通常能使用工具，但只限于关键人员所开发的工具；已购置了一些工具，但未正确使用甚至闲置未用
第三级	已为自动化流程工具的使用和标准化制定计划；工具基本得到采用，但未遵循既定计划，也未对工具进行整合
第四级	能按照标准计划使用工具，部分相关工具已进行整合；能在自动化流程管理和监控关键活动与控制的主要领域使用工具
第五级	在企业范围内使用标准化的系列工具；完善相关工具以加强流程的端到端支持；工具能用于支持流程改进和自动检查控制的例外情况

（4）IT 风险控制技能与经验

级别	技能与经验成熟度
第一级	未识别流程所需的技能；缺乏培训计划和正式的培训

级别	技能与经验成熟度
第二级	已识别少量关键流程所需的技能；仅在需要时进行培训，而不是根据既定的计划；仅在作业出现时进行非正规培训
第三级	在所有领域制定了书面的技能要求；已制定正规培训计划，但正规培训仍基于个别人的主观努力
第四级	能按常规更新所有领域的技能要求，确保所有关键领域的熟练程度并鼓励认证；按照培训计划应用成熟的培训技巧，鼓励知识共享；所有内部专家均参与其中并对培训效果进行评估
第五级	基于清晰的个人和组织目标提倡技能的持续改进；使用外部最佳实践、前沿概念和技能组织培训；知识共享是企业文化，并实施以知识为基础的系统；采用外部专家和行业领先者作指导

（5）IT 风险控制职责与责任

级别	职责与责任成熟度
第一级	未明确职责和责任，基于依靠个人主动反应去承担问题
第二级	个人设定其职责，通常也包括问责，虽然未得到正式批准；问题发生时会出现职责冲突，存在互相指责的倾向
第三级	已明确流程职责和责任并指定流程所有者；流程所有者可能还缺乏履行职责所需的完全授权
第四级	所制定的流程职责和责任能促使流程所有者完全、有效地行使其职责；存在奖励文件，并能促进正面效应
第五级	授权流程所有者制定决策并采取措施；职责在全企业范围内按照一致的方式进行层级分解

（6）IT 风险控制目标与绩效度量

级别	目标与度量成熟度
第一级	目标不明确，缺乏衡量指标
第二级	已设定一些目标，制定了一些财务指标但仅用于高级管理层；在单独的领域内采用不相容的监控方式
第三级	已设定一些有效的并与业务目标明确相关的目标和衡量指标，但尚未沟通；已制定考评流程但未得到一致贯彻；开始采用 IT 平衡计分卡概念，偶尔用直觉分析问题的原因
第四级	结合业务目标与 IT 战略规划，来衡量和沟通效率与效果；IT 平衡计分卡已应用于部分领域，管理层记录例外并采用标准化方式分析根本原因；已开始持续改进
第五级	已建立全面应用 IT 平衡计分卡的绩效测评系统，把 IT 绩效与业务目标相结合；管理层全面、一致地记录例外情况，并分析根本原因；持续改进是企业的存在方式

　　各维度的指标要素应在充分调查与研究的基础上确立，建立各要素的指标权重，确立成熟度等级评价，从定量和定性角度确立 IT 风险控制工作的现状和提升方向。

　　如图 2-4-14 所示：可以采取雷达图构建蛛网型的 IT 风险控制成熟度分析模型。这个模型有 6 条轴，分别代表 IT 风险控制的六个维度，将每个维度的平均得分情况分别标于 6 条轴上，形成 6 个节点，再把这 6 个点进行连线，组成的六边形就是该 IT 风险控制成熟度分维度的得分情况。在考虑各个维度权重的前提下，通过对各维度各项得分的对比，再通过与基准数据各分项维度的对比，可以直观地看出差距和改进方向、改进重点。

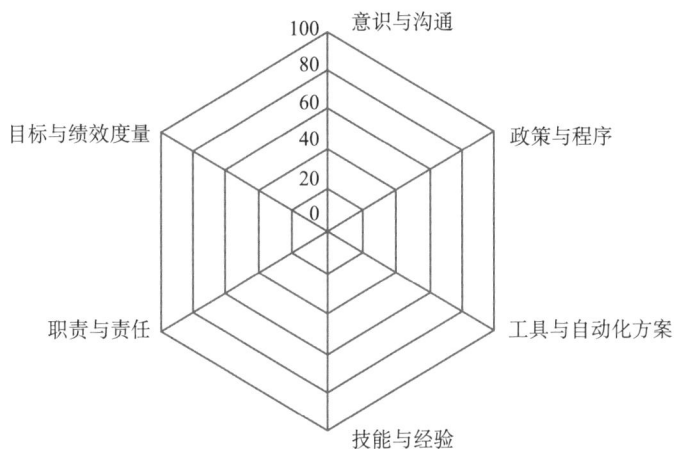

图 2-4-14　IT 风险控制蛛网分析模型

为更好地加强企业 IT 风险控制体系的建设，企业应逐步完善与优化全面风险管控，建立健全 IT 审计的长效机制，为 IT 风险控制与审计规划的全面实施提供方向，制定 IT 风险控制与审计的实施路径。三峡集团通过开展 IT 审计，强化 IT 风险控制。

IT 风险控制与审计体系的建设需要考虑企业信息化发展与风险管理控制的现状，在企业统一规划指导下进行，相关体系结构的实施是个持续优化的过程，需要根据企业业务发展和风险控制的成熟度不断完善，需要基于 IT 技术构建风险控制与审计信息化平台，实现对企业 IT 风险控制与审计的有力支撑。

5.1　IT 审计体系建设

IT 审计体系的建立需要充分考虑企业信息化发展与风险管理控制的现状，逐步推进，通过确定 IT 控制目标，建立适用的、协同的 IT 治理标准模式，制定集成的 IT 管理指南，为企业的 IT 建设与应用提供足够的风险管理和控制体系；同时，通过制定 IT 审计标准，参照一定的操作指南实施 IT 审计，以实现对风险控制体系的监控，保证有关企业信息处理过程的高效、有序。

IT 审计体系的建立需要在企业统一规划指导下进行，相关体系结构的实施是个持续优化的过程，需要根据企业业务发展和信息化建设不断完善，三峡集团 IT 审计体系持续改进 PDCA 循环如图 2-5-1 所示。

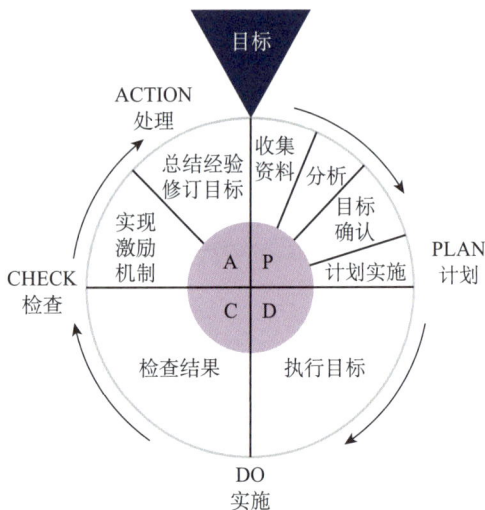

图 2-5-1　三峡集团 IT 审计体系持续改进 PDCA 循环示意图

5.1.1　建设原则与策略

企业应逐步建立 IT 审计体系，需要在企业整体战略和信息化战略的基础上统筹规划。企业 IT 审计体系的建设要在企业统一规划的指导下开展，根据企业的业务管理发展要求，从技术架构、相关标准规范、控制标准、审计标准等多个方面，有步骤地开展。同时，充分发挥信息化主管部门的 IT 管理与控制作用，以及内部审计部门的控制评价与审计实施作用。

在 IT 风险控制与审计体系建设过程中，应参照 IT 风险控制成熟度模型不断进行优化和完善，基于 PDCA 循环进行体系的评估和调整，以适应企业业务发展和风险管理的需要。

5.1.2　建设步骤

三峡集团结合企业的风险管理与审计工作现状，将 IT 风险控制与审计分三个阶段逐步推进：

首先，建立 IT 风险控制与审计管理制度与操作规范，挖掘现有人员的潜力，在现有信息化条件和业务系统架构下初步开展；

其次，完善风险控制指标和审计实施细则，培养 IT 风险控制与审计组织与实施骨干人员，奠定规范化应用的基础；

最后，在成熟的 IT 风险控制框架与审计方法体系基础上，通过 IT 风险审计试点并不断完善，逐步推进 IT 风险控制与审计的规范化，形成有效的风险管理体系。相关工作如图 2-5-2 所示。

图 2-5-2　三峡集团 IT 风险控制与审计规范化示意图

5.1.3　IT 审计工作路径

通过对企业风险管理现状的分析，在总体治理框架的指导下，建立了 IT 审计体系，下一步就是如何开展企业 IT 审计工作，具体操作如下：

①IT 应用现状调查分析，识别主要业务流程及相关风险，并初步建模。

②为企业的业务活动建立标准的数据体系，并具有快速识别新的业务需求和进行业务建模的能力。

③进行 IT 架构设计，形成 IT 应用、数据、技术架构方面的初步规范与指南；梳理 IT 流程、划分安全域及识别信息资产，进行风险评估；参照 ISO27001、COBIT 规范建立较可靠信息安全管理和 IT 控制体系。

④初步建立 IT 审计章程，明确 IT 审计在 IT 治理结构中的定位和职责。

⑤建立内部员工培训制度，定期开展 IT 治理、风险管理以及 IT 审计相关培训，营造良好的企业文化氛围，树立全面的风险意识。建立内部风险沟通环境和企业文化，鼓励部门与员工通过内部平台披露风险。

5.1.4　IT 审计管理框架

企业应实现有效的资源协同，深化 IT 风险控制，完善 IT 审计实施细则，实现整合的风险控制与审计框架。其主要包括：

①建立 IT 风险管理组织架构，明确 IT 治理结构中 IT 控制与 IT 审计的职能，确立信息化部门与审计部的职能定位及相关责任。

②建立统一的应用系统平台，实现 IT 资源协同，为已有业务及新业务提供灵活可靠的支撑平台；建立统一安全保障平台，实现应用系统与安全系统全面集成；建立 IT 服务管理机制，实现企业内 IT 服务提供与支持，提高客户对 IT 服务的满意度。

③基于 IT 组合风险分析，确定 IT 控制目标体系；完善 IT 控制体系，确立 IT 控制标准，包括 IT 整体环境控制、一般控制、应用控制（如三峡工程管理系统），以及相应的控制体系实施细则及管理指南，包括统一的数据标准、IT 项目实施指南、信息安全标准、业务持续性计划等。

④利用 IT 技术支撑集团风险管控，逐步建立相关平台，包括风险控制自评估系统、桌面操作监控系统、运维管理系统等。

⑤建立 IT 绩效评价体系，对 IT 组织、人员、流程、项目建立较为科学的绩效考核制度，围绕 IT 控制目标定期开展评估。

⑥通过引入相应的第三方认证，如 CMMI、ISO 27001、ITIL 等促使控制体系的不断优化。

⑦确立 IT 审计标准与规范，界定企业 IT 审计的内容与程序，建立 IT 审计操作指南以指导 IT 审计的开展。

⑧鼓励相关部门人员通过持续教育与学习交流，获得 IT 治理、IT 风险控制与 IT 审计相关的资质认证，如 CISA、COBIT 等，以提高风险控制与审计的实施能力。

5.1.5 IT 审计评价与持续优化

通过对 IT 风险控制与审计体系的不断优化和持续改进，使得 IT 风险控制与企业风险控制高度融合，IT 战略成为企业战略的重要组成部分，IT 为企业创造新的竞争机遇。其主要包括：

①通过开展定期自评估，围绕业务发展和 IT 应用不断优化 IT 审计体系，为整个组织提供高质量的 IT 服务，建立全组织的 IT 共享服务中心。

②围绕 IT 项目、基础设施、IT 服务持续性、IT 应用、信息安全等诸多领域，参照 IT 绩效指标体系，进行 IT 绩效评估。

③制定 IT 审计计划，定期组织内部审计部门或外部审计机构对 IT 控制进行审计，以实现对 IT 风险控制体系的独立评价，促进体系的不断优化。

④依托信息技术，实现对 IT 风险控制与 IT 审计的平台支撑，构建全面的风险控制与审计平台，包括非现场审计监控系统、审计项目实施系统、审计业务综合管理系统等。

5.2　基于技术的 IT 风险控制与审计实施

应利用 IT 技术支撑 IT 风险控制与审计的实施，构建相关信息化平台，可靠保障 IT 风险控制与 IT 审计工作。

（1）利用 IT 技术支撑企业风险管理

风险控制与审计是信息化战略的部分，风险管理系统是企业共享信息系统的重要组成，科学规划风险管理，实现风险控制与审计信息化，提升企业管控能力、降低风险、增加业务价值是风险控制与审计信息化的重要目标。

（2）风险控制与审计信息化平台构建

风险控制与审计信息化的基础是操作和数据平台，因此，三峡集团建设了数据采集与分析平台、审计管理信息系统，风险管理与审计平台是实现风险控制与审计信息化的基础性工作。

风险控制与审计信息化，应该利用计算机技术、网络技术对风险控制指标数据、被审计业务数据进行实时采集、加工、存储、分析和传输，从而得到及时、科学和完善的风险控制分析结果、审计监督筛查结果。图 2-5-3 为三峡集团风险控制与审计信息化平台框架。

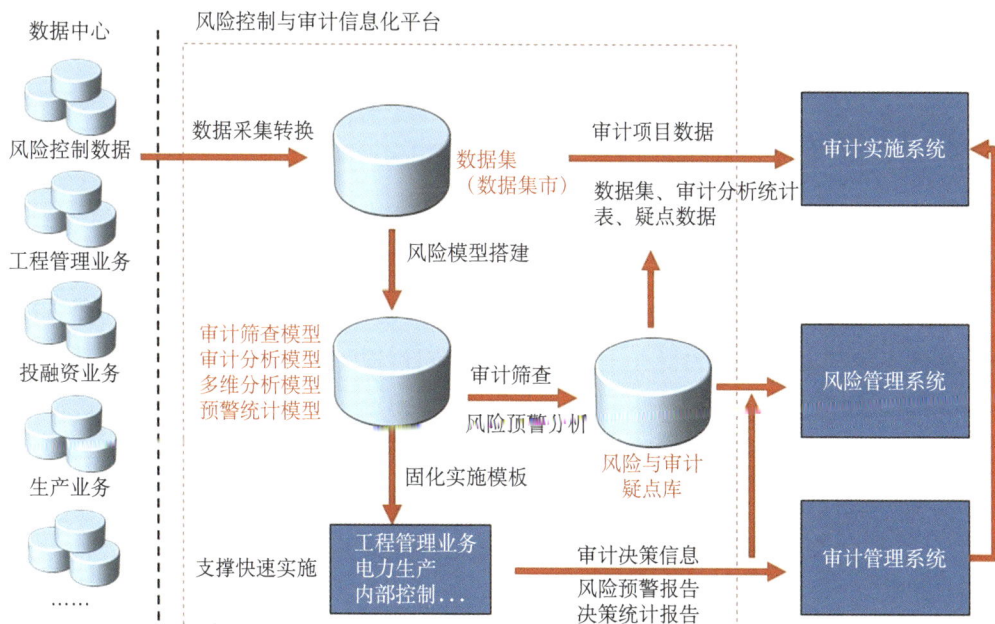

图 2-5-3　三峡集团风险控制与审计信息化平台框架

平台通过固化风险控制与审计模型，为日常的风险控制与审计工作提供决策与预警信息，在常规模型库的支持下，可以开展定期或实时监控预警、审计。

（3）IT 风险控制与审计的支撑

企业 IT 风险控制与审计需要以下支撑，具体有以下 6 个方面：

①企业大数据平台建设为审计数据采集与分析提供支撑；

②云计算技术应用确保风险管理与 IT 审计的成本效益；

③统一通信技术演进提升 IT 风险控制与审计的实时协同能力；

④网络安全成为 IT 风险控制与审计的重要内容；

⑤保障核心的 IT 治理机制符合风险控制与审计的要求，能加强对业务需求和 IT 架构管理决策的规范性和控制力；

⑥IT 人才战略提供了更多对 IT 审计人才的需求，满足 IT 风险控制与审计发展的需要。

5.3 企业 IT 审计工作规划

三峡集团 IT 审计工作规划从制订发布 IT 审计基本准则开始，建立 IT 审计规范与指南，再根据情况制订年度 IT 审计计划。

5.3.1 IT 审计规范与指南

作为企业 IT 风险控制的最后防线，IT 审计应当建立一套完整的审计标准、规范，并提供可供参考的 IT 审计指南与实施细则。

企业 IT 审计应当在企业内部审计总体框架下开展，制定内部审计章程时要体现信息化条件下内部审计工作的特点，制定有关 IT 审计的规范与要求，必要时可进一步制定 IT 审计工作规范。三峡集团编制了《中国长江三峡集团公司 IT 审计基本准则》。

IT 审计是信息技术条件下的内部审计，具有较强的操作性要求，企业应当根据内部审计章程和 IT 审计的规范制定可供参考的 IT 审计实施细则（操作指南），指导内部审计人员利用审计平台、技术和计算机审计工具开展 IT 审计。

5.3.2 IT 风险控制及其审计计划

为更好地实施 IT 审计工作，企业应制定详细的 IT 审计年度计划，明确企业 IT 审计当年的内容、日程安排与工作程序，围绕各类 IT 风险确定审计目标、审计事项、审计步骤、审计实施方式（实施主体与实施周期），审计指南与依据等。

为促进企业 IT 风险控制体系的不断优化，应基于组合风险管理的原则，围绕企业在 IT 项目、IT 运营以及 IT 能力等多个领域的风险分析，参照 IT 绩效指标体系进行定期的 IT 内部控制与绩效评估；同时，应依据企业 IT 审计准则定期组织内部审计部门或外部审计机构对 IT 控制进行审计，以实现对 IT 风险控制体系的独立评价，促进体系的不断优化。

第6章
IT 价值交付

　　IT 最终要落实到价值交付这个领域，信息化的最终目的应该体现在创造价值上。

　　IT 价值交付机理研究和探讨意义重大。这个领域的研究和实践有其特殊性，因为信息化价值的隐性化特征导致了其难以识别、难以管理和精确量化。

　　IT 价值的量化计算分析是业界困惑的难题。另外，信息系统不能单一地创造价值，必须跟业务优化组合在一起才能创造价值，评估价值的时候，如果把功劳都归于 IT，那业务优化、流程优化的价值在哪儿？不同的人群对 IT 价值的感知不同。

　　信息化投入产出的感知常常会有巨大反差，往往被认为是烧钱的工程甚至无底洞。决策层最关心巨大的 IT 投资和日益增长的 IT 运维支出是否值得，能否从中获得哪些价值？业务团队能否从观望到成为 IT 的拥趸？ IT 团队能否从 IT 的价值创造激励获得成就感和进一步信心？这些问题都需要很好地回答，所以如何定义 IT 的价值，并确保在信息化建设当中保证价值的交付和创造显得十分重要。

6.1　IT 价值分析体系

　　应用系统服务的业务对象不同，价值产生的机理就会不一样，评价分析的主体和分析方法也就各不相同。

　　一般来说，IT 直接经济价值产生的机理，主要有两个方面：一是增收，二是成本节约。应该从资金、物资、效率等方面进行评价分析，仅靠 IT 部门的人做不了，需要邀请业务部门人员深度参与价值分析，只有熟悉业务的人才知道信息化带来的价值。

　　价值分析的方法主要有投资回报、价值地图等。企业应编制 IT 年度效益分析报告，来向最高领导层、管理者、普通员工反映和体现 IT 直接经济效益、间接经济效益。IT

价值分析的三个方面如图 2-6-1 所示。

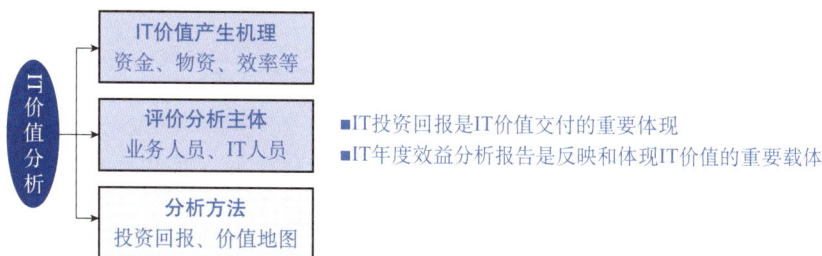

图 2-6-1 IT 价值分析的三个方面

IT 投资回报是 IT 价值交付的重要体现，三峡集团从 2007 年就开始编制 IT 年度效益分析报告和每年对外发布的 IT 年度报告。

通常可以将信息系统分为：生产经营类业务系统、集团资源管控 ERP 系统和综合事务性服务系统。

对于像三峡集团这样的大型资产密集型企业，生产经营类业务系统一般可以分为两个业务阶段的系统，即建造资产阶段的工程建设项目管理系统 PMS，和形成资产后阶段的资产运营维护系统 EAM。

以下对照三峡集团工程建设阶段和生产运营阶段的主营业务系统，详细介绍 IT 价值的产生机理和分析方法。

6.2 应用系统价值评价模型

IT 价值是如何产生的？

如图 2-6-2 所示，三峡集团采用这个价值评价模型对信息应用系统进行价值评估，IT 治理绩效主要围绕 4 个维度对应用系统进行价值分析，即成本控制、资产使用、增长、业务灵活性。

可以看到，企业主营业务系统一般都会在这 4 个维度创造价值，但并不是所有系统在所有维度都可以创造价值。比如 OA 系统，在资产的使用率和业务增长创收方面就不发挥作用。

价值分析一般从"直接的有形收益（直接经济效益）、间接的有形收益（间接经济效益）、直接的无形收益（直接的环境社会人文效益）、间接的无形收益（间接的环境社会人文效益）"四个维度进行，如图 2-6-3 所示。

应用系统名称	成本控制	资产使用	增长	业务灵活性
TGPMS	√	√	√	√
电力生产管理系统（ePMS）	√	√	√	√
财务管理系统（NC）	√	√	√	√
电子支付系统	√			√
人力资源管理系统（eHR）	√		√	√
OA	√			
固定资产管理系统	√	√		√
档案管理系统	√		√	√
车辆管理系统	√	√		

图 2-6-2　应用系统价值评价模型

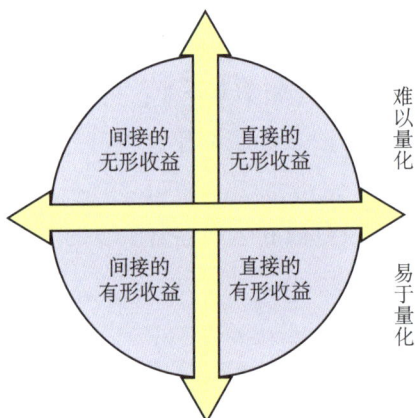

图 2-6-3　价值分析的四个维度示意图

直接的有形收益一般指 IT 系统应用后，带来的人财物成本的节约和营收的增加这样的直接经济效益，往往可以通过参数模型直接计算出来。

间接的有形收益一般指信息效应，即通过信息化带来的决策水平提升、风险控制加强等这样的间接经济效益，往往是定性的。

无形收益一般指信息化带来防洪、减碳、环境改善等生态环境效益，以及员工素质提高、品牌影响力形象竞争力提升、百姓生活水平改善、交通基础设施、社会生活水平提升等环境社会人文效益。

价值分析模型中最难的是如何将 IT 价值隐形化特征尽可能地显性化，通过 IT 系统作用于业务以后的价值分析计算模型化、参数化，从而实现信息化价值的量化、精准化以及可度量。

通过多年的长期探索和积累，三峡集团逐步形成了一套相对系统完整的 IT 价值分析机理模型以及相应的数据采集体系，能够支撑信息化直接经济效益的较为精准计算和评估，为业界提供参考和借鉴。

6.3　工程建设管理信息系统的价值评价与效益分析

6.3.1　经济效益指标

三峡工程管理系统应用于工程建设管理全过程，产生的直接经济效益主要体现在资金、物资、效率、工期和精细化几方面，具体分析如下：

① 资金：提高资金计划准确性，减少资金备付和流动资金占用，优化融资策略，集中头寸；

② 物资：物资设备的集中管理，减少了采购和库存资金占用；

③ 效率：提高工作效率，优化业务流程，降低了人工成本；

④ 工期：减少了工程周期，保障设备按时到货；

⑤ 精细化：工程计量支付实现精确控制，避免串结、超结、预结等情况的发生。

6.3.2　经济效益分析方法

三峡工程管理系统直接经济效益计算方法和公式如下：

① $Z=(a_2/a_1-a_3/a_1)\times a_1\times i$

其中，Z—资金节约量；a_1—资金需求量；a_2—原有备付资金量；a_3—现有备付资金量；i—平均资金成本。

② $W=(w_1-w_2)\times w_3\times 1+(w_1-w_2)\times w_4$

其中，W—物质成本节约；w_1—理论库存；w_2—实际库存；w_3—单位物质成本；w_4—单位物质采保费；i—平均资金成本。

③ $R=(T_1-T_2)\times Rt$

其中，R—节约的人工成本；T_1—原有业务执行时间；T_2—通过系统实际业务执行时间；Rt—单位时间人工成本。

④ $G=g_1\times g_2\times g_3\times G_i$

其中，G—工期提前增加的收入；g_1—提前进度；g_2—单位时间发电量；g_3—上网电价；G_i—IT 贡献率。

⑤ $J=j_1\times j_2$

其中，J—精细化管理计量支付控制节约的成本；j_1—施工图余量；j_2—工程单价。

具体说明如下：

三峡工程管理系统以概算分解、合同分解、设计图纸、质量控制单元、进度计划分解为基础，创造性地实现了进度、质量、成本三者的综合协调控制和管理，运用多种项目预测方法，及时有效地对项目成本、进度、质量、资金状态进行监控和预测，提高决策准确性、科学性，有效保障了工程建设进度、质量、成本三大控制目标的实现；应用供应链管理的原理，实现了以施工工作包为驱动的技术供应和物料供应的矩阵化 EPC 集成综合管理，创造性地实现大型工程供应链物流、价值流与资金流协调统一[①]。

　　三峡工程管理系统上线运行后，资金计划的准确性大大提高，信息反馈及时，流程管理严密，配合管理制度约束，增强了工程资金预算准确性，实现资金集中管理，缩短了结算周期，加快资金回笼，从而规避了资金风险、降低了工程结算资金占用，直接降低了资金成本。三峡工程建设每年的年度资金 100 亿元左右，系统上线之前资金计划误差都在千万级，上了系统之后由于每月 25 日前后施工单位的工程量申报就已集中进入系统，下月资金需求的误差缩减到百万级，提高了资金计划准确性。另外，系统上线集中了三峡集团的基建、材料、物资等财务核算和资金管理系统，从而可以减少备付资金、集中资金头寸，通过优化融资策略降低利息等融资成本。

　　在设备物资方面，系统上线后加速了物资周转，在保障工程物资供应的同时，大大降低了仓储物资库存及相关资金占用和采保费开支，实现了物资设备的集中管理，减少了采购和库存资金的占用，同时大幅提升了工作效率，优化业务流程，降低了人工成本。当年三峡集团的物资部门和设备管理部门一共 100 多人，后来重组只剩下 20 多人，没有三峡工程管理系统的支撑，两个部门不可能实现合并，人员不可能降低到原来的五分之一。这是因为通过信息系统沉淀了大量的业务数据和流程，工作可以顺畅进行和交接，从而减少了人员和工作时间。

　　在减少工程建设周期方面，主要是三峡工程管理系统保障了设备按时到货或提前到货，工期减少以后提前发电，就给企业带来业务收入的增加。

　　还有精细化管理方面，原来的手工管理做不了那么精细化，施工图提前分解到施工单元，通过计量签证实现工程量和资金支付的精确控制，避免串结、超结、预结[②]。三峡集团仅在溪洛渡水电工程地下厂房一个 20 多亿元的工程项目中，就节约了几千万元。国家审计署 2009 年在向家坝工程审计报告里面给予三峡工程管理系统良好评价："三峡集团公司采用信息化管理系统对工程组织、合同管理和质量安全管理进行控制，工程建设管理水平进一步提高，特别是在三峡工程、溪洛渡工作审计后，逐步加强和规范内部管理。"

　　在管理效益方面，比如工程规范之后提高了公司内外的协同程度，公司财务部管理人员指出："工程管理信息系统光是规范化的流程和提升规范管理理念，在三峡工程这一个工程里至少值 10 个亿。"

---

① 金和平 . 大型集成化工程管理系统 TGPMS 设计、开发与实施 [J]. 中国工程科学，2004，6（3）：80-85.
② 韩海亮 . 基于信息化技术的物资管理模式探究——以溪洛渡水电站为例 [J]. 水电与新能源，2014（5）：34-36.

在间接效益方面，主要体现的是管理效益和社会效益，其模型见图 2-6-4 所示。主要体现在以下方面：

TGPMS的管理效益和社会效益分析

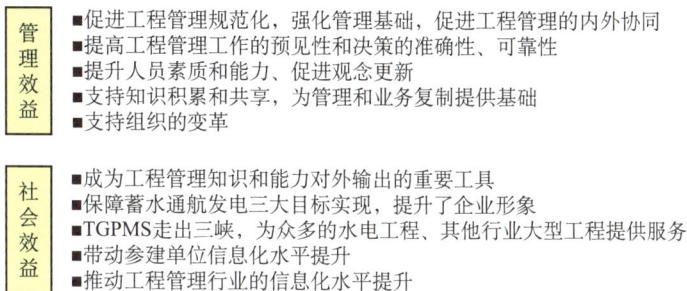

管理效益
- 促进工程管理规范化，强化管理基础，促进工程管理的内外协同
- 提高工程管理工作的预见性和决策的准确性、可靠性
- 提升人员素质和能力、促进观念更新
- 支持知识积累和共享，为管理和业务复制提供基础
- 支持组织的变革

社会效益
- 成为工程管理知识和能力对外输出的重要工具
- 保障蓄水通航发电三大目标实现，提升了企业形象
- TGPMS走出三峡，为众多的水电工程、其他行业大型工程提供服务
- 带动参建单位信息化水平提升
- 推动工程管理行业的信息化水平提升

图 2-6-4　三峡工程管理系统管理和社会效益分析模型

①提高了工程管理规范化程度和强化了管理基础工作。通过把管理业务流程、规范制度计算机化，避免了手工操作业务时容易产生的工作差错和随意性问题，解决了在手工管理中不好解决的一些薄弱环节或问题，规范了合同管理、结算管理、财务管理、质量安全管理、物资设备管理等方面业务及数据，数据规范化、准确性、集成性得到明显提高，促进了工程管理业务的规范化。

②促进和实现工程管理业务协调运作。通过制订一系列三峡工程管理系统运行的业务规范，岗位责任计算机化，初步建立了高度集成的工程管理各单位、各部门分工协调的业务及数据责任体系，实现了投资、合同、工程财务会计、物资设备、质量、安全等业务的分层管理、分级控制和规范协调运作。避免了手工运作时各方数据、台账不一，容易产生混乱的现象。

③初步形成了较为完整的高度集成的合同、合同成本发生、进度支付、财务会计、物资、设备、质量、安全的共享信息资源库，避免了数据重复输入，数据在使用过程中不断升值，作为资源为工程管理和决策者所使用，也为阶段性竣工验收、财务决算打下了一个较好的数据基础。

④进一步提高了业务工作质量和效率。通过三峡工程管理系统的使用，大量的数据存储、计算、处理、传递得以用三峡工程管理系统实现，减少了人工工作量，数据传输、处理的速度加快，准确性、一致性提高，提高了业务工作质量和效率，使管理人员可以把更多的精力放在分析和预测工作上。

⑤促进了管理优化和资源优化配置，降低工程成本。通过集成化工程管理系统的运用，对业务运作提出了更高的要求，也为流程优化提供了手段。如简化结算流程、物资设备财务集中核算等。对促进降低库存和资金占用、加快资金周转、提高设备利用率、降低工程造价都起到了积极作用。

⑥提高了管理工作的预见性和决策准确性、可靠性。通过信息及时传递加工处理，

加快信息反馈，管理人员得以根据历史信息快速对工程进度、成本等作出预测，发现一些问题调整管理计划，作出决策，做到有的放矢，在问题发生之前提出解决方法，并帮助找出优化解决方案。业务数据规范化、明细化、集成化，也使得深层次的统计决策分析成为可能。

⑦强化了岗位责任制和责任意识，方便岗位绩效评估。岗位责任制可以三峡工程管理系统为载体清楚的展现各工作岗位的工作量、绩效，从而得到固化和强化。

⑧提高了人们对工程管理信息系统（PMIS）建设的认识，促进了人们现代工程管理观念的更新，增强了规范化、科学管理意识，提高了人员素质。

⑨三峡工程管理系统建设还为中国其他大型工程管理系统的建设提供了借鉴，其意义已超过了三峡工程管理系统建设本身。

6.4 生产运营信息系统的价值评价与效益分析

对于三峡集团来说，电力生产管理系统就是最主要的生产运营信息系统，其直接经济效益主要是三个指标：一是资产的有效使用增加发电收入；二是物资成本的节约；三是人工成本的节约。其社会效益主要体现在三峡大坝的防洪、航运、抗旱补水等综合效益上。

三峡集团的电力生产管理系统价值分析评估以业务人员为主，IT 人员作为辅助角色参与，主要从通过业务优化后带来的成本节约和收入增加来分析价值。

6.4.1 直接经济效益分析方法

电力生产管理系统直接经济效益计算公式如下：

① $V=(Ft_1-Ft_2)\times Dt\times g_3$

其中，V—资产有效使用增加发电收入；Ft_1—非计划停运时间（系统上线前）；Ft_2—实际非计划停运时间（系统上线后）；Dt—单位时间发电量；g_3—上网电价。

② 物资成本节约：消灭小仓库、库存减少，方法类同三峡工程管理系统。

③ $R=(R_1-R_2)\times Zj\times Gi\times Rc$

其中，R—人工成本节约；R_1—单位装机人员行业参考水平；R_2—单位装机实际人员；Zj—装机容量；Gi—IT 对人员节约的贡献率；Rc—单位员工成本。

具体分析如下：

（1）采取先进的管理思想和现代化技术手段，最大限度地保障设备的可靠运行

电力企业是技术密集、资产密集型的企业，资产设备数量大、品种多、自动化程度高，对设备完好率和连续运转可利用率要求较高。而且电力生产过程中的故障和事故会危及设备和人身的安全，甚至会波及电网和社会用户的用电安全。以提高送电可靠性和供电质量、降低成本为导向的"发电侧"竞争将是发电厂制胜的利器。

电力生产管理系统通过与发电设备实时计算机监控系统的联接，监控系统的报警信息可直接在运行模块中形成值班记录，可在设备管理模块中自动或人工触发工单。由于与实时监控系统的紧密关联，电力生产管理系统及时将收集的信息传送至相关人员，使其及时掌握设备运行状况并加以分析；当设备出现故障时，电力生产管理系统能自动触发缺陷报告和处理工单，提高了设备缺陷消除及时率，减少了设备强迫停运等非计划停运时间，提高了设备的利用率。如以 2018 年为例：三峡电站从电力生产管理系统上线时 2003 年强迫停运次数为 16 次，强迫停运 12.48h，逐年下降，2018 年强迫停运次数为 0 次，强迫停运 0h。按照 2018 年三峡电站实际发电量 1016.18 亿 kW·h 计算，相当于减少损失 1.45 亿 kW·h，按三峡电站年均上网电价 0.2628 元 /kW·h 计算，减少损失 3805 万元。葛洲坝电站从电力生产管理系统上线时 2003 年强迫停运次数为 6 次，强迫停运 2.14h，逐年下降，2018 年强迫停运次数为 0 次，强迫停运 0 小时。按照 2018 年葛洲坝电站实际发电量 183.19 亿 kW·h 计算，相当于减少损失 0.045 亿 kW·h，按葛洲坝电站年均上网电价 0.2083 元 /kW·h 计算，减少损失 93 万元。

（2）采取先进的管理思想和现代化技术手段，最大限度地降低生产成本

建设和强化科学高效的生产保障体系，确保生产装备完好率，最大限度地降低设备故障率，减少设备维护成本，实现安全生产，规范作业流程，整理和规范管理基础数据和资料，达到数据资料和管理信息的共享，并建立起适应未来企业发展的管理模式，在电力企业的生产组织中占有十分重要的战略地位，这就需要采用先进的管理理念和现代化技术手段。主要体现在以下三个方面：

①大幅降低仓储成本，提高供货及时率。在生成维修工单的同时，所需要的物料可实时地反映到物资供应部门，并自动生成领料单，同时，物资的可用情况也能为维修部门实时地掌握，改变了传统的工单、领料单分别审批的流程。如 2003 年 11 月至 2004 年 4 月，三峡电厂进行了 6 台机组的 C 级检修工作，虽然时间紧、任务重，但三峡电厂通过电力生产管理系统科学排程，优化工作程序，在保证检修项目、质量的前提下，缩短检修时间 325h，保证了多发电。相当于后续每年的大修都节省了 325h 的检修时间。

使用电力生产管理系统后，通过历年的数据分析并进行相应的调整，目前定义了三峡、葛洲坝、溪洛渡、向家坝的备品备件，在减少库存成本基础上，其保障率由 2004 年的 35.57%，提高到了 2018 年的 85.66%。同时非备品备件类的物资库存得到了控制。

电力生产管理系统不仅使采购人员了解以前购买物资的价格，还能及时掌握以前物资的使用情况、库存情况、响应天数、合格供方信用记录等更多的相关信息，再次购买

时也会变得更有效率，其单位成本会下降；通过工单的计划成本分析，决定维修设备还是重新购置设备等。

在使用电力生产管理系统之前，因物资供应的及时率达不到要求，故很多班组内都独立建有专用小仓库，大量的维护材料在班组小仓库及厂大仓库中重复存放，造成大量浪费。葛洲坝区域电力生产管理系统在 2006 年 6 月清理的班组小仓库库存金额约 732 万元，随着电力生产管理系统的深入应用，现在已最终取消了班组小仓库，所有物资由采购中心统一管理，使用得到了充分的共享。此一项即相当于每年节省库存金额 732 万元。

②电力生产管理系统中大量技术档案文件的管理使用及相互关联，大大提高员工工作效率。截至 2018 年底，三峡、葛洲坝及金沙江电力生产管理系统库中共管理各类技术和公文类文档约 130 万份，涵盖了与生产经营相关的所有文档。按以前的工作方式，手工纸质进行管理，查找一份技术资料需 0.5h，现系统中只需要 5min，且减少了大量的用于存放纸质文档的办公设备和场地，以及相关的管理人员。

据测算，如果每份文档仅按 10 页纸计算，保存这 130 万份文档需 8600m^2 的办公场地，约需 3270 个标准 2m × 0.8m 的档案柜，99 000 个档案盒。

档案柜成本 =3270 × 1300 元 =4 251 000 元

档案盒及标签成本 =99 000 × 5 元 =495 000 元

相关辅助设备按每 50m^2 需 1 台 5 匹空调（8000 元），2 台除湿机（2 × 3000 元），1 台消毒柜（3000 元），5600m^2 需相关辅助设备成本约 3 366 000 元。

以上不算场地和人工成本，仅档案柜及相关辅助设备成本每年就可节约 760 多万元。实际上平均下来，每份文档要大大超过 10 页纸。

③通过大量定义标准化的工单，减少物料消耗，提高工作效率。在电力生产管理系统中定义了大量的标准工单，这些标准工单上不仅记录下了规范的工作流程及相关安全事项，也附带了精确的物料消耗情况，并能通过历史工单的分析，随时进行调整。工单中的现场用料由以前的粗放型管理做到了精细化。节省材料成本至少 10%，按 2018 年发生工单领料 15 484.51 万元计算，节省工单用料近 1500 万元。

电力生产管理系统的建设不仅可以全面有效地控制发电生产成本，同时，通过该信息平台，能够快速、准确地提供生产成本信息，为公司的电能营销系统及时、准确地进行动态的电能销售报价决策，实现上网合理竞价，提高公司各电厂在电力市场上的竞争力服务。

（3）采取先进的管理思想和现代化技术手段，以精干的定员标准，进行复杂的管理业务

三峡集团控股的长江电力股份有限公司负责运营管理的三峡电站和葛洲坝电站分别装有 32 台和 21 台大型和特大型水轮发电机组。三峡工程总装机为 22 500MW，居世界第一。按国内传统电厂的方式管理，这样一个规模的水电厂一般需要 3000 人左

右，但是三峡电厂现只有 564 人，人均管理装机容量超过国际同类领先水平 44MW/ 人的定员标准。目前，世界上其他 3 个拥有 700MW 水轮发电机组的巨型水电厂，它们的装机容量和与三峡电厂同口径定员标准分别为：巴西巴拉圭的伊泰普电站装机容量为 12 600MW，生产技术人员为 10MW/ 人；委内瑞拉的古里电站装机容量为 9325MW，定员标准为 21.4MW/ 人；美国的大古力电站装机容量为 6809MW，定员标准为 18.6MW/ 人。三峡电厂人均管理装机容量分别是它们的 4.4 倍、2.1 倍和 2.4 倍，远远处于世界先进水平。

三峡电厂的发电设备多数是为三峡工程特制，大多采用了国际最新的水利水电技术和研究成果，技术难度大，缺少成熟的经验。并且多数辅助设备为国内制造，可靠性相对较低，这无形中增加了三峡电厂运行管理的难度。另外，由于三峡工程是一个具有不完全年调节水库、多泥沙河流型的特大型综合水利枢纽，不仅具有发电功能，而且还承担了保证防汛、通航等较多的社会职能，生产关系复杂，管理难度较大。为此，三峡电厂瞄准国际一流电厂的目标，按照效率优先的原则，尽可能地合并职能，减少工种，避免职责重叠和交叉，设计了一套扁平、高效的三峡电厂组织机构。这样一个精干的组织机构来管理如此复杂的业务，迫切需要一个先进的管理信息平台来满足生产管理科学化、流程最优化的要求。相当于三峡电厂节省人力约 2500 人。

在三峡电厂实施电力生产管理系统成功的基础上，葛洲坝区域葛洲坝电厂和检修厂也以三峡的模式进行管理，生产岗位员工人数由 2059 人降为目前 2018 年的葛洲坝电厂459 人和检修厂 562 人，节省人力约 1050 人；同时，负责两区域物资供应的采购人员在工作量大大增加的基础上，人数反而由原来的 40 人减为 25 人。

溪洛渡电厂和向家坝电厂现有人数分别为 610 人和 418 人，两厂装机容量与三峡电厂相当，按老式三峡电站装机容量需 3000 人计算，相当于溪洛渡电厂和向家坝电厂节省人力约 2000 人。

整个长江电力相当于节省人力约 5800 人，按每人每年成本 15 万元计算，每年约节省人工成本 8.7 亿元。

（4）实现多公司化应用，解决不同业务领域公司在一套系统中的协同应用

提高了系统资料合理分配和基础设施的利用效率，降低 IT 系统的总体运维成本。

6.4.2　间接效益分析

电力生产管理系统的推广使用，除了以上能直接算出的效益外，更多体现在对整个企业的间接效益上，主要包括：标准化、规范化、团队建设、人员素质提高；促进变革等。具体分析如下：

（1）业务流程与数据的标准化

通过三个阶段电力生产管理系统实施推广，及金沙江区域新一代电力生产管理系统

的建设，公司实现了电力生产管理数据与信息的标准化，形成基础编码标准 123 项，整理录入基础数据 8 万多条。

电力生产管理系统实施不仅是知识更新、管理工具改进的过程，更重要的是管理理念更新的过程。公司在管理软件和合作厂商选择、系统开发和投入使用，以及后来不断优化的过程中，始终贯穿着管理理念更新、工作流程优化以及工作方式变革。因此，电力生产管理系统的成功实施对生产单位机构调整、业务流程标准化有重大促进作用。目前在电力生产管理系统统一规范了 40 多个电力生产业务管理流程，通过业务流程分析和标准化工作以及大量的测试，简化了业务处理流程，在标准化的基础上使业务处理和信息传递更科学、更实用。

（2）信息和事务处理集成化

具体体现在以下几个方面：

①集成化的应用系统为电力生产管理跃上一个新台阶奠定了坚实的基础。电力生产管理系统在企业资产维护管理的基础上，整合了各个生产单位的资金、物资、人力、生产活动，使企业的物流、信息流和资金流三者之间集成与统一。集成化保障了信息的共享、信息的透明和信息处理的效率，信息的获取和传递变得更加迅速而又准确，企业从管理思路上从过去传统的职能管理模式下的局部优化逐步过渡到了过程管理下的整体优化。信息共享减少了中间环节，减少了重复性录入工作量。信息的完整性和及时性，消除了传递过程中造成的信息失真和信息漏斗现象，这一方面减少了管理者信息追踪的事务性工作量，使其有更多的精力进行思考和创新，另一方面，减少了因信息不通畅或不完整造成的决策延误和效率损失，提高了决策的质量和速度，全面提高了电力生产的效率和效果，加强了对电力生产各层次业务运作的全面监控。

②统一的信息技术平台为公司员工之间实现实时互动创造了有利条件。通过电力生产管理系统平台，设备维修部门需要的物料实时地反映到物资部门，同时，物资的可用情况也能为维修部门实时地掌握。采购的备品备件一旦验收入库，财务系统立刻就可以反映出应付账款。主管能实时地了解缺陷的修复状态、员工工作的负荷、维修成本信息、应付账款、资金流状态、财务状态等信息，并可以及时审批购物请求，下达隔离许可等。有了这个系统，员工之间有了更多的沟通语言，实现沟通无障碍。同时，电力生产管理系统的成功应用，可以有效地避免或减少基层员工的形式主义和上层主管的官僚主义，一切以数据说话，一切以事实为依据。集成的信息系统可以很好地实现实时准确地监控企业经营状况的目的，消除了企业决策支持数据的管理时差，有效地提高了决策的质量和速度。从以前单纯的事后控制转变到了事前、事中和事后控制相结合的局面。

③提高了企业协同工作能力，强化了团队精神。通过实施与生产系统集成的人力资源管理模块，提高了对各业务处理和职能管理的人力资源配置效率。生产人员、计划人员、操作人员、运行人员、仓库管理人员、采购人员、财务人员等之间协同工作，团队精神得到进一步加强。

（3）生产与经营管理科学化

具体分析如下：

①提高设备维护工作的效率、质量和安全性以及延长设备寿命。电力生产管理系统能够显著地促进电厂设备维护管理工作的标准化，提高设备维护工作的效率、质量和安全性。设备维护模块包括安全工作规程和严格的安全检查，提高安全性和可靠性，减少故障引起的财产损失和人员伤亡，减少故障停机引起的经济损失。通过科学维护，设备的寿命也得以延长。

②有效地降低长期的维护运营成本

由于电力生产管理系统的应用，计划性检修的安排更趋于合理和完善，将有效降低纠正性维修和紧急维修的比例，降低非计划性的紧急支出。由于维护部门有了更多的时间进行预防性的维护工作，因此，也能相应地降低维护外包成本。由于系统的管理和有效的组织，可以带来维护总成本的降低。由于能够按工单跟踪成本和资源消耗，因此，也可以有效地控制工单成本。

③随着计划性设备检修比例的增加，可以有效地提高设备利用率

电力生产管理系统是一个以生产管理为核心的 ERP 系统，集成了电站生产经营管理的各类数据，因此便于企业统一协调检修计划，统一计划和分配检修任务。电厂可以根据设备的运行状况和历史数据，积极地安排计划性检修，当设备确实需要检修时能够做出精确的预测。因此，可以有效地减少设备紧急维修的次数，提高设备利用率[①]。

6.5　资源管控型应用系统的价值评价与效益分析

集团资源管控型应用系统的价值分析比较通用。如财务、人力资源、资产管理等系统，从资源效率和管控能力的提升方面分析。比如说财务资金管理系统，资金收益的增加是什么呢？三峡集团把全国乃至全世界的异地资金集中起来，通过系统乘以资金平均收益率乘以 IT 贡献率，这就是收益资金。成本的节约怎么样？全年资金结算额乘以资金流转率的提高，赚到钱能生钱，乘以资金平均的代息成本再乘以 IT 贡献率，这就是节约的成本。

资源管控型应用系统直接经济效益计算方法与公式如下：

① $Z_s = Z_1 \times Z_2 \times G_i$

其中，Z_s—资金收益增加；Z_1—异地资金集中量；Z_2—资金平均收益率；G_i—IT 贡

张诚，陈国庆，杨兴斌，等 . 跨区域大型水电站群电力生产管理信息系统（电力生产管理系统）[C]//. 电力行业信息化优秀成果集 2013. 2013：202–224.

献率。

② $Z_j = Z_3 \times Z_4 \times Z_5 \times G_i$

其中，Z_j—资金成本节约；Z_3—全年资金结算额；Z_4—资金流转率提高；Z_5—资金平均代息成本；G_i—IT 贡献率。

③ $R = (T_3 - T_4) \times Rt$

其中，R—节约的人工成本；T_3—原有业务执行时间；T_4—通过系统实际业务执行时间；Rt—单位时间人工成本。

[示例分析]

（一）以三峡集团 2018 年度集中统一的财务管理系统为例。该系统在 2018 年新增 4 家核算账套和 8 套核算账簿，没多开支一分钱，若按每家子企业应用实施一套财务系统各项费用 10 万元 / 家计算，共节约软件费、实施费等各项费用 120 万元。

2018 年度，三峡集团财务部与子企业三峡国际经过多次讨论，结合集团财务管理要求和海外公司所在国家的相关制度，制订了全新的英文科目及全套英文辅助核算基础信息，利用财务系统英文版，在南亚十四个公司中建立实施了全英文核算账簿，改变了之前三峡集团海外子公司财务核算信息只能由国内事后分析并手工录入系统的现状。按海外实施一套财务系统各项费用 20 万元 / 套计算，共节约软件费、实施费等各项费用 280 万元。

2018 年度，集团公司资产比上年增加 491 亿元（集团合并），财务从业人员为 590 人，与 2017 年财务从业人员数相比上升 18%，但相比同等资产规模的其他中央企业，从业人员相比少 10%，用每年每人直接和间接成本为 30 万元计算，节约成本 1770 万元。

资源管控类信息系统间接经济效益主要体现在管理变革、流程打通、效率提高等方面，继续以 2018 年度的集团财务管理相关系统为例说明如下：

2018 年度，三峡集团预算管理系统正式全面应用，实现了公司层面统一的预算编制、执行分析、滚动调整功能。预算内容涵盖了各个板块的业务预算、预算滚动、预算分析，提高了集团预算管理水平。

2018 年，新网上自助报销系统在全集团正式应用，该系统打通了预算、请假、网上商务订票、销假、无票据报销、会计审核与支付等环节，能大大提高各种经常费和专项费报销的效率和管理水平，并为集团设立区域性会计核算服务中心提供了支撑。

2018 年，集团启动了税务管理系统建设，拟结合当前国际国内税收征管趋势和要求，摸清集团税务管理现状，排查税务管理风险，提出与世界一流清洁能源集团管理要求相符的集团公司税务管理体系方案，构建符合经营管理实际的制度体系，提出集团公司税务管理系统建设方案，实现"税务业务标准化、税务风险可控化、税务分析精准化"，全面提升集团公司税务管理水平。

6.6 共享通用综合事务型系统的价值评价与效益分析

共享型通用综合事务型的信息系统，其经济效益计算方法与公式如下：

① $R = X_1 \times (T_5 - T_6) \times Rt$

其中，R—节约的人工成本；X_1—信息访问量；T_5—人工查找信息时间值；T_6—通过档案系统查找信息的时间；Rt—单位时间人工成本。

② $Y = Y_1 \times Y_2 \times Y_3$

其中，Y—节约邮寄费；Y_1—系统公文发布量；Y_2—异地单位数量；Y_3—单位文件邮资。

③ $R = R_1 \times R_2 \times (T_7 \times Rt_2 + C_2)$

其中，R—视频会议节约人工成本；R_1—总视频会议参加人数；R_2—需出差人员比例估值；T_7—平均旅途天数；Rt_2—单位人天人工成本；C_2—单次人均差旅费。

（二）以三峡集团车辆管理系统为例，这个系统用户涵盖车辆使用人员、车辆调度员、驾驶员以及各个层次的管理人员等，功能包括对车辆的使用申请、调度管理、维修申请、维修审批以及各种费用管理等，使车辆管理和使用各方面高效统一、规范协调并得到有效控制。通过信息的高效统一管理，实现了车辆调度及各种费用的全方位信息控制与管理。该系统自 2005 年以来在三峡集团范围内陆续得到推广应用，覆盖集团公司所有车队（班），截至 2018 年，共有 99 个车队（班）使用该系统，系统应用精度也不断得到深化，经测算 2018 年车辆管理系统直接经济效益为 311.24 万元，具体计算方法如下：

（1）方便数据统计分析，降低人工成本

各单位能够对车辆的调度以及各种费用进行有效管理，能够迅速查询出车辆的详细信息、驾驶员的详细信息、驾驶员的出勤情况、车辆的出勤及车辆的维修、加油、保险、年审、养路费、车船使用税、洗车、停车等各种费用情况，部门、员工的用车情况等信息，并能对查询数据进行迅速汇总，节省了一定的人力。

平均按每个车队每月节省 1 个工日计算（有的节省工日多一些，有的节省少一些，与车队或车班的规模有关），共节省 1188 工日，即 1 工日每月每车队 ×12 月 ×99 车队。

按节省车辆维修费用手工统计和计算工日计算，平均按每个车队每月节省 0.5 个工日计算（原因同第 1 条），共节省 594 工日，即 0.5 工日每月每车队 ×12 月 ×99 车队。

按节省车辆加油费用手工统计和计算工日计算，加油数据量和出勤数据量一致，平均按每个车队每月节省 1 个工日计算（原因同（1）），共节省 1188 工日，即 1 工日每月每车队 ×12 月 ×99 车队。

按节省车辆其他费用手工统计和计算工日计算，平均按每个车队每月节省 0.5 个工日计算（原因同第 1 条），共节省 594 工日，即 0.5 工日每月每车队 ×12 月 ×99 车队。

这样共节省 3564 工日，约 14.26 人·年（1 年大概 250 工作日）。按人均 18 万元 / 人·年计算人工成本，共节省人工成本 256.68 万元。

（2）促进车辆调度科学化、集约化，降低了运行成本

据车辆使用单位总结分析，一些单位将在成都、向家坝、溪洛渡等不同地域的车辆通过信息系统进行联动调度，实现了车辆调度的科学化、集约化，提高了车辆利用率，减少了空载行驶里程，降低了运行成本。2018 年，仅按金沙江四座水电站相关的七个车队计算，平均每车队每月减少一次从工地到成都或昆明的空载距离，约减少空载里程为：7 车队 ×12 月 ×1 趟 / 月 ×350 公里 / 月 =29 400 公里，按每公里运行成本 4.00 元 / 公里（折旧费 + 油料费 + 维修费 + 过路费），则降低运行成本约 11.76 万元（29 400 公里 ×4.00 元 / 公里）。

（3）节约了信息系统的维护人工成本

因是全集团公司统一共用一个车辆管理系统，由集团总部信息部门安排一人从事该系统的维护工作，年支付其费用为 13 万元。如果各个公司（99 个车队分别属于 31 家公司）均安排 1 个兼职人员进行维护系统运行，那么至少需要 31 人，兼职时间按占 10% 来计算：18 万元 / 人（年人工成本）×31 人 ×10%=55.8 万元。因此，该系统的人工维护成本费用为 55.8–13=42.8 万元。

2018 年车辆管理系统直接经济效益为：256.68 万元 +11.76 万元 +42.8 万元 =311.24 万元。

而车辆管理系统在间接效益方面主要体现在规范、透明上，避免了一些贪污情况的发生（这个在未上信息系统之前确有发生），具体为以下两点：

（1）促进车辆加油、修理等工作规范化，相关费用透明可控。

车辆用油、修理明细数据及时录入系统，为实时分析车辆百公里耗油提供了依据，促进了这些工作的公开透明，所花费的相关费用处于可控状态。

（2）原始数据的积累为指标制定、决策、员工考核提供了依据，各种原始费用数据（如加油、修理、保险以及其他费用等）为制定后续费用指标提供了借鉴，车辆行驶里程以及出勤的忙闲程度为车辆购置决策提供了依据（多次为集团公司资产购置审查小组提供数据支持），驾驶员的出勤率、行驶里程、安全事故等为员工考核提供了支持，同时为各单位司机人数的确定提供决策依据。

6.7 IT 业务管理的价值评价与效益分析

三峡集团还对 IT 业务支持系统也进行效益分析，IT 治理、IT 管理本身也可以创造

价值，比如，三峡集团自 2004 年颁布实施《三峡集团公司计算机设备集中采购管理办法》并一直沿用至今，实行集团统一的 IT 通用设备集中采购，不仅可以为企业节约采购成本，规范采购管理，还可以提高企业 IT 技术应用水平，实现集团资源共享，为集团公司的企业信息化建设长足发展打下坚实基础。

6.7.1　集中采购节约成本分析

通过成本重置法计算通过集中采购、统一的数据中心、技术平台、运维带来的规模优势降低的 IT 成本。计算公式如下：

$$C=W_f-W_j$$

式中　C——节约成本；

　　　W_f——分散方式的 IT 资源获取和维护费用；

　　　W_j——集中共享方式的 IT 资源获取和维护费用。

集中采购节约了企业大量资金，通过竞价引进供应商并与供应商签订框架供货协议，折扣和优惠很大，如 20xx 年集中采购的价格对比分析：激光打印机单台优惠了239 元，台式计算机单台优惠了 1052 元，便携式计算机单台优惠了 3362 元，并且逐年下降，还可以到货后一个月付款，对比情况见表 2-6-1 和表 2-6-2。

表 2-6-1　20xx 年信息类通用设备采购情况分析表
（集团公司集中采购与非集中采购价格比较表）

设备名称	采购形式	品牌	型号	配置	单价（元）	价差（元/台）	付费方式
激光打印机	集中采购框架协议	HP	LasejetP1008	黑白激光/幅面 A4/内存 8M/整机 3 年质保、上门服务	1111	239	货到一个月内付款
	非集中采购	HP	LasejetP1008	黑白激光/幅面 A4/内存 8M/整机 3 年质保、上门服务	1350		款到发货
台式计算机	集中采购框架协议	HP	DC7900 SFF	Core2 四核 Q9550 2.83G CPU/4G DDR2 内存/320G硬盘/光驱 DVD/内置扬声器/打印机并口/键盘/光电鼠标/19"LCD/操作系统 WINXPP/5 年全保/1、硬盘等分 4 个区，驱动器名称：系统盘/数据盘/数据盘/备份盘 2、CTGPC LOGO	6748	1052	货到一个月内付款

续表

设备名称	采购形式	品牌	型号	配 置	单价（元）	价差（元/台）	付费方式
台式计算机	非集中采购	HP	DC7900 SFF	Core2 四核 Q9550 2.83G CPU/4G DDR2 内存 /320G 硬盘 / 光驱 DVD/ 内置扬声器 / 打印机并口 / 键盘 / 光电鼠标 /19"LCD/ 操作系统 WINXPP/5 年全保 /1、硬盘等分 4 个区，驱动器名称：系统盘 / 数据盘 / 数据盘 / 备份盘	7800	1052	款到发货
便携计算机	集中采购框架协议	HP	2230s	Core2 Duo T9400 2.53G CPU/4G DDR2 内存 /320G 硬盘 /DVDRW 光驱 /12.1"wxga 屏幕 / 声卡 / 网卡 /802.11abg 无线 / 蓝牙 /WINXPsp2 中文专业版 / 鼠标 / 电脑包 / 五年全保一年意外险 1、硬盘分 4 个区（80G/80G/80G/80G），驱动器名称：系统盘 / 数据盘 / 数据盘 / 备份盘 2、CTGPC LOGO	8638	3362	货到一个月内付款
	非集中采购	HP	2230s	Core2 Duo T9400 2.53G CPU/4G DDR2 内存 /320G 硬盘 /DVDRW 光驱 /12.1"wxga 屏幕 / 声卡 / 网卡 /802.11abg 无线 / 蓝牙 /WINXPsp2 中文专业版 / 鼠标 / 电脑包 / 五年全保一年意外险 1、硬盘分 4 个区（80G/80G/80G/80G），驱动器名称：系统盘 / 数据盘 / 数据盘 / 备份盘	12 000		款到发货

表 2-6-2　信息类通用设备采购 2008 年与 2009 年价格对比分析表

设备名称	采购时间	品牌	型号	配 置	单价（元）	价差（元/台）
激光打印机	2008 年 12 月	HP	LasejetP1008	黑白激光 / 幅面 A4/ 内存 8M/ 整机 3 年质保、上门服务	1296	185

续表

设备名称	采购时间	品牌	型号	配　置	单价（元）	价差（元/台）
激光打印机	2009 年 12 月	HP	LasejetP1008	黑白激光 / 幅面 A4/ 内存 8M/ 整机 3 年质保上门服务	1111	185
台式计算机	2008 年 7 月	HP	DC7800 SFF	酷睿 2 双核 E8400 3.0GCPU/2G DDR2800 内存 /250G 硬盘首个 40G 分区 / 光驱 DVD/ 内置扬声器 / 键盘、光电鼠标 /19" 液晶显示器 / 操作系统 WINXP/CTGPC 开机 LOGO/3 年全保	6748	510
	2009 年 7 月	HP	DC7900 SFF	Core2 四核 Q9550 2.83G CPU/4G DDR2 内存 /320G 硬盘 / 光驱 DVD/ 内置扬声器 / 打印机并口 / 键盘 / 光电鼠标 /19"LCD/ 操作系统 WINXPP/5 年全保 /1、硬盘等分 4 个区，驱动器名称：系统盘 / 数据盘 / 数据盘 / 备份盘 2、CTGPC LOGO	6238	
便携计算机	2008 年 7 月	HP	2230s	Intel Core 2 Duo P8400 （2.26/1300/3M） CPU/2G DDR2667 内存 /250G 硬盘 /DVDRW 光驱 /12.1"wxga 屏幕 / 声卡 / 网卡 /802.11abg 无线 / 蓝牙 /WINXPsp2 中文专业版 / 鼠标 / 电脑包 / 电池 / 电源转换器 / 三年全保 / 硬盘分 4 个区，60G/60G/60G/70G，驱动器名称请加上标示：系统盘 / 数据盘 / 数据盘 / 备份盘	11 580	2942
	2009 年 7 月	HP	2230s	Core2 Duo T9400 2.53G CPU/4G DDR2 内存 /320G 硬盘 /DVDRW 光驱 /12.1"wxga 屏幕 / 声卡 / 网卡 /802.11abg 无线 / 蓝牙 /WINXPsp2 中文专业版 / 鼠标 / 电脑包 / 五年全保一年意外险 1、硬盘分 4 个区（80G/80G/80G/80G），驱动器名称：系统盘 / 数据盘 / 数据盘 / 备份盘 2、CTGPC LOGO	8638	

设备名称	采购时间	品牌	型号	配　置	单价（元）	价差（元/台）
便携计算机	2008 年 7 月	HP	HP EliteBook 6910p	酷睿 2 双核 T8300（2.4/800/3M）CPU/2G DDR2 内 存 /160G 硬盘首个 40G 分区 /DVDRW 光驱 /14.1"wxga 屏 幕 /802.11abg 无线 / 蓝	13 522	2874
				牙 /VISTA downgrade XPP/ 鼠 / 包 / 三年全保一年意外保险		
	2009 年 7 月	HP	HP EliteBook 6930p	Core2 Duo T9400 2.53G CPU/4G DDR2 内存 /250G 硬盘 /DVDRW 光驱 /14.1"wxga 屏幕 /256M 显卡 / 声卡 / 网卡 /802.11abg 无线 / 蓝牙 /WINXPsp2 中文专业版 / 鼠标 / 电脑包 / 五年全保一年意外险 1、硬盘分 4 个区 2、CTGPC LOGO	10 648	

6.7.2　集中管理节约成本分析

IT 基础设施集中管理效益以三峡集团 20xx 年情况为例，具体如下：

（1）在数据中心统一建设管理方面

20xx 年继续遵守数据中心统一建设管理的原则，按地域分区健全完善了北京、宜昌、成都 3 个数据中心的建设，对集团公司各办公地的信息系统平台设备进行集中统一放置、维护和管理，未出现私建、乱建机房的情况。集团公司 3 个数据中心为集团公司所有单位、部门统一提供 IT 基础设施服务。集团公司数据中心统一建设、管理经济效益明显，主要体现在节省一次性建设费用、节省运行费用、节省维护费用、节省人力成本四个方面。

①节省建设费。北京数据中心自投入运行以来，先后为集团外网信息系统、内网信息系统、各驻京单位、长江电力、招标公司、财务公司、传媒公司、安全生产应急指挥、三峡新能源集中监控系统等系统应用提供统一的 IDC 环境，北京区域通过数据中心统一建设将 7 个机房合为 1 个，节省了各单位单独建设机房的建设费用。

宜昌数据中心为集团外网信息系统、内网信息系统、各驻宜单位、长江电力、招标公司、旅游公司、实业公司、财务公司等单位提供统一的 IDC 环境，宜昌区域通过数据中心统一建设将 7 个机房合为 1 个。

成都数据中心为集团外网信息系统、内网信息系统、各驻蓉单位、长江电力、金沙江各项目等提供统一的 IDC 环境，成都区域通过数据中心统一建设将 5 个机房合为 1 个。

通过统一建设，集团避免了 16 个机房的重复建设，节省了各单位单独建设机房的建设费用。

②节省日常运行费用。3 个数据中心提供统一的环境设施，各单位信息设备集中布置，共享机房物理环境、电气动力系统、空调新风系统、安全消防系统等，避免分散使用水、电等资源的浪费和重复消耗，参考北京数据中心每年的日常运行费用 40 万元进行估算，数据集中运行每年节约日常运行费用 40 万元 ×16=640 万元。

③节省系统维护、维保费。3 个数据中心都应用了先进的结构化布线系统、数字化 KVM 管理系统、智能环境动力远程监控系统等机房环境设备，每年的系统维护、维保费约为系统建设费用的 5%，按北京数据中心每年的系统维护、维保费用 600 万元 ×5%=30 万元进行估算，数据中心集中运行每年节省维护、维保费 30 万元 ×16=480 万元。

④节省人力成本。数据中心日常的运维管理至少需要 2 名运维工程师，人员人工成本按每年人均 20 万元计算，数据中心集中运维节约人力成本共约 20 万元 ×2×16=640 万元。

综上所述，20xx 年三峡集团数据中心统一建设、管理，每年节约运维成本 1760 万元。

（2）在服务器统一建设管理方面

20xx 年，三峡集团信息部门以服务器整合与企业云计算部署应用为工作重点。服务器整合应用主要采用在统一技术标准的前提下进行应用平台环境整合、数据库环境整合，统一数据存储平台和集中数据备份，以云计算技术为支撑对资源进行灵活调配，提高设备使用效率和灵活度。

20xx 年，三峡集团在北京、宜昌、成都三地数据中心云计算服务器平台架构基本形成，生产、测试、培训、开发类虚拟服务器共 426 套，其中，20xx 年三地新增生产、测试、培训、开发类虚拟服务器环境共 84 套。管理经济效益主要体现在节约服务器采购成本，节省运营、维护成本，减少人员管理成本、减少工作量，降低故障率、提高用户满意度等四个方面，具体如下：

①节约服务器采购成本。假设每套虚拟服务器需采购对应的物理服务器，每套物理服务器设备均价按 5 万元计算，84 套虚拟服务器共节约服务器设备采购开支为 5 万元 ×84=420 万元。

②节省运营、维护成本。按每 8 套服务器需配套 1 台机柜存放计算，新增 84 套物理服务器需 11 台机柜，每台机柜和相关配套设施均价约为 3 万元，云计算方案共节省机柜费用 33 万元。每台服务器能源消耗按每年节约 5000 元计算，426 套机虚拟服务器共减少能耗成本约 426×0.5 万元 =213 万元。

③减少人员管理成本、减少工作量。服务器整合与云计算部署的结合，大大减少了人员管理成本和日常维护管理的工作量，促使运维管理更加简便、灵活，提高了设备使用效率和工作效率。以前各地的系统管理人员至少需要 2 名，且对技术能力要求较高，采用云计算环境后，为各地系统管理员资源统一协调调配提供了条件。按三地各减少 1 名技术人员、集团员工年均成本 28 万元计算，每年节约人工成本 3×28 万元 =84 万元。

④降低故障率、提高用户满意度。服务器的统一管理和云计算技术的应用，统一了服务器的配置，建立了标准模板，缩短了部署服务器的时间，降低服务器故障发生的频率，提高了用户需求的响应和满意度。

综上所述，三峡集团 20xx 年服务器统一建设管理可节约一次性投资 420 万元，每年节约运维成本 330 万元。

（3）在网络统一建设管理方面

20xx 年继续颁布了集团公司网络设备采购标准，加强对下属公司网络设备采购的规范，已完成集团公司网络平台的技术实施标准的基本统一。由集团公司信息管理部门统一规划、统一技术标准、统一设备选型、统一实施，完成了北京、宜昌、成都办公楼、三峡国际公司、溪洛渡、向家坝、白鹤滩等办公无线网的统一建设，以区域性无线网络中心的方式并入集团公司网络，做到了一人一账号的多地漫游使用。各区域内三峡发展、水电公司、设备公司、财务公司、实业公司等单位都可以接入、使用，避免了盲目建设、重复建设。

20xx 年，集团各所属公司按集团信息部门与主要电信运营商签订的广域网专线链路租用框架协议中的价格优惠租用省内、省际专线链路。以每条 2M 的省际专线链路为例，月租用费用由 8000 元降低至 5000 元，每年节省 3.6 万元。根据统计，目前集团公司各单位和所属公司共租用电信运营商链路带宽 702M，按每 2M 月节约 0.3 万元计算，每年可为集团公司节约成本 702×3.6 万元 /2=1263.6 万元。

综上所述，20xx 年集团公司通过数据中心统一建设管理、云计算平台建设管理节约成本 2510 万元，通过网络统一建设管理节约成本 1263.6 万元，集团公司 IT 基础设施集中管理共节约成本 3773.6 万元。

小结：三峡集团将 IT 治理的价值交付具体化，以便更好地进行效益的总结和分析。三峡集团每年编制信息化年度报告、年度考核评价报告和年度信息化效益分析报告，认真开展信息化项目的后评价。

第7章
IT 治理面临的问题及发展展望

7.1 IT 治理体系实施难点

中国的 IT 与业务应用已经步入了深化、整合、转型和创新的关键时期；政府、企业对信息技术和信息系统的依赖性日益加强，数字化转型加快推进中；信息系统的安全、审计、管理、风险与控制日益成为突出的问题；IT 与组织的融合是未来发展的核心；信息技术与信息系统对企业组织形态、治理结构、管理体制、运作流程和商业模式的影响日益深化。

在这种新的动力和需求的驱使下，IT 治理得到了一定的认可。但是，把国外的 IT 治理思想和标准搬到中国来应用，依然存在诸多难点，目前在国内应用相对较多的还是 IT 服务管理在一些服务行业的应用，例如银行、证券、保险等。因为就目前而言，IT 治理应用还存在很多难点，例如直接应用国外 IT 治理中相对成熟的标准，还是借鉴国外的做法建立中国自己的治理标准；中国的企业应该最先导入什么治理标准，以及以后如何逐步导入其他标准；中国怎样借鉴全球著名的最佳实践；在不完善的公司治理结构的基础上，中国的企业能否以及如何做好 IT 治理；IT 治理如何得到政府部门的认可，如何从法律上制定相应的标准等。

7.2 IT 治理未来的发展道路

面对这些难题，我们应该做些什么？我们应该在哪些方面做进一步的推进？

我们需要通过研究国际上 IT 治理领域的各方面内容，分析中国 IT 治理的现状与国际的差距，并通过实际调研等手段来研究中国企业对 IT 治理的认识度和接受度，再通过统计方法来分析中国不同行业、不同规模企业对 IT 治理的需求特征。只有这样才能找出适合中国特色信息化推进的 IT 治理方法和框架，才能为推动信息化的可持续发展战略提出合理化的建议。

笔者认为，就目前而言，需要对 IT 治理领域进行研究和分析的主要内容包括如下几个方面：

①全面深入地分析国际 IT 治理的理论、实践以及发展方向；

②挖掘引起中国企业信息化建设不足的深层原因；

③深入分析中国 IT 治理应用与国际的差距，并提出弥补这种差距的策略和方法；

④建立中国企业的 IT 治理应用框架，建立 IT 治理、IT 战略和企业战略三者之间的关系模型；

⑤通过对不同行业、不同规模企业的信息化建设现状的调研与分析，确定中国缺少 IT 治理的主要影响因素；

⑥通过对不同行业、不同规模企业的 IT 治理需求调研，确定国内不同行业、不同规模企业对 IT 治理的需求特征；

⑦通过持续优化 IT 治理，发挥信息化的更大价值。围绕企业战略和业务重点难题推进关键业务系统建设；围绕 IT 治理建立反映信息化 KPI/KGI/BSC 的绩效监控系统；持续整合企业 IT 资源，优化 IT 成本，降低信息化建设 TCO；优化 IT 治理机制，强化 IT 风险控制，推动信息化的可持续发展；完善 IT 价值管理体系，探索和实施更精准的信息化效益量化分析方法逐步形成标准方法论。

附　录

基于企业 IT 治理结构，遵循逐步推进持续优化的原则，按照 IT 风险控制与审计体系建设的基本步骤，明确体系建设中相关活动的优先级和依赖关系，制定 IT 审计体系建设的总体计划，如表 A–1 所示。

表 A–1　企业 IT 审计推进计划示例

任务名称	任务目标
IT 风险控制职责与责任确立	建立有效的 IT 风险管理组织架构
	明确 IT 治理架构中的信息中心和审计部门的职责定位
	建立集团公司 IT 风险管理政策，明确角色责任，流程与方法，范围与领域
IT 风险控制政策与程序建立	梳理现有的 IT 管理制度及相关政策
	学习借鉴 IT 控制框架标准及最佳实践
	基于组合风险管理，进行多维度 IT 风险分析
	基于风险分析结果，确定 IT 控制目标体系
	确立 IT 控制标准，覆盖 IT 整体控制、一般控制、应用控制（TGPMS）标准
	制定 IT 控制体系实施细则及管理指南，包括数据标准、IT 项目实施指南、信息安全标准、业务持续性计划等
	控制政策程序文档化并通过适当方式进行分发，监控政策执行
IT 风险控制工具平台建立与应用	构建 IT 技术平台支撑集团风险管控，包括：风险控制自评估系统、桌面操作监控系统、运维管理系统等
IT 风险控制绩效度量	建立 IT 绩效评价体系，建立较为科学的绩效考核制度
	围绕 IT 控制目标定期开展 IT 绩效评估
	引入第三方认证，如 CNNI，ISO 27001，ITIL 等促使控制体系的不断优化

任务名称	任务目标
IT 风险控制能力与人才培养体系	制定正规的人才培养培训计划，对 IT 风险控制能力及相关最佳实践进行培训
	开展相关主题培训：IT 风险控制，IT 审计，IT 项目管理，信息安全
	鼓励相关部门人员获得相关的资质认证，如 CISA，PMP 等
IT 审计体系建立与实施	建立 IT 审计章程，明确 IT 审计的定位和职能
	确立 IT 审计标准与规范，界定 IT 审计的内容与程序
	建立 IT 审计操作指南 IT 审计的开展

注：本计划来源于三峡集团 IT 治理与风险管理培训计划、IT 风险披露实施办法、风险管理总体规划。

xx 公司 20xx 年度工程管理系统

应用水平评价办法

二〇 xx 年十二月

第一章 总 则

第一条 为了客观地评价工程管理系统应用情况，提高系统应用水平，实现评价的标准化、规范化，制定本办法。

第二条 工程管理系统是指在工程建设中应用的各管理信息系统，包括工程管理系统、工程协同工作平台、安全监测系统、合同审批及用印管理等。

第三条 本办法适用于 xx 公司所有应用工程管理系统的部门和单位。

第二章 评价内容及评分办法

第四条 评价内容由投运系统应用水平、综合评价和创新三部分构成。评价采用评分表的形式，包括投运系统应用水平总评表、综合评价评分表、创新评分表三类分项评分表和工程管理系统应用水平评分汇总表构成。投运系统应用水平总评表为一汇总表，其子表包括各投运子系统应用水平评分表。

第五条 各投运子系统应用水平评分采用扣分制，综合评价评分表和创新评价采用加分制。

第六条 各分项评分表满分为 100 分。每张表总得分应为各自表内各评价项目实得分数之和。

第七条 评价记分不得采用负值。各评价项目所扣或所加分数总和不得超过该项应得分数或满分分值。

第八条 投运系统应用水平总评表满分为 100 分。各子系统在总评表中所占的满分分值动态制定。在总评表中各分项项目实得分数应按下式计算：在总评表中各分项项目实得分数 = 总评表中该项应得满分分值 * 该项评分表实得分数 /100。工程管理系统总评表得分应为表中各分项项目实得分数之和。

评分汇总表满分为 110 分，各分项评价项目在汇总表中所占的满分分值分别为：投运系统应用水平总评 90 分、综合评价 10 分、创新 10 分。在汇总表中各分项项目实得分数应按下式计算：在汇总表中各分项项目实得分数 = 汇总表中该项应得满分分值 * 该项评分表实得分数 /100。评分汇总得分应为表中各分项项目实得分数之和。

第九条 应用水平评价应以汇总表的总得分作为评价依据，分为优秀、良好、一般三个等级：

（一）优秀：汇总表得分值应在 90 分及其以上；

（二）良好：汇总表得分值应在 80 分及其以上；

（三）一般：汇总表得分值不足 80 分。

第三章 评分表

第十条 工程管理系统评分汇总表主要内容包括投运系统应用水平、综合评价和创新进取三部分，该表所得分值为工程管理系统应用水平的评价依据。

第十一条　工程管理系统投运系统应用水平总评表得分由各投运子系统评价得分计算而得的。该表所得分值综合反映投运系统总体应用水平。

第十二条　投运子系统应用水平评分表是对具体子系统应用情况进行评价，每个子系统对应一张评分表。评价项目包括功能及流程应用情况、数据质量两部分。

第十三条　综合评价评分表是对应用单位在数据利用和应用自我效益分析情况的评价。

第十四条　创新评分表是对应用单位在系统功能提升拓展和积极应用新模块等方面所作工作的评价。

第四章　其　他

第十五条　建立由经验丰富的业务专家、信息技术人员组成的评价小组，以对集团公司被考核的部门或单位的工程管理系统的整体应用情况进行评价。

第十六条　被考核的部门或单位若因业务停止而停用系统，须向信息中心来函说明情况，否则将继续按本办法执行评价。

第十七条　考核结果纳入年度信息化考核。

第十八条　本办法由信息化管理部门负责解释。

表 B-1　工程管理系统应用水平评分汇总表

应用单位名称：

总计得分（满分分值110分）	三峡工程管理系统部分评价项目名称及分值		
	各子系统应用水平总评分（满分分值为90分）	综合评价（满分分值为10分）	创　新（满分分值为10分）
①	②	③	④
	评语：		

续表

总计得分 （满分分值 110 分）	三峡工程管理系统部分评价项目名称及分值		
	各子系统应用水平总评分 （满分分值为 90 分）	综合评价 （满分分值为 10 分）	创 新 （满分分值为 10 分）
评价责任人			日期

注：表中各栏数值之间关系如下：

① = ② + ③ + ④

② = 表 B-2 中各子系统实得分值之和 ×0.9

③ = 表 B-4 中评价项目合计实得分数 ×0.1

④ = 表 B-5 中评价项目合计实得分数 ×0.1

表 B-2　各子系统应用水平总评表

	被评价子系统													
	成本 控制	合同 管理	文档 控制	物资 管理	设备 管理	财务 会计	预算 管理	质量 管理	计量 签证	施工区 管理	设计 管理	协同 平台	安监 系统	合同审 批流程
实得 分值	①	②	……											

注：表中各子系统实得分值计算方法如下（以成本控制为例）：

① = 表 B-3 中成本管理子系统评价项目合计实得分数值 × 该应用单位成本管理系统被评价年度权重

具体权重参见《集团公司 20xx 年度工程管理系统应用评价权重表》

表 B-3　工程管理系统各子系统应用水平评分表

子系统名称：成本控制子系统

序号	评分项目	扣分标准	应得分数	扣减分数	实得分数
1	功能及流程应用情况	• 未使用成本控制功能扣 40 分 • 未使用单价分析功能扣 5 分。	40	①	❶
2	数据质量	数据质量评价标准参见《集团公司 20xx 年度工程管理系统数据质量参考标准》，包含以下三个方面： • 数据正确性情况。按质量规定中的指定检查方法进行统计。**扣减分为当期本子系统所有被统计电子表单错误率之和乘以应得分数** • 数据及时性情况。数据延时指数据实际录入时间迟于要求时限。录入时限要求见各系统的数据质量规定。按质量规定中的指定检查方法进行统计。**扣减分为当期本系统所有电子表单延时率之和乘以应得分数** • 数据完整性情况。数据差缺是指输入内容不完整。应输入内容见各系统的数据质量规定。**扣减分为当期本系统所有电子表单差缺率之和乘以应得分数。**	60	②	❷
		评价项目合计	100	③	❸

注：表中分数关系如下：

❶ = 40 – ①

❷ = 60 – ②

③ = ① + ②

❸ = 100 – ③

以下各子系统关系与此相同。

子系统名称：合同管理子系统

序号	评分项目	扣分标准	应得分数	扣减分数	实得分数
1	功能及流程应用情况	• 未使用合同登录功能扣 40 分 • 未使用合同变更功能扣 20 分 • 未使用合同支付功能扣 40 分 • 管理类报表未出自系统扣 10 分 • 备注：因为未发生相关业务而没有使用合同管理功能，不扣分。	40		
2	数据质量	数据质量评价标准参见《集团公司 20xx 年度工程管理系统数据质量参考标准》，包含以下三个方面： • 数据正确性情况。按质量规定中的指定检查方法进行统计。**扣减分为当期本子系统所有被统计电子表单错误率之和乘以应得分数** • 数据及时性情况。数据延时指数据实际录入时间迟于要求时限。录入时限要求见各系统的数据质量规定。按质量规定中的指定检查方法进行统计。**扣减分为当期本系统所有电子表单延时率之和乘以应得分数** • 数据完整性情况。数据差缺是指输入内容不完整。应输入内容见各系统的数据质量规定。**扣减分为当期本系统所有电子表单差缺率之和乘以应得分数。**	60		
		评价项目合计	100		

子系统名称：文档控制子系统

序号	评分项目	扣分标准	应得分数	扣减分数	实得分数
1	功能及流程应用情况	• 未使用文档登记功能扣 40 分 • 未使用文档变更功能扣 5 分 • 未使用文档催办功能扣 5 分 • 未使用文件分发功能扣 5 分 • 未使用文件归档功能扣 5 分。	40		
2	数据质量	数据质量评价标准参见《集团公司 20xx 年度工程管理系统数据质量参考标准》，包含以下三个方面： • 数据正确性情况。按质量规定中的指定检查方法进行统计。**扣减分为当期本子系统所有被统计电子表单错误率之和乘以应得分数** • 数据及时性情况。数据延时指数据实际录入时间迟于要求时限。录入时限要求见各系统的数据质量规定。按质量规定中的指定检查方法进行统计。**扣减分为当期本系统所有电子表单延时率之和乘以应得分数** • 数据完整性情况。数据差缺是指输入内容不完整。应输入内容见各系统的数据质量规定。**扣减分为当期本系统所有电子表单差缺率之和乘以应得分数。**	60		
		评价项目合计	100		

子系统名称：物资管理子系统

序号	评分项目	扣分标准	应得分数	扣减分数	实得分数
1	功能及流程应用情况	• 未使用物资定义功能扣 40 分 • 未录入物资月需求计划扣 5 分 • 未使用到货验收功能扣 20 分 • 未使用调拨功能扣 20 分 • 未使用实时调度功能扣 5 分 • 未使用物资核销功能扣 5 分 • 管理类报表未出自系统扣 10 分。	40		
2	数据质量	数据质量评价标准参见《集团公司 20xx 年度工程管理系统数据质量参考标准》，包含以下三个方面： • 数据正确性情况。按质量规定中的指定检查方法进行统计。**扣减分为当期本子系统所有被统计电子表单错误率之和乘以应得分数** • 数据及时性情况。数据延时指数据实际录入时间迟于要求时限。录入时限要求见各系统的数据质量规定。按质量规定中的指定检查方法进行统计。**扣减分为当期本系统所有电子表单延时率之和乘以应得分数** • 数据完整性情况。数据差缺是指输入内容不完整。应输入内容见各系统的数据质量规定。**扣减分为当期本系统所有电子表单差缺率之和乘以应得分数。**	60		
		评价项目合计	100		

子系统名称：设备管理子系统

序号	评分项目	扣分标准	应得分数	扣减分数	实得分数
1	功能及流程应用情况	• 未使用物资定义功能扣40分 • 未使用设备定义功能扣40分 • 未使用合同功能扣40分 • 未使用设备初检功能扣5分 • 未使用到货验收功能扣20分 • 未使用调拨功能扣20分 • 管理类报表未出自系统扣10分。	40		
2	数据质量	数据质量评价标准参见《集团公司20xx年度工程管理系统数据质量参考标准》，包含以下三个方面： • 数据正确性情况。按质量规定中的指定检查方法进行统计。**扣减分为当期本子系统所有被统计电子表单错误率之和乘以应得分数** • 数据及时性情况。数据延时指数据实际录入时间迟于要求时限。录入时限要求见各系统的数据质量规定。按质量规定中的指定检查方法进行统计。**扣减分为当期本系统所有电子表单延时率之和乘以应得分数** • 数据完整性情况。数据差缺是指输入内容不完整。应输入内容见各系统的数据质量规定。**扣减分为当期本系统所有电子表单差缺率之和乘以应得分数。**	60		
		评价项目合计	100		

子系统名称：财务会计子系统

序号	评分项目	扣分标准	应得分数	扣减分数	实得分数
1	功能及流程应用情况	• 未使用凭证处理功能扣40分 • 未使用支付管理功能扣20分 • 未使用支付单生成凭证功能扣5分 • 未使用验收单生成凭证功能扣5分 • 未使用调拨单生成凭证功能扣5分 • 管理类报表未出自系统扣10分。	40		
2	数据质量	数据质量评价标准参见《集团公司20xx年度工程管理系统数据质量参考标准》，包含以下三个方面： • 数据正确性情况。按质量规定中的指定检查方法进行统计。**扣减分为当期本子系统所有被统计电子表单错误率之和乘以应得分数** • 数据及时性情况。数据延时指数据实际录入时间迟于要求时限。录入时限要求见各系统的数据质量规定。按质量规定中的指定检查方法进行统计。**扣减分为当期本系统所有电子表单延时率之和乘以应得分数** • 数据完整性情况。数据差缺是指输入内容不完整。应输入内容见各系统的数据质量规定。**扣减分为当期本系统所有电子表单差缺率之和乘以应得分数。**	60		
		评价项目合计	100		

子系统名称：预算管理子系统

序号	评分项目	扣分标准	应得分数	扣减分数	实得分数
1	功能及流程应用情况	• 未使用计划（预算）编制功能扣 40 分 • 未使用部门计划审核及上报功能扣 10 分 • 虚拟合同未按规定做变更处理扣 10 分 • 管理类报表未出自系统扣 10 分。	40		
2	数据质量	数据质量评价标准参见《集团公司 20xx 年度工程管理系统数据质量参考标准》，包含以下三个方面： • 数据正确性情况。按质量规定中的指定检查方法进行统计。**扣减分为当期本子系统所有被统计电子表单错误率之和乘以应得分数** • 数据及时性情况。数据延时指数据实际录入时间迟于要求时限。录入时限要求见各系统的数据质量规定。按质量规定中的指定检查方法进行统计。**扣减分为当期本系统所有电子表单延时率之和乘以应得分数** • 数据完整性情况。数据差缺是指输入内容不完整。应输入内容见各系统的数据质量规定。**扣减分为当期本系统所有电子表单差缺率之和乘以应得分数。**	60		
		评价项目合计	100		

子系统名称：质量管理子系统

序号	评分项目	扣分标准	应得分数	扣减分数	实得分数
1	功能及流程应用情况	• 未使用质量标准定义功能扣 40 分 • 未使用工程分解与定义功能扣 40 分 • 未使用工序检测功能扣 20 分 • 未使用材料及试件检测扣 20 分 • 未使用质量问题管理功能扣 10 分。	40		
2	数据质量	数据质量评价标准参见《集团公司 20xx 年度工程管理系统数据质量参考标准》，包含以下三个方面： • 数据正确性情况。按质量规定中的指定检查方法进行统计。**扣减分为当期本子系统所有被统计电子表单错误率之和乘以应得分数** • 数据及时性情况。数据延时指数据实际录入时间迟于要求时限。录入时限要求见各系统的数据质量规定。按质量规定中的指定检查方法进行统计。**扣减分为当期本系统所有电子表单延时率之和乘以应得分数** • 数据完整性情况。数据差缺是指输入内容不完整。应输入内容见各系统的数据质量规定。**扣减分为当期本系统所有电子表单差缺率之和乘以应得分数。**	60		
		评价项目合计	100		

子系统名称：计量签证子系统

序号	评分项目	扣分标准	应得分数	扣减分数	实得分数
1	功能及流程应用情况	• 未使用系统自动生成支付单功能扣 20 分 • 未使用计算书作为施工详图量录入依据扣 40 分。	40		
2	数据质量	数据质量评价标准参见《集团公司 20xx 年度工程管理系统数据质量参考标准》，包含以下三个方面： • 数据正确性情况。按质量规定中的指定检查方法进行统计。**扣减分为当期本子系统所有被统计电子表单错误率之和乘以应得分数** • 数据及时性情况。数据延时指数据实际录入时间迟于要求时限。录入时限要求见各系统的数据质量规定。按质量规定中的指定检查方法进行统计。**扣减分为当期本系统所有电子表单延时率之和乘以应得分数** • 数据完整性情况。数据差缺是指输入内容不完整。应输入内容见各系统的数据质量规定。**扣减分为当期本系统所有电子表单差缺率之和乘以应得分数。**	60		
		评价项目合计	100		

子系统名称：设计管理子系统

序号	评分项目	扣分标准	应得分数	扣减分数	实得分数
1	功能及流程应用情况	• 未使用设计包定义功能扣 40 分 • 未使用文件及进度管理功能扣 5 分。	40		
2	数据质量	数据质量评价标准包含以下三个方面： • 数据正确性情况。按质量规定中的指定检查方法进行统计。**扣减分为当期本子系统所有被统计电子表单错误率之和乘以应得分数** • 数据及时性情况。数据延时指数据实际录入时间迟于要求时限。录入时限要求见各系统的数据质量规定。按质量规定中的指定检查方法进行统计。**扣减分为当期本系统所有电子表单延时率之和乘以应得分数** • 数据完整性情况。数据差缺是指输入内容不完整。应输入内容见各系统的数据质量规定。**扣减分为当期本系统所有电子表单差缺率之和乘以应得分数。**	60		
		评价项目合计	100		

子系统名称：施工区管理子系统

序号	评分项目	扣分标准	应得分数	扣减分数	实得分数
1	功能及流程应用情况	• 未使用分包准入功能扣 40 分 • 未使用分包退场功能扣 20 分 • 未使用人员管理功能扣 20 分 • 建筑市场管理报表未出自系统扣 10 分。	40		
2	数据质量	数据质量评价包含以下三个方面： • 数据正确性情况。按质量规定中的指定检查方法进行统计。**扣减分为当期本子系统所有被统计电子表单错误率之和乘以应得分数** • 数据及时性情况。数据延时指数据实际录入时间迟于要求时限。录入时限要求见各系统的数据质量规定。按质量规定中的指定检查方法进行统计。**扣减分为当期本系统所有电子表单延时率之和乘以应得分数** • 数据完整性情况。数据差缺是指输入内容不完整。应输入内容见各系统的数据质量规定。**扣减分为当期本系统所有电子表单差缺率之和乘以应得分数。**	60		
		评价项目合计	100		

子系统名称：协同平台系统

序号	评分项目	评分内容	得分
1	流程应用覆盖率	考核通过协同平台系统完成的业务流程数占应通过系统完成业务流程数的比率。	流程应用覆盖率 × 60
2	系统操作正确率	考核应用协同平台系统完成业务流程时的系统操作正确率。	20 -（出错次数 × 0.5）
3	流程办结率	考核通过协同平台系统实际办结流程占应办结流程的比率。	流程办结数 ÷（流程办结数 + 流程未办结数）× 20
		评价项目合计	

子系统名称：安全监测系统

序号	评分项目	评分内容	得分
1	数据录入完整性	• 考核监测仪器录入完整性 • 考核监测断面录入完整性 • 考核监测数据录入完整性。	监测仪器录入率 × 20 监测断面录入率 × 20 监测数据录入率 × 20
2	数据录入及时性	考核仪器埋设信息及安全监测数据录入及时性。	数据录入及时率 × 20
3	数据录入正确性	考核仪器埋设信息及安全监测数据录入正确性。	数据录入正确率 × 20
		评价项目合计	

子系统名称：合同审批流程及用印管理

序号	评分项目	评分内容	得分
1	信息安全	采用信息安全评分表最终得分。	分数 ×0.2×10/11
2	数据质量	采用数据质量评分表最终得分。	分数 ×0.8×10/11
3	数据利用	采用数据利用及创新评分表最终得分。	分数 ×0.1×10/11
评价项目合计			

表 B-4　综合评价评分表

序号	评分项目	得分标准	应得分数	实得分数	备注
1	数据利用	用于评价系统中数据被利用的情况，主要从系统中报表、屏幕查询使用两个方面来进行评价。得分计算方式见下。	70	①	
2	应用效益	·提交效益分析报告，加 10 分 ·分析报告涵盖全部已投运子系统，加 10 分，否则按涵盖比例乘以 10 记得分 ·分析报告中效益评价方式描述清晰具体，并能进行适当的量化分析，加 8～10 分。	30	②	
评价项目合计			100	③	

注：③=①+②

数据利用实得分（①）计算方式说明：

假定评价对象集合为 B，$B=\{b_1, b_2, \cdots, bn\}$。$bi$ 表示 i 部门。$R(bi)$、$F(bi)$ 分别表示 i 部门的报表、屏幕查询在本评价周期内的累计使用次数。$P(bi)$ 为本评价周期内 i 部门的用户数量。$R'(bi)$、$F'(bi)$ 分别代表相应功能的人均使用次数，计算方式为 $R'(bi)=R(bi)/P(bi)$，$F'(bi)=F(bi)/P(bi)$

i 部门的数据利用得分 $C(bi)$ 计算方法如下：

$$\left(\frac{R'(bi)}{\underset{j=1}{\overset{n}{\text{Max}}}[R'(bj)]} \times 0.5 + \frac{F'(hi)}{\underset{j=1}{\overset{n}{\text{Max}}}[F'(bj)]} \times 0.5 \right) \times 70$$

表 B-5　创新评分表

序号	评分项目	加分标准	满分分值	实得分数	备注
1	创 新	·起加点为 0 分 ·结合系统进行业务流程优化。以发布新流程相关正式文件为依据，每份优化文件加 5 分 ·对系统提出功能性改进建议并被采纳，每条 5 分。	100	①	Web 查询系统的改进建议属于统计范围。
评价项目合计			100	②	

注：②=①。

附录 C
信息系统运行月报（示例）

C1 xx 公司信息系统运行月报
（20xx 年 12 月）

C1.1 工程建设管理系统运行情况

C1.1.1 工程管理系统应用情况综合统计（见表 C1-1）

表 C1-1 工程管理系统应用情况综合统计

	xx 工程	xx 工程	xx 工程	xx 筹建处	xx 项目
总数据量					
本 月	80 472	74 908	37 574	14 469	1823
年初至本月累计	655 304	503 593	253 160	153 220	19 823
年初至本月平均	54 609	41 966	21 097	12 768	1652
累 计	9 819 905	4 173 085	2 147 638	682 240	472 631
在线用户数					
本月累计数	912	535	478	225	62
本月日最大数	49	31	27	13	5
本月日平均数	29	17	15	7	2
系统访问次数					
本月累计数	2029	1481	1034	531	266
本月日最大数	97	75	49	26	14
本月日平均数	65	48	33	17	9
Web 查询系统访问次数					
本 月	暂缺	暂缺	暂缺	暂缺	暂缺
年初至本月累计	暂缺	暂缺	暂缺	暂缺	暂缺

注册用户数				
本月新增	9	57	10	6	1
总 数	1042	496	304	97	50

系统 12 月新增固定资产卡片 539 条。

系统 12 月新增签证单 3119 条，新增单元工程分解 1146 条。

C1.1.2　上线系统应用情况

（1）xx 工程计量签证管理系统（见图 C1-1）

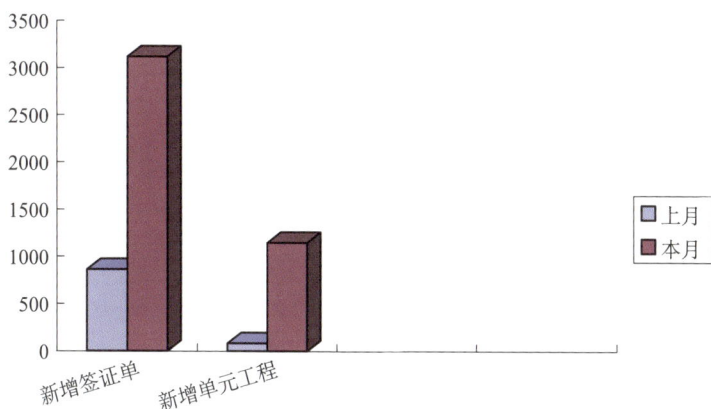

图 C1-1　xx 工程计量签证管理系统

（2）新增固定资产（见图 C1-2）

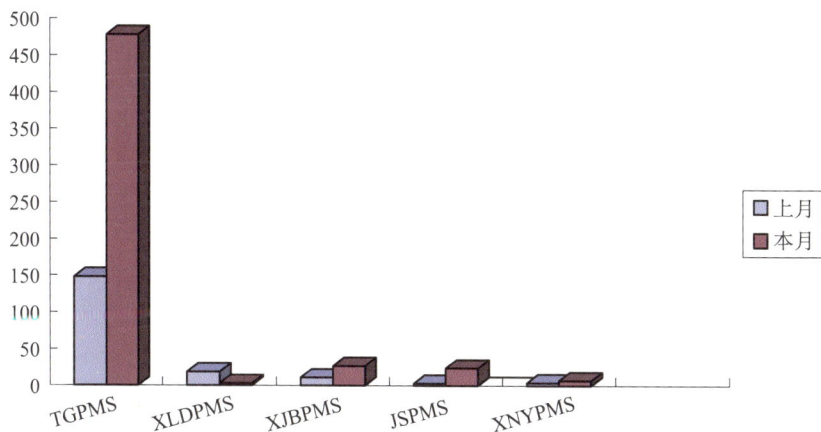

图 C1-2　新增固定资产

（3）本月应用大事记

信息化部门于 12 月 12 日至 26 日组织网络平台、系统、应用等方面的专业人员和技术骨干赴沐若项目现场进行信息化调研，与沐若项目建设部一起讨论了网络平台及系统建设方案，搭建了工程管理系统运行环境，并实施了工程管理系统的编码、岗位、成本、合同、财务等子系统。

C1.2　电力生产管理系统运行情况

C1.2.1　应用系统登录人次数统计表（见表 C1-2）

表 C1-2　应用系统登录人次数统计表

	本月总人次数	日平均人次数	日最大人次数	日最大在线人数
生产门户系统	22 037	711	1139	170
xx 区域	34 538	1328	2040	/
xxx 区域	37 256	1432	2214	/

C1.2.2　生产管理系统工单及材料申请统计表（见表 C1-3）

表 C1-3　生产管理系统工单及材料申请统计表

	工单			物料申请行			
	小计	检修	操作	小计	材料	工单材料	采购申请
xx 区域	2503	512	1991	2333	405	1323	605
xxx 区域	1013	302	711	2889	1055	1345	489

C1.2.3　登录生产门户系统人数统计（见表 C1-4）

表 C1-4　登录生产门户系统人数统计

总计	公司本部	xx 电厂	xxx 电厂	xx 检修厂	梯调中心	外单位
1265	219	264	255	420	91	16

C1.2.4　生产门户系统文档流程操作统计（见表 C1-5）

表 C1-5　生产门户系统文档流程操作统计

部门	文档送审	文档定稿	编辑下载	浏览下载	文件上传
生产单位本部	553	486	1744	10 677	591
电厂 1	7	4	46	3318	6
电厂 2		20	187	5185	4
xx 厂	5	31	279	9129	8
xx 单位	4	3	25	1926	4
协助单位		1		172	
合计	569	544	2282	30 407	613

C1.3　财务与人资管理信息系统运行情况

20xx 年 12 月，xx 公司财务及人力资源管理系统整体运行正常。

C1.3.1　用户情况

（1）现系统注册用户 4631 人，其中财务用户 245 人，人资系统用户 268 人，员工自助用户 4631 人。详见表 C1-6：

表 C1-6　系统注册用户情况

序号	公司名称	财务用户	eHR 用户	员工自助用户
1	公司本部	70	56	775
2	所属公司 1	39	51	238
3	所属公司 2	6	9	212
4	所属公司 3	13	11	327
5	所属公司 4	24	39	499
6	所属公司 5	22	32	996
7	所属公司 6	12	14	215
8	所属公司 7	26	20	1020
9	所属公司 8	17	11	56
10	所属公司 9	1	3	47
11	所属公司 10	5	7	64
12	所属公司 11	3	4	11
13	所属公司 12	0	1	98
14	所属公司 13	1	5	46
15	所属公司 14	6	5	27
合　计		245	268	4631

（2）截至目前，系统用户上线总人数 576 027 人次。其中，12 月份日平均上线 431 人次，日最高上线 896 人次。图 C1-3 为 20xx 年 12 月 NC 系统用户登录情况。

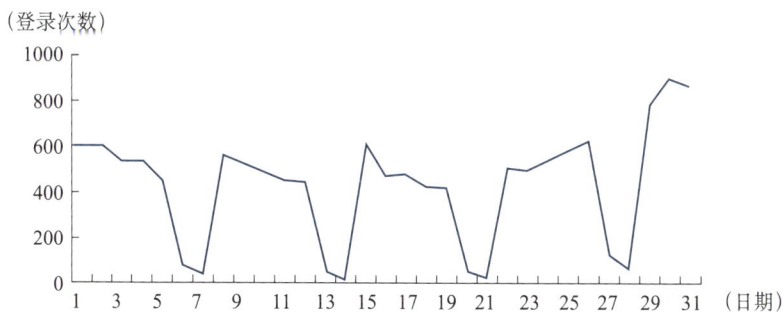

图 C1-3　20xx 年 12 月 NC 系统用户登录情况图

C1.3.2　业务信息量情况

（1）财务管理系统会计核算子系统截至 20xx 年 12 月 31 日，共生成凭证 787 965 条，分录 3 671 466 条。其中，20xx 年 12 月份共生成财务凭证 21 325 条，分录 88 127 条。图 C1-4 为 20xx 年 12 月 NC 财务凭证数据情况。

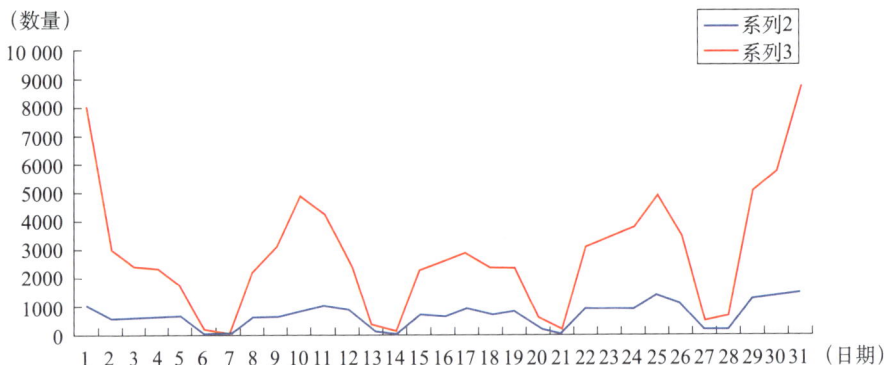

图 C1-4　20xx 年 12 月 NC 财务凭证数据图

（2）人力资源管理系统截至 20xx 年 12 月 31 日，员工信息管理统计集团公司现有员工 8783 人；薪酬管理到目前已累计发放薪资 386 757 人次；劳动合同管理统计集团公司现已签订劳动合同 8650 人。具体统计情况见图 C1-5、表 C1-7。

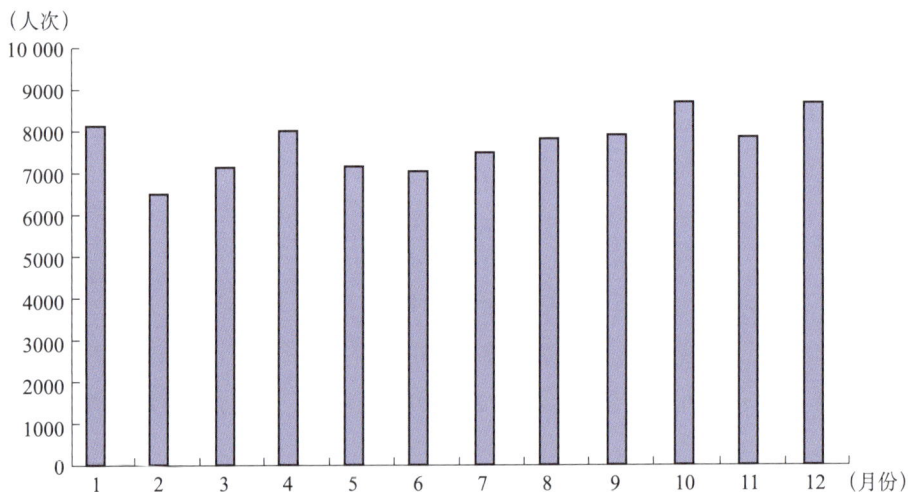

图 C1-5　集团公司 20xx 年 1-12 月薪资发放人次

表 C1-7　劳动合同签订情况统计表

序号	公司简称	签订情况		
		人数	签订人数	签订率（％）
1	公司本部	797	796	99.87
2	所属公司 1	391	382	97.70

序号	公司简称	签订情况		
		人数	签订人数	签订率（%）
3	所属公司2	1250	1246	99.68
4	所属公司3	675	636	94.22
5	所属公司4	12	12	100.00
6	所属公司5	69	67	97.10
7	所属公司6	1122	1062	94.65
8	所属公司7	1474	1474	100.00
9	所属公司8	131	130	99.24
10	所属公司9	2561	2545	99.38
11	所属公司10	48	45	93.75
12	所属公司11	52	52	100.00
13	所属公司12	65	65	100.00
14	所属公司13	72	71	98.61
15	所属公司14	72	67	93.06
合　计		8791	8650	98.40

C1.4　电子支付系统运行情况

C1.4.1　业务量统计表（见表C1-8）

表 C1-8　业务量统计表

当　月		日　均		当年累计	
笔数	金　额	笔数	金　额	笔数	金　额
11 005	10 411 879 340.11	478	452 690 406.09	64 863	90 303 342 560.74

C1.4.2　日受理业务量统计图（见图C1-6）

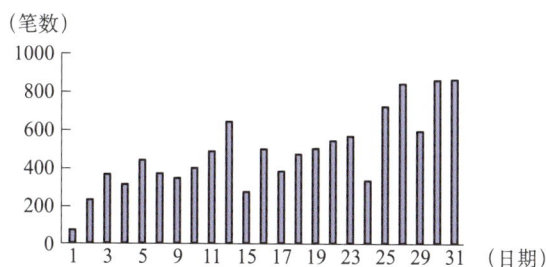

图 C1-6　日受理业务量统计图

C1.4.3　按业务类型分类业务量统计表（见表 C1–9）

表 C1–9　业务类型分类业务量统计表

	金 额（元）	笔 数（笔）
系统内转账	3 806 149 179.67	1007
同城转账	983 446 284.60	2899
异地电汇	5 573 110 845.83	2192
取现预约	3 087 406.30	143
转账支票预约	1 238 316.92	48
汇票签发	0.00	0
对个人单笔转账	22 600 288.17	4478
对个人批量转账	22 247 018.62	238
银行来账通知	1 507 625 358.12	1839

C1.4.4　系统运行故障情况（见表 C1–10）

表 C1–10　系统运行故障情况统计表

故障序号	故障开始时间	故障结束时间	故障持续时间	故障现象	故障原因及解决办法
1	20xx-12-24 08:00	20xx-12-24 14:00	6 小时	用户无法登录网上银行	PIX520 防火墙故障，后配置一台 Fortigate200A 防火墙替换上来，故障解决

C1.5　OA 应用数据统计

C1.5.1　系统登录情况

20xx 年 12 月平均日登录 4890 人次，12 月累计登录 112 476 次（见表 C1–11）。

表 C1–11　系统登录情况统计表

单位名称	注册人数	登录次数	平均登录次数
办公室	96	1549	16.14
xx 部门	33	1180	35.76
xx 部门	54	1462	27.07
xx 部门	38	582	15.32
xx 部门	27	1104	40.89
xx 部门	7	260	37.14

单位名称	注册人数	登录次数	平均登录次数
xx 部门	17	888	52.24
xx 部门	27	606	22.44
xx 部门	11	125	11.36
xx 部门	7	287	41.00
xx 部门	64	19 256	300.88
xx 部门	57	789	13.84
业务部门 1	28	151	5.39
业务部门 2	145	5252	36.22
业务部门 3	61	3177	52.08
所属公司 1	1917	6032	3.15
所属公司 2	50	1422	28.44
所属公司 3	47	1396	29.70
所属公司 4	139	3890	27.99
所属公司 5	179	3536	19.75
所属公司 6	19	520	27.37
所属公司 7	6	150	25.00
所属公司 8	78	625	8.01
所属公司 9	80	1002	12.53
所属公司 10	54	217	4.02
所属公司 11	462	3345	7.24
所属公司 12	270	7798	28.88
所属公司 13	591	6015	10.18
所属公司 14	57	2061	36.16
所属公司 1	412	28 649	69.54
所属公司 2	253	4462	17.64
所属公司 3	47	3252	69.19
所属公司 4	71	637	8.97
所属公司 5	12	298	24.83
所属公司 6	10	77	7.70
所属公司 7	477	424	0.89

C1.5.2　公文收发情况

20xx 年 12 月发文 381 篇，20xx 年累计发文 4382 篇（见表 C1-12 ）。

表 C1-12　公文收发情况统计表

部门	文档总数	公文流转	直接成文
所属公司 1	65	0	65
所属公司 2	1	1	0
所属公司 3	1	1	0
所属公司 4	8	8	0
所属公司 5	22	22	0
所属公司 6	2	2	0
所属公司 7	19	19	0
所属公司 8	12	1	11
所属公司 9	1	1	0
所属公司 10	33	33	0
所属公司 11	63	63	0
所属公司 12	7	7	0
所属公司 13	12	12	0
所属公司 14	1	1	0
管理部门 1	22	22	0
管理部门 2	23	23	0
管理部门 3	21	21	0
管理部门 4	61	61	0
管理部门 5	7	7	0

20xx 年 12 月收文 1406 篇，20xx 年累计收文 8159 篇（见表 C1-13）。

表 C1-13　公文收文情况统计表

部门	文档总数	公文流转
所属公司 1	655	655
所属公司 2	4	4
所属公司 3	45	45
所属公司 4	15	15
所属公司 5	43	43
所属公司 6	126	126
所属公司 7	9	9
所属公司 8	16	16
所属公司 9	3	3
所属公司 10	16	16

续表

部门	文档总数	公文流转
所属公司 11	3	3
所属公司 12	24	24
所属公司 13	3	3
所属公司 14	1	1
管理部门 1	16	16
管理部门 2	2	2
管理部门 3	14	14
管理部门 4	165	165
管理部门 5	5	5
管理部门 6	239	239
管理部门 7	2	2

公文出差错情况统计（归档后需要后台修改），见表 C1-14。

表 C1-14　公文出差错情况统计表

单位	差错次数	单位	差错次数
管理部门 1	1	业务部门 1	1
管理部门 2	1	业务部门 2	1
管理部门 3	1	业务部门 3	1
管理部门 4	1	业务部门 4	1

C1.5.3　信息发布情况

20xx 年 12 月信息发布 1604 篇，20xx 年累计发布 17 336 篇（见表 C1-15）。

表 C1-15　信息发布情况统计表

部门	发布总数
所属公司 1	6
所属公司 2	10
所属公司 3	4
所属公司 4	23
所属公司 5	19
所属公司 6	241
所属公司 7	5
所属公司 8	145

部门	发布总数
所属公司 9	3
所属公司 10	167
所属公司 11	292
所属公司 12	23
所属公司 13	4
所属公司 14	107
管理部门 1	25
管理部门 2	48
管理部门 3	156
管理部门 4	88
管理部门 5	24
管理部门 6	93
管理部门 7	84
管理部门 8	35
管理部门 9	2

信息发布出差错情况统计（后台报错）：无

C1.5.4 在线情况统计分析

20xx 年 12 月 OA 办公系统在线人数（20xx-12-1 至 20xx-12-31）统计，统计时间为每天上午 8：00—12：00，下午 14：30—18：00（双休除外）。

本月的平均在线人数为 287，本月中在线人数最高峰为 444 人（20xx-12-29 上午 10：24），本月中在线人数最低谷为 70 人（20xx-12-16 下午 3：49）。

在线人数的抽样统计情况（任选一天）见图 C1-7：

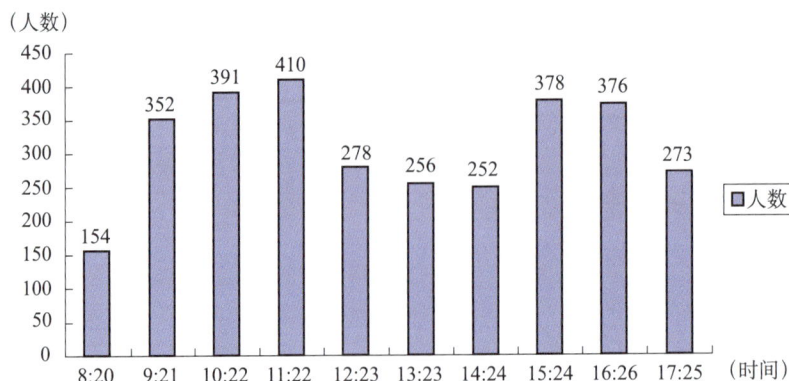

图 C1-7　20xx-12-2 日在线人数情况

C1.5.5 系统人员变动情况

20xx 年 12 月 OA 系统增加用户人数 23 人，邮箱注销用户人数 62 人。12 月 OA 总注册人数 5903 人，邮件系统总注册人数 7642 人。

C1.5.6 12 月份 OA 系统功能模块变动情况

①新增加主题网站：党群部门"企业歌曲试听投票"网页。

②新增加栏目：信息化专栏增加"机电安装工程知识库系统开发与应用项目"追踪栏目。业务部门增加栏目"溪洛渡大坝项目混凝土浇筑质量周报"，并在 OA 登录页面建立链接。

③新增加应用：实业公司 3 个签报流程。在测试环境中制作多能公司发文流程。

④新增加功能。

⑤系统运维情况：见 OA 系统每周快报。

C1.6 车辆管理系统运行情况

本年，车辆管理系统运行正常，无非计划停运时间。截至本年年底，共有 55 个车队（班）使用车辆管理系统，注册用户 5 个。

（1）本年，用户共录入数据 250 879 条，日均录入数据 685 条，最大日录入数据 2156 条。用户录入车辆管理系统的月记录分布见图 C1-8。

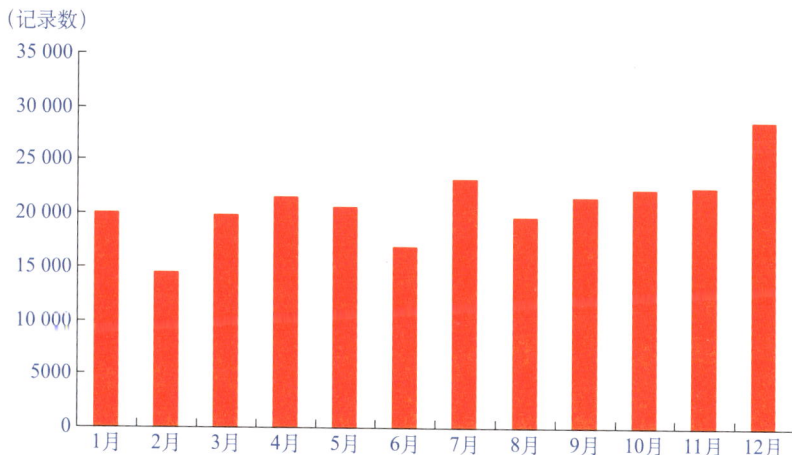

图 C1-8 用户录入车辆管理系统的月记录分布

（2）公司机关、工程建设部门、业务单位、所属公司车队（班）20xx 年录入记录情况统计见表 C1-16：

表 C1–16　车队录入记录情况统计表

车队（车班）	本年管理车辆数（台）	本年录入记录数（条）	车均记录数（条）	累计录入记录数（条）	备注
工程建设部 1	39	19 923	511	59 172	
工程建设部 2	32	16 231	507	41 685	
所属公司 1	9	4146	461	12 542	
所属公司 2	99	42 714	431	108 276	
所属公司 3	21	8564	408	22 791	
所属公司 4	35	13 373	382	64 068	
所属公司 5	21	7901	376	8528	
所属公司 6	172	37 004	215	95 116	含该公司下属单位的车辆
所属公司 7	3	627	209	1674	
所属公司 8	177	36 843	208	107 721	含该公司下属单位的车辆
所属公司 9	46	8369	182	32 634	
所属公司 10	80	14 093	176	35 805	含该公司下属单位的车辆
所属公司 11	65	9236	142	33 736	
所属公司 12	282	29 372	104	64 227	含该公司下属单位的车辆
所属公司 13	6	526	88	2112	
所属公司 14	13	1107	85	3595	
业务单位 1	1	47	47	47	
业务单位 2	17	673	40	5063	
业务单位 3	3	53	18	53	
业务单位 4	4	27	7	27	

C1.7　公司互联网站运行情况

6 月 15 日凌晨，公司互联网站中文版因数据库监听日志过大造成数据库无法正常访问，非计划停运时间 5 小时，其余时间运行正常，非正常停运时间占全年总时间的 0.057 %，比 20xx 年的非正常停运时间下降 0.017 个百分点（20xx 年非正常停运时间占全年总时间的 0.074%）。

（1）本年，公司互联网站中文版被访问 1 025 421 人次，日均访问 2 802 人次，最大日访问 5 191 人次，每人次平均访问 19 个页面，每人次平均访问 68 个文件。

公司互联网站中文版 20xx 年被访问的月人次分布见图 C1-9：

（访问人次）

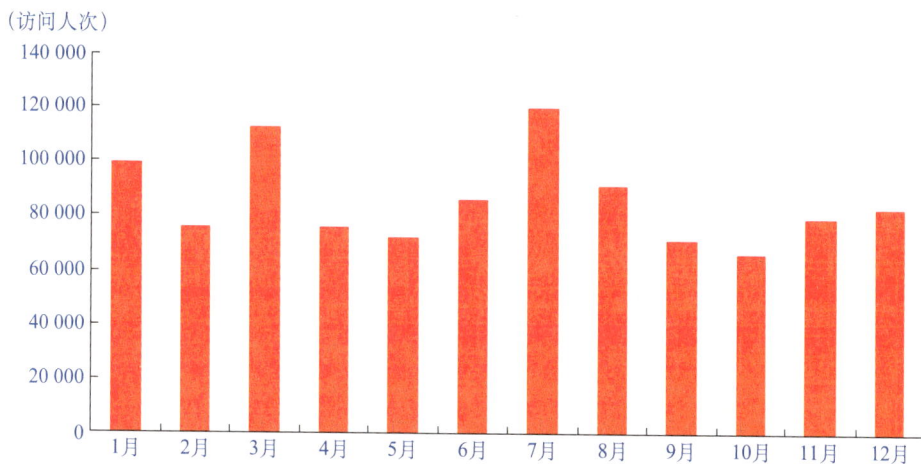

图 C1-9　公司互联网站中文版 20xx 年被访问的月人次分布图

（2）本年，公司互联网站英文版被访问 38 468 人次，日均访问 105 人次，最大日访问 562 人次，每人次平均访问 16 个页面，每人次平均访问 204 个文件。

公司互联网站英文版 20xx 年被访问的月人次分布见图 C1-10：

（访问人次）

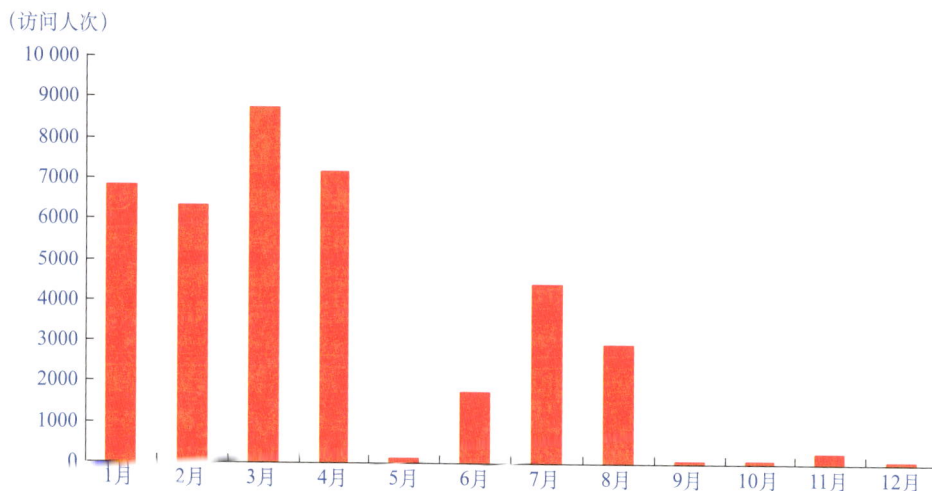

图 C1-10　公司互联网站英文版 20xx 年被访问的月人次分布图

C1.8　公司邮件系统运行情况

11 月份邮件系统运行正常，集团公司邮件用户共计 7680 人。本月新增用户 16 人。邮件磁盘占用空间 310GB。

C1.9　公司网上视频会议使用情况（见表 C1–17）

表 C1–17　公司网上视频会议使用情况

日期	时间	会议地点	会议名称	部门
20xx-12-28	09：00-11：45	向家坝工地	金沙江向家坝水电站工程截流合龙仪式现场直播	总经理工作部
20xx-12-17	14：30-18：45	2501 会议室	金沙江下游水电站 2009 年移民工作计划研讨会	移民管理局
20xx-12-16	15：40-17：45	三楼四会议室	传达 2008 年人力资源工作会议精神	人力资源部
20xx-12-16	08：40-11：05	三楼四会议室	总公司 2009 年校园招聘启动会	人力资源部
20xx-12-08	14：40-17：45	2501 会议室	总公司工程建设项目投资计划管理信息系统建设会	信息中心
20xx-12-05	14：40-17：05	三楼四会议室	公司总体信息规划会议	信息中心
20xx-12-04	08：40-11：45	三楼四会议室	人力资源部会议	人力资源部
20xx-12-03	14：00-17：55	三楼三会议室	中央企业财务快报报送工作视频会议	国资委统计评价局

C1.10　公司网络运行情况

12 月，公司网络运行正常，内部网络主要接入点未发生网络中断。从网络资源利用率看，主干设备之间、宜昌地区前后方之间链路的平均利用率较高，有大量的数据交换。

12 月，完成公司宜昌地区部分汇聚层、用户交换机的更新扩容工作。

12 月，完成公司宜昌地区部分光纤接入实施的更新改造工作。

12 月，完成溪洛渡防火墙系统和互联网用户管理系统的部署上线。

C1.11　公司 Internet 接入情况

20xx 年 12 月 1 日至 31 日，公司企业网 Internet 出口运行正常，最大平均在线用户数为 1379 人，最大平均速率为 1059.3Kb/s，最大平均下行流量为 1998.8Mb/30min，最大平均上行流量为 10 273.1M/30min。由于下属企业用户注册数量不断增加，目前 Internet 出口利用率逐步上升，Internet 账号总用户数已达 7103 人，本月新增用户账号 53 人，注销 0 人。目前，总公司网络防火墙只开放了 HTTP、FTP、HTTPS、SMTP、POP3 等服务，在账号管理系统中对部门可使用最大带宽、用户个人可使用最大带宽作了相应的限制，优先保证邮件系统和总公司网站的带宽。

公司企业网平均在线用户分布见图 C1-11 所示，平均上行流量变化见图 C1-12 所示，平均下行流量变化见图 C1-13 所示，平均速率变化见图 C1-14 所示。

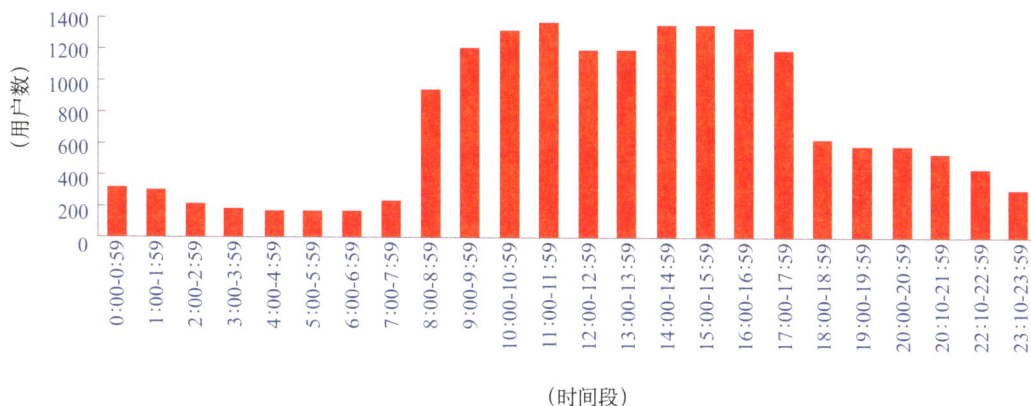

图 C1-11　平均在线用户分布（20xx 年 12 月 01 日至 20xx 年 12 月 31 日）

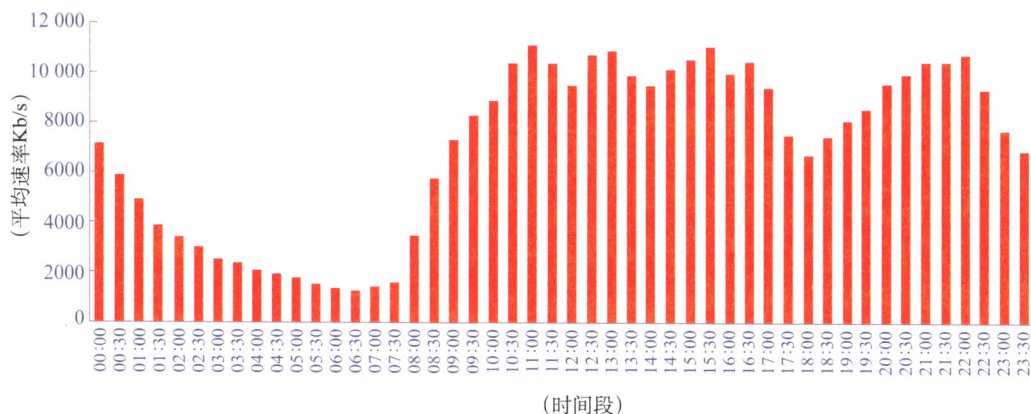

图 C1-12　平均上行流量变化（20xx 年 12 月 01 日至 20xx 年 12 月 31 日）

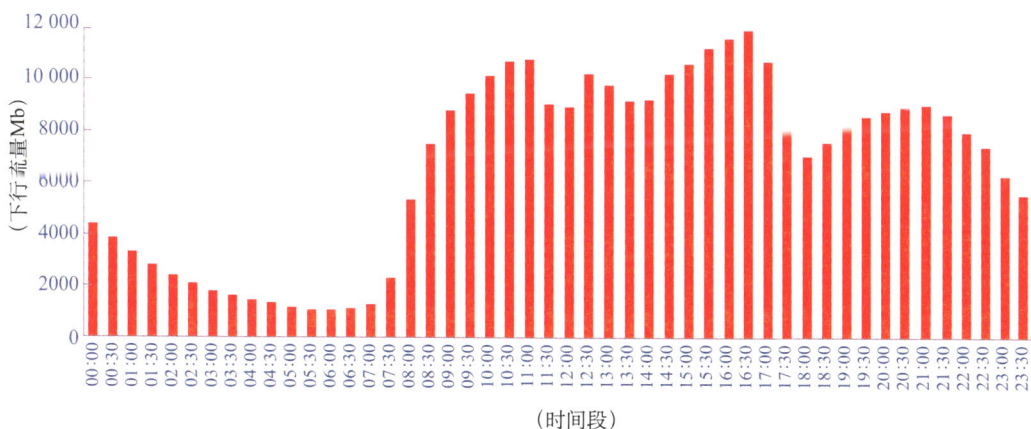

图 C1-13　平均下行流量变化（20xx 年 12 月 01 日至 20xx 年 12 月 31 日）

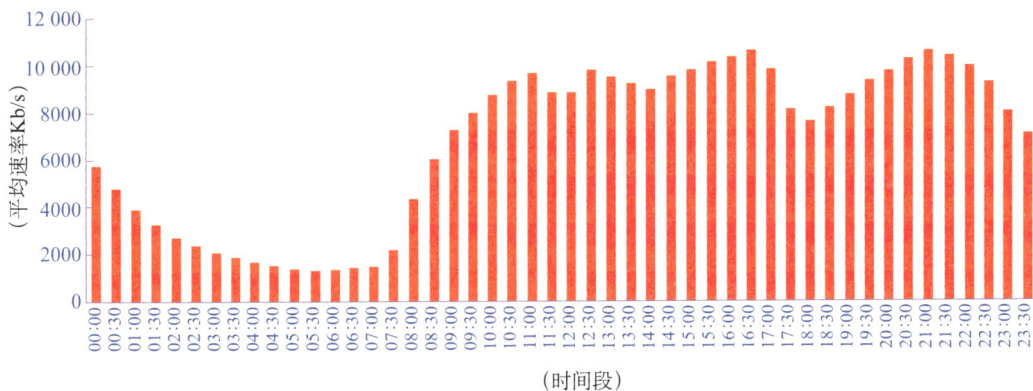

图 C1-14　平均速率变化（20xx 年 12 月 01 日至 20xx 年 12 月 31 日）

C1.12　公司服务器运行情况

12 月主机系统运行正常。DS6800 集中存储系统运行正常。TSM 备份系统运行正常。磁带异地存放工作正常。

C1.13　公司计算机病毒防治情况

20xx 年 12 月 1 日至 2008 年 12 月 31 日，MCAFEE 运行正常，已安装用户为 4177 个，日平均在线为 3012 人，各查询报表运行正常，最新 DAT 版本：5483.0000，更新 360 安全卫士，Windows 清理助手。

12 月份网关入侵检测功能总发现并阻截攻击 472 661 次。防病毒功能共拦截病毒 1 356 816 次。防垃圾邮件功能共阻拦垃圾邮件 170 061 封。

C1.14　数据库运行情况

本年，各系统的数据库运行基本正常。

C1.15　信息系统服务热线运行情况

服务热线 20xx 年 12 月份运行情况综合统计见表 C1-18：

表 C1-18　服务热线 20xx 年 12 月份运行情况综合统计表

系统	处室						合计
	系统处	应用处	开发处	项目组	规划处	其他部门	
OA 系统	9	0	0	0	0	0	9

系统	处室						合计
	系统处	应用处	开发处	项目组	规划处	其他部门	
网络应用管理	8	0	0	0	0	0	8
电脑桌面系统维护	76	0	0	0	0	0	76
合　计	93	0	0	0	0	0	93

注：其他部门服务人员包括服务热线员、通信及楼宇处。

20xx 年 12 月份服务热线求助各系统问题见图 C1-15 所示。

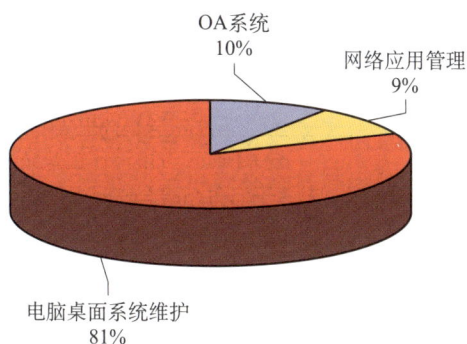

图 C1-15　20xx 年 12 月份服务热线求助各系统问题图示

20xx 年 12 月份服务热线解决问题走势见图 C1-16 所示。

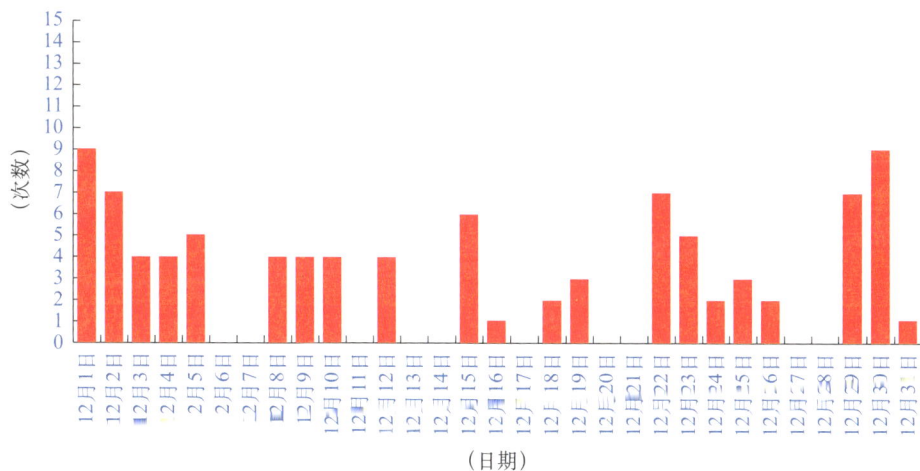

图 C1-16　20xx 年 12 月份服务热线解决问题走势图

本月电脑桌面系统故障维护仍是主要工作，如果有网络时断时续现象，请注意杀毒。

附录 D
数据稽核报告（示例）

D1　xx 公司 20xx 年
第三季度信息系统数据稽核报告

截至 20xx 年 9 月 30 日，对工程管理系统、固定资产实物管理系统、电力生产及生产门户系统、集团公司财务管理系统、人力资源管理系统、电子支付系统、办公系统、车辆管理系统进行了数据稽核。主要针对各信息系统数据的准确性、及时性、规范性、完整性、一致性进行稽核。通过稽核，发现了一些问题，现将各信息系统的稽核情况报告如下：

D1.1　工程管理系统

D1.1.1　三峡工程

（1）稽核对象、范围

主要针对本季度录入系统的数据，重点为：

1）合同及合同变更是否按规定及时录入系统；

2）承诺方式为"A"的合同项的数量和金额是否按要求正确录入；

3）合同生效日期、合同签订日期、合同终止日期、合同提交日期和保留金返还日期是否符合逻辑；

4）往来账的正确性；

5）设备接收与发放的正确性；

6）物资计划执行情况。

（2）稽核标准及稽核方法

稽核标准及方法如下：

1）合同及合同变更是否按规定及时录入系统。

①后台脚本查询本季度录入系统的合同的录入日期是否在合同签订日期之后 7 日之内。

②后台脚本查询本季度录入系统的合同变更的录入日期是否在合同变更日期之后 2 日之内。

2）后台脚本查询本季度录入系统的承诺方式为"A"的合同项的数量和金额，在计量单位不为"LOT"时是否数量和金额为零、单价不为零，在计量单位为"LOT"时是否数量为"1"单价和金额为零。

3）后台脚本查询本季度录入系统的合同终止日期是否在合同生效日期之后，合同提交日期是否在合同签订日期之后，保留金返还日期是否在合同生效日期之后，合同签订日期是否在合同录入日期之前，合同的终止日期和合同签订日期之间的跨度是否合理，合同签订日期是否在工程开工之后。

4）后台查询本季度的往来账中累计发生额是否等于相关凭证分录的发生额之和，期初余额＋借方累计发生额－贷方累计发生额是否等于期末余额，本期期初余额是否等于上期期末余额。

5）同一设备是否多次接收、同一设备是否多次发放。

①后台查询本季度的所有设备接收的同一设备编码是否存在 2 条以上的记录；

②后台查询本季度的所有设备发放的同一设备编码是否存在 2 条以上的记录；

③后台查询本季度的所有设备验收单中的设备数量和设备接收中的设备记录条数是否一致；

④后台查询本季度的所有设备调拨单中的设备数量和设备发放中的设备记录条数是否一致。

6）后台查询领用物资量是否大于物资需求计划量。

（3）本次稽核总体结论

（4）本次稽核整改建议

1）加强系统操作人员的责任意识，及时录入数据，减少人为错误的发生。

2）加强业务人员的责任意识，及时地传递业务信息给操作人员。

3）加强系统操作人员对合同项承诺方式的理解，正确使用合同项的承诺方式。

D1.1.2　溪洛渡工程

■ 计量签证

（1）稽核说明

本次计量签证涉及应用项目包括：溪洛渡地下电站工程、向溪建设部等相关项目。

20xx 年第 3 季度期间，在 XLDPMS 系统中发生签证结算的共计 7 个合同项目。

1）溪洛渡水电站地下电站工程等项目

LB081104019 金沙江溪洛渡水电站 2 号交通洞安全度汛补充设施工程合同

2）向溪建设部工程等项目

LA090304001 金沙江溪洛渡水电站 3 号、4 号导流洞出口封堵及下游右岸岸坡与雾化边坡零星整治工程施工项目合同

LB081105003 金沙江溪洛渡水电站下游新增取水泵站建安工程合同

LB010201012 溪洛渡水电站 2017 年汛后水垫塘及二道坝廊道内处理项目合同

LB081104022 溪洛渡水电站 1～6 号尾水平台裂缝处理工程合同

LB010201011 金沙江溪洛渡水电站 2017 年汛后水垫塘内处理项目合同

LE030000014 金沙江溪洛渡水电站左、右岸尾调室新增 2×2500kN 台式启闭机安装合同

3）稽核方法说明

本次稽核采用方法：不同的项目采用不同的稽核标准；

稽核地下厂房项目和向溪建设部项目严格按照签证系统的标准，稽核数据在系统中签证的时间和结算的时间是否一致等，在系统中的数据和计算书的一致性等方面的内容。

（2）本次稽核总体结论

1）地下电站工程

①在本季度的三个月中，7 月份：合同 LB081104019 有 165 个单元分两次签证；结算 5 个，未结算 160 个；8 月份：合同 LB081104019 有 5 个单元签证并结算。

②本季度内结算的所有单元都是在本月内集中上报签证，并及时结算，结算思路和流程较为清晰。

结论：从计算书到签证到结算的流程十分清晰，签证基本上为月底集中签证，所有签证单元通过 P3147 程序的校验。

2）向溪建设部工程

①在本季度的三个月中，7 月份：合同 LA090304001 有 79 个单元分两次签证并结算，合同 LB081105003 有 25 个单元签证并结算，合同 LE030000014 有 1 个单元签证未结算；8 月份：合同 LB010201012 有 2 个单元签证并结算；9 月份：合同 LA090304001 有 106 个单元分两次签证并结算，合同 LB081104022 有 6 个单元签证并结算，合同 LB010201011 有 106 个单元签证并结算。

②本季度内结算的所有单元都是在本月内集中上报签证，并及时结算，结算思路和流程较为清晰。

结论：从计算书到签证到结算的流程十分清晰，签证基本上为月底集中签证，所有

签证单元通过 P3147 程序的校验。

■ 物资核销

（1）稽核说明

此季度以合同 LB081104019 作为物资核销的稽核对象。

（2）稽核方法说明

通过系统打印 RQ047 物资核销查询报表，对比稽核时期内合同各统购物资调拨量和应耗量，从中找出问题，发现物资管理工作上存在的漏洞，然后找相关单位说明原因并改进。

（3）本次稽核总体结论

1）施工单位物资管理的现状一般是一个单位只有一个仓库，所有合同项目的物资都在同一个仓库中存放，目前的现状是物资管理仍然不规范，导致在施工过程中存在物资窜项使用的情况，这样单个合同下的物资调拨量跟应耗量出现很大偏差，这种现象由于施工条件限制暂时难以解决。

2）施工单位在同时承建几个合同项目的情况下，由于各种原因，部分工程项目存在漏项，新增或物资单耗调整，而各项变更的审核、批复需要一段时间，这会影响合同工程量和实际应耗量的统计。

3）由于单耗是按合同签订时的定额消耗清单来申报的，后期施工过程中由于各种原因，往往实际物资的单耗跟申报单耗不一致，差异较大，导致根据申报单耗来计算的应耗量不符合物资实际消耗情况，而施工单位又无法抽出专人来重新稽查并确定新的单耗，所以系统中只能继续使用原先不准确的单耗数据。

4）施工单位在施工中存在本月领料，但是下月施工，或者本月未领料，先用别的项目物资借调使用，下月再领料填补的现象，导致本月调拨量和应耗量差异很大，这种情况不属于系统问题，一般只要施工单位能说明原因即可。

5）还有出现人为录入调拨数据错误或者上期结算超前，导致本期要在系统中录入负的调拨量或者结算工程量进行对冲的情况，也可能导致调拨量跟应耗量差别很大，或者应耗量为负数的情况，本期就出现了很多合同下物资应耗量为负数的情况，就是因为结算工程量为负数。

（4）本次稽核整改建议

1）针对物资窜项使用的情况，溪洛渡物资部领导已经采取了一定的措施，特别是派专人每月调查统计各施工单位的合同物资库存量，这就要求施工单位必须对每个合同的物资进库及出库进行严格控制，一定程度上解决了窜项使用的问题，但想完全解决目前还难以实现。

2）施工单位、监理和业主需要共同努力和配合，对于漏项、新增和物资单耗调整的情况，各单位应该加快工作进度，尽快在系统中将漏项、新增项审核后录入到系统中，单耗调整可以通过系统中变更单耗挂接来实现，只要数据能及时录入，就不会影响到物资核销的数据统计。

3）各单位人员包括业主物资部人员，也要对单耗数据及调拨量数据的录入保持严谨仔细的工作态度，尽量避免数据错误，另外，如果实际施工过程中单耗发生了变化，应该让施工单位重新申报单耗。

D1.1.3 向家坝工程

■ 计量签证

（1）稽核说明

根据稽核重点系统的原则，本次工程计量签证系统涉及应用项目包括：

灌区工程北总干渠首部取水隧洞项目

合同代码：JF030000005；施工单位：某施工集团 1；监理单位：三峡某监理部 1；业主项目部：某工程建设部公共项目部 1。

（2）稽核方法说明

本次稽核采用以下几种方法：

1）监理单位提供本季度录入的《单元设计工程量计算书》，对计算书规范性进行稽核，具体稽核指标见表 D1-1：

表 D1-1　单元工程量计算书稽核指标

计算书名称	是否一张图纸一份计算书	有否录入图号	计算书是否有汇总表	计算书是否一次性全部录入	单元工程 BOQ 录入总量结果与计算书汇总量是否匹配	补充计算书汇总表是否完整	备注
	是/否	是/否	是/否	是/否	百分比	是/否/无	

计算书数据稽核指标说明：

①是否一张图纸一份计算书：即一张图纸所有项目原则上一次计算完毕，如果有后续补充计算，应该在封面列出补充计算书名称及编码；

②有否录入图号：封面是否明示本计算书录入系统的图号；

③计算书是否有汇总表：即图纸的项目及工程量汇总表；

④计算书是否一次性全部录入：计算书中单元工程量分解表是否全部录入系统；

⑤RC070 运行结果与汇总表是否匹配：以封面录入图号运行 RC070 的结果与计算书汇总表各项目的工程量比较的吻合率。

补充计算书汇总表是否完整：补充计算书汇总报是否包括前计算书的汇总表。（无表示不存在补充计算书）。

2）承包单位提供本季度纸质签证单，我们通过比对纸质签证单与系统录入（D3142/D3143 数据）的数据，观察录入签证单是否与纸质签证单相符；系统录入时间与业务发生时间稽核采用后台导出 D3150/D3143/D3142 的插入和修改时间，并与纸质签证单签字时间一起做综合比对，判断录入时间是否合理，其系统录入数据和实际签证的及时性，得出其是否集中签证和集中录入，以及图纸量的录入时间是否是事前录入；

3）查询 D8502 桩号、高程等单元位置信息，并与单元设计工程量计算书比对，看其是否认真准确定义了单元工程的基本信息。

（3）本次稽核总体结论

本季度计量签证系统检查发现单元工程定义（D8502）正确；签证单录入正确，但存在设计量计算书录入不完整和不及时的情况。

（4）本次稽核整改建议

由于工程接近尾声，签证数据量不大，签证系统应用整体情况都比较好。

■ **物资管理扩展功能**

（1）稽核说明

物资管理扩展功能是在原三峡工程管理系统物资管理的基础上进行的功能扩展。该系统功能的数据稽核，重点在新功能是否正确及时规范地应用。

（2）稽核方法说明

本次稽核采用以下方法：

①随机抽查 20 张交验单，看其是否准确及时录入系统；

②抽查某一单位某月的需求计划，看其是否准确及时录入系统；

③抽查主要类别物资各抽取两份采购计划及补充采购计划，看其是否准确及时录入系统；

④查询 D7012O，是否每月都有供应商生产情况及异常情况的录入；

⑤统计混凝土生产计划以及混凝土生产及材料消耗记录数，看其是否在不间断应用系统。

（3）本次稽核总体结论

通过本次稽核，发现以上稽核点数据都符合要求，物资管理扩展功能使用情况很好。

（4）本次稽核整改建议

无。

D1.1.4　成都地区

（1）稽核说明

根据稽核重点系统的原则，本次稽核对象为常规合同管理和财务管理子系统的日常维护情况，涉及内容及应用项目包括：JSPMS 系统合同管理涉及内容为 20xx 年第三季度新增合同、投资完成情况以及财务支付等数据稽核。

（2）稽核方法说明

本次稽核采用以下方法：

①分月汇总 JSPMS 系统第三季度新增合同数量，核查其数据录入的及时性；

②分月汇总 JSPMS 系统第三季度支付单数量及成本发生量，核查支付单批准的及时性。

（3）本次稽核总体结论

JSPMS 系统本季度未录入新合同，本季度中共有 7 个支付单信息录入，4 个已作废，3 个已批准支付单均为胶平渡大桥相关费用，且已批准支付单均未做凭证。本季度所做凭证均为调账或者退还质保金。

D1.1.5　白鹤滩工程建设部

（1）稽核说明

本次数据稽核对象包括：白鹤滩工程管理系统合同、财务、计量签证、物资管理子系统；时间范围为：20xx 年 7 月 1 日至 20xx 年 9 月 30 日。

1）BHTPMS 合同子系统

本次数据稽核主要针对 20xx 年第三季度录入的合同。

2）BHTPMS 财务子系统

本次数据稽核主要针对截至 20xx 年第三季度录入的支付单及凭证。稽核内容包括①过期未批准的支付单；②未在财务处理的支付单；③金额与财务支付不符的支付单。

3）BHTPMS 计量签证子系统

本次数据稽核主要针对 20xx 年第三季度录入的左右岸边坡、地下厂房工程、大坝土建及金属结构安装工程的签证单。

4）BHTPMS 物资管理子系统

本次数据稽核主要针对 20xx 年第三季度录入的物资需求计划、物资交验单、物资验收单、物资调拨单，以及截至本季度末录入的单耗和挂接单耗的 BOQ 项。

（2）稽核方法

1）BHTPMS 合同子系统

2）BHTPMS 财务子系统

财务子系统稽核采用系统自动稽核，即通过白鹤滩工程管理系统—财务管理—数据稽核导出数据。

3）BHTPMS 计量签证子系统

通过比对单元设计工程量计算书与系统 D8502 中的桩号、高程等单元位置信息，稽核数据录入的准确性。

4）BHTPMS 物资管理子系统

通过物资需求计划、物资交验单的录入时间、录入单耗以及单耗与 BOQ 挂接情况，稽核数据录入的及时性；通过比对物资交验单、验收单、调拨单的基本信息，稽核数据录入的完整性。

（3）稽核结果

1）BHTPMS 合同子系统

20xx 年第三季度录入合同 13 个，其中 2 个合同是在合同签订 7 天之后录入系统的，新录入合同的开户行和账号均填写完整。

2）BHTPMS 财务子系统

截至 20xx 年第三季度末：①未批准的支付单 24 个，其中白鹤滩建设部 22 个，移民局 1 个，集团公司总部 1 个，其中，过期三个月未批准的支付单共 16 个；②已批准三个月但未在财务处理的支付单 70 个，其中，白鹤滩建设部 50 个，集团公司总部 18 个，建管公司 2 个；③金额与财务支出不符的支付单 20 个，其中，白鹤滩建设部 17 个，机电公司 2 个，建管公司 1 个。

20xx 年第三季度录入支付单 491 个，凭证 303 个（不包括上季度的支付单凭证）。其中：未批准的支付单 8 个（白鹤滩建设部 7 个，移民局 1 个）；金额与财务支出不符的支付单 0 个。

3）BHTPMS 计量签证子系统

20xx 年第三季度录入签证单 4199 个，涉及项目合同 12 个，本季度主要对左右岸边坡、地下厂房项目、大坝土建及金属结构安装工程进行稽核。

①延吉沟边坡治理工程（BB0101010001）

a.本季度未新增单元工程。

b.本季度未新增签证单。

c.计算书规范，均有计算书编号、对应的蓝图的图名、图号，计算及时、逻辑清晰，能比较方便清晰录入至系统。

②下红岩边坡治理工程（BB0101010002）

a.本季度未新增单元工程。

b.本季度未新增签证单。

c.计算书规范，均有计算书编号、对应的蓝图的图名、图号，计算及时、逻辑清晰，能比较方便清晰录入至系统。

③左岸引水发电系统土建及金属结构安装工程（BB0401000001）

a.本季度新增 18 个分项工程，830 个单元工程，全部按照要求录入桩号、高程等信息。

b.本季度共录入签证单 960 个。

c.计算书规范，均有计算书编号、对应的蓝图的图名、图号，计算及时、逻辑清晰，能比较方便清晰录入至系统。

④右岸引水发电系统土建及金属结构安装工程（BB0402000002）

a.本季度新增 15 个分项工程，1632 个单元工程，全部按照要求录入桩号、高程等信息。

b.本季度共录入签证单 896 个。

c.计算书规范，均有计算书编号、对应的蓝图的图名、图号，计算及时、逻辑清晰，能比较方便清晰录入至系统。

⑤大坝土建及金属结构安装工程Ⅰ标段（BB0101010006）

a.本季度新增 1 个分部工程，2 个分项工程，112 个单元工程，全部按照要求录入桩号高程等信息。

b.本季度共录入签证单 163 个。

c.计算书规范，均有计算书编号、对应的蓝图的图名、图号，计算及时、逻辑清晰，能比较方便清晰录入至系统。

⑥大坝土建及金属结构安装工程Ⅱ标段（BB0101010007）

a.本季度新增 1 个分部工程，5 个分项工程，726 个单元工程，有 58 个单元工程未按照要求录入桩号高程等信息。

b.本季度共录入签证单 444 个。

c.计算书规范，均有计算书编号、对应的蓝图的图名、图号，计算及时、逻辑清晰，能比较方便清晰录入至系统。

⑦大坝土建及金属结构安装工程Ⅲ标段（BB0101010008）

a.本季度未新增单元工程。

b.本季度为录入签证单。

4）BHTPMS 物资管理子系统

本季度共录入物资需求计划 48 项，所有需求计划的修订日期均未超过需求计划月的 10 号；本季度共录入交验单 11 069 张，物资校验 3 天后录入系统的交验单有 9 张，其中 2 张未在备注中说明延迟录入原因。

本季度共录入物资验收单 280 张，所有验收单均按照规范要求录入系统；本季度共录入物资调拨单 804 张，其中，有 1 张调拨单的实发数量为负数且调拨情况为空；本季度共录入物资交验单 11 069 张，所有调拨单均按照规范要求录入系统。

D1.1.6　乌东德工程建设部

（1）稽核说明

本次数据稽核所针对的数据包括：WDDPMS 基础编码、合同、财务、物资、计量签证和建筑市场子系统；本次数据稽核所针对的数据的时间范围为 20xx 年 7 月 1 日 20xx 年 9 月 30 日。

（2）稽核方法

1）WDDPMS 合同子系统

本次稽核采用以下几种方法：

①合同及合同变更是否按规定及时录入系统。后台脚本查询本季度录入系统的合同的录入日期是否在合同签订日期之后 7 日之内。后台脚本查询本季度录入系统的合同变更的录入日期是否在合同变更日期之后 2 日之内。

②使用乌东德工程综合查询系统合同管理模块下面的数据稽核功能，对本季度支付单金额与财务支出金额是否一致。

③查询 D4001 本季度所有已批准合同，看其是否填写开户行、账号，以此判断数据的完整性。同时对屏幕 D4001 合同类型为建安合同的完整性进行统计，保留金比例、返还日期不为空。

2）WDDPMS 财务子系统

查看支付单号为“TZ”的会计凭证其描述是否准确；并统计支付单及凭证的后台修改记录。

3）WDDPMS 物资子系统

本次稽核采用以下几种方法：

①当验收单状态为 P（已生成成本）时，在 D3141O 中是否存在未挂接支付单的情况。

②物资调拨是否存在超期调拨与超计划调拨。

③合同登录、合同变更、合同支付、物资验收、物资调拨信息是否准确，有无后台修改、记录。

4）WDDPMS 计量签证子系统

本次稽核采用以下几种方法：

① D8502 单元工程定义信息是否录入完整。

②单元工程设计量录入的正确性。

③签证单录入的正确性。

5）WDDPMS 建筑市场管理子系统

①数据准确性：随机抽查分包单位资质文档（营业执照、法人证明、资质证书）与系统录入数据进行比对，样本数为 5，不足 5 者取其最大可获取数。

②数据完整性：

a. 合同分包准入分包类型、分包部位及五大员信息录入完整性。

b. 人员登记姓名、身份证、性别、民族、学历、手机号码、照片、是否签订劳动合同、岗位 / 工种信息录入完整性。

c. 工资发放是否银行代发信息录入完整性。

d. 人员培训的培训内容、培训分类信息录入完整性。

e. 人员体检名称、体检类型信息录入完整性

f. 人员食宿宿舍、房间号信息录入完整性。

③数据及时性：人员登记、人员退场、工资发放、人员培训人员体检、人员食宿、用品发放、人员体检等信息要求在相关业务工作完成之后 30 天内录入系统

（3）本次稽核总体结论

1）WDDPMS 合同子系统

①本季度录入系统的合同共有 29 个，有 19 个合同没有在合同签订之后 7 天内录入系统，具体情况见附件。

②本季度合同变更 93 个，有 1 个变更未在合同变更后 2 天内录入系统，具体情况见附件。

③本季度录入系统的合同共有 29 个，所有合同均录入开户行、账号信息；建安类合同 2 个，均录入了保留金比例、返还日期。

④本季度有 0 条后台修改记录。

2）WDDPMS 财务子系统

本季度录入系统的会计凭证 496 个，支付单号为"TZ"的会计凭证 1 个，录入正确无误。

本季度无支付单金额与财务支出金额不一样的数据有 3 个，具体情况见附件。

3）WDDPMS 物资子系统

①本季度共生成验收单 401 个。接收状态为 P 的验收单 247 个，其中状态为 P 的验收单有 2 个未挂接支付单。

②本季度共生成调拨单 695 项，全部未超过计划量。

4）WDDPMS 计量签证子系统

①本季度共录入 1282 条单元编码，全部录入完整。

②本季度共录入 5714 条单元工程设计计量信息，全部录入正确。

③本季度共录入 2688 条签证单，未批准签证单 8 条，已批准未结算签证单 2 条，已结算及已部分结算签证单共 2678 条。

④本季度无后台修改记录。

5）WDDPMS 建筑市场管理子系统

①数据正确性

截至 20xx 年三季度末，共录入 168 个分包准入审批，其中已批准 143 个（含已进场 56 个），已退场 87 个，待批准 0 个，已作废 25 个；本季度共录入 3 个分包准入审批，其中已批准 2 个，待批准 0 个，已作废 1 个，分包单位资质文档均已按要求上传。

②数据完整性

a. 本季度共录入 3 个分包准入信息，有 2 个单位未录入五大员信息。

b. 本季度共录入 2530 个人员基本信息，其中有 2517 人未录入照片信息，47 人未录入民族信息，88 人未录入学历信息，467 人未录入手机号码，24 人未录入是否签订劳动合同信息，2420 人未录入岗位信息，452 人未录入工种信息。

c. 本季度共录入 104 条工资发放信息，全部录入完整。

d. 本季度共录入 242 条培训信息，培训 7909 人次，培训内容与培训分类信息录入完整。

e. 本季度共录入人员体检信息 36 条，1905 人次，体检名称与体检类型信息录入完整。

f. 本季度共录入 2530 个人员基本信息，未录入食宿信息。

g. 本季度共录入人员用品发放 24 条，1300 人次。

③数据及时性

a. 本季度共录入 2530 个人员进场信息，其中 1834 个未在一个月内进行录入。

b. 本季度共录入 1795 个人员退场信息，其中 1515 个未在一个月内进行录入。

c. 本季度共录入 104 条工资发放信息，其中 104 条未在一个月内进行录入。

d. 本季度共录入 242 条培训信息、7909 人次，226 条培训信息、7684 人次未在一个月内进行录入。

e. 本季度共录入人员体检信息 36 条、1905 人次，36 条人员体检信息、1905 人次未在一个月内进行录入。

f. 本季度共录入人员食宿信息 0 条。

g. 本季度共录入人员用品发放信息 24 条、1300 人次，24 条用品发放信息、1300 人次未在一个月内进行录入。

h. 本季度无人员保险信息录入。

D1.1.7　新能源项目

（1）稽核对象、范围

本季度数据稽核工作主要针对本季度录入系统的数据，重点为：

①合同是否按规定及时录入系统。

②合同变更是否按规定及时录入系统。

③承诺方式为"A"的合同项的数量和金额是否按要求正确录入。

④合同生效日期、合同签订日期、合同终止日期、合同提交日期和保留金返还日期是否符合逻辑。

⑤支付单中承包商申请金额、监理审核金额和业主审批金额三者之间的关系是否符

合逻辑。

⑥已批准的支付单是否都做了凭证。

⑦凭证所关联的支付单是否准确。

（2）稽核标准及稽核方法

稽核标准及方法如下：

①台脚本查询本季度录入系统的合同的录入日期是否在合同签订日期之后 7 日之内。

②后台脚本查询本季度录入系统的合同变更的录入日期是否在合同变更日期之后 2 日之内。

③后台脚本查询本季度录入系统的承诺方式为"A"的合同项的数量和金额，在计量单位不为"LOT"时是否数量和金额为零、单价不为零；在计量单位为"LOT"时是否数量为"1"，单价和金额为零。

④后台脚本查询本季度录入系统的合同终止日期是否在合同生效日期之后，合同提交日期是否在合同签订日期之后，保留金返还日期是否在合同生效日期之后，合同签订日期是否在合同录入日期之前，合同的终止日期和合同签订日期之间的跨度是否合理，合同签订日期是否在工程开工之后。

⑤后台脚本查询本季度录入的且有承包商申请金额的支付单，其中承包商申请金额是否大于等于监理审核金额，监理审核金额是否大于等于业主审批金额。

⑥后台脚本查询本季度已批准的支付单是否在凭证中存在。

⑦后台脚本查询本季度录入系统的凭证所关联的支付单的金额是否与凭证中关联该支付单的所有凭证分录金额之和一致，且该支付单状态为批准。

（3）本次稽核总体结论。

信息系统考评分析报告与信息化考评反馈报告（示例）

xx 公司 20xx 年各信息系统考核评价

分析报告汇编

xx 公司网络安全与信息化领导小组办公室

20xx 年 3 月

目 次

E1　三峡工程管理系统系统应用考核评价分析报告（示例）·················· 173

E2　移民管理系统考核评价分析报告（示例）························· 181

E3　电力生产管理系统应用考核评价分析报告（示例）··············· 184

E4　财务管理系统应用考核评价分析报告（示例）··············· 190

E5　资金电子服务系统应用考核评价分析报告（示例）··············· 191

E6　固定资产实物管理系统应用考核评价分析报告（示例）········· 194

E7　人力资源管理系统应用考核评价分析报告（示例）··············· 200

E8　电子采购平台应用考核评价分析报告（示例）··············· 204

E9　综合计划统计信息系统应用考核评价分析报告（示例）········· 209

E10　OA 系统应用考核评价分析报告（示例）··············· 212

E11　车辆管理系统应用考核评价分析报告（示例）··············· 217

E12　发电量报送系统应用考核评价分析报告（示例）··············· 225

E13　集团内外网站应用考核评价分析报告（示例）··············· 227

E14　管理区地理信息系统应用考核评价分析报告（示例）········· 228

E15　出国人员管理系统应用考核评价分析报告（示例）··············· 231

E16　网络安全考核评价分析报告（示例）··············· 235

E17　信息化管理（基础指标）考核评价分析报告（示例）··············· 239

E18　20xx 年度各单位财务系统信息化考评反馈报告（部分）（示例）·········· 243

E1　三峡工程管理系统系统应用考核评价分析报告（示例）

E1.1　考核评价总体情况

2018 年与 2017 年相比，减少了 1 家参评单位。基于 xx 公司的特殊情况，2018 年各所属公司和各下属建设部分别按往年单独考核计算，其最终结果按照《20xx 年度工程管理系统应用评价权重表》的权重比例，加权处理作为 xx 公司对三峡工程管理系统的考核分值。在参评的 26 家单位中，建设类单位 7 家，机关部门 19 家，各部门和单位得分及排名情况见表 E1-1 和表 E1-2 所示。

表 E1-1　建设单位考核评价总体情况

排名	部门或单位		总计得分（满分分值 110 分）		项目名称及分值		
					各子系统应用水平总评（满分分值为 90 分）	综合评价（满分分值为 10 分）	创新（满分分值为 10 分）
1	所属公司 1		98.37		88.37	10.00	0.0
2	所属公司 2	下属建设部 1	96.81	96.15	86.59	9.56	0.0
		下属建设部 2		95.87	85.87	10.00	0.0
		下属建设部 3		102.43	85.93	10.00	6.5
		下属建设部 4		93.63	85.05	8.58	0.0
		下属建设部 5		89.21	82.62	6.59	0.0
		下属建设部 6		95.95	87.15	8.79	0.0
3	所属公司 3		96.01		84.59	5.42	6.0
4	所属公司 4		95.89		86.52	7.38	2.0
5	所属公司 5		91.05		84.85	4.70	1.5
6	所属公司 6		90.52		85.00	5.02	0.5
7	所属公司 7		85.04		80.97	4.07	0.0

表 E1-2　机关部门考核评价总体情况

排名	部门或单位	总计得分（满分分值 110 分）	项目名称及分值		
			各子系统应用水平总评（满分分值为 90 分）	综合评价（满分分值为 10 分）	创新（满分分值为 10 分）
1	总部部门 1	93.79	83.79	10.00	0.0
2	总部部门 2	93.26	84.76	8.50	0.0
3	总部部门 3	91.79	82.39	9.40	0.0
4	总部部门 4	91.44	81.94	9.50	0.0
5	总部部门 5	89.35	79.65	9.70	0.0

排名	部门或单位	总计得分（满分分值110分）	各子系统应用水平总评（满分分值为90分）	综合评价（满分分值为10分）	创新（满分分值为10分）
			项目名称及分值		
6	总部部门6	88.69	78.79	9.90	0.0
7	总部部门7	88.55	84.76	3.79	0.0
8	总部部门8	88.20	78.50	9.70	0.0
9	总部部门9	88.02	79.82	8.20	0.0
10	总部部门10	87.26	77.56	9.70	0.0
11	总部部门11	86.85	78.85	8.00	0.0
12	总部部门12	86.76	79.36	7.40	0.0
13	总部部门13	86.61	78.61	8.00	0.0
14	总部部门14	86.56	81.16	5.40	0.0
15	总部部门15	86.36	81.16	5.20	0.0
16	总部部门16	85.94	76.34	9.60	0.0
17	总部部门17	85.60	79.00	6.60	0.0
18	总部部门18	85.52	76.12	9.40	0.0
19	总部部门19	85.26	79.36	5.90	0.0

E1.2　总体评价分析

E1.2.1　优秀率及总分平均情况

（1）建设部门总体评价分析

2018 年与 2017 年相比，优秀率略有下降，总分平均略低。2018 年优秀单位 6 家，优秀率为 85.71%，2017 年优秀单位 7 家，优秀率为 87.50%；2018 年参评单位总分平均为 93.39，2017 年参评单位总分平均为 93.53。图 E1-1 为建设部门总体评价优秀率及总分平均情况。

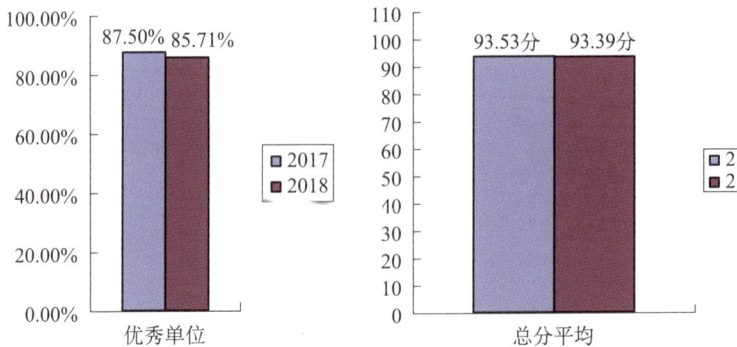

图 E1-1　建设部门优秀率及总分平均情况

（2）机关部门总体评价分析

2018年与2017年相比，优秀率略有下降，总分平均略低。2018年优秀单位4家，优秀率为21.05%，2017年优秀单位11家，优秀率为57.89%；2018年参评单位总分平均为88.20，2017年参评单位总分平均为89.97。图E1-2为机关部门总体评价优秀率及总分平均情况。

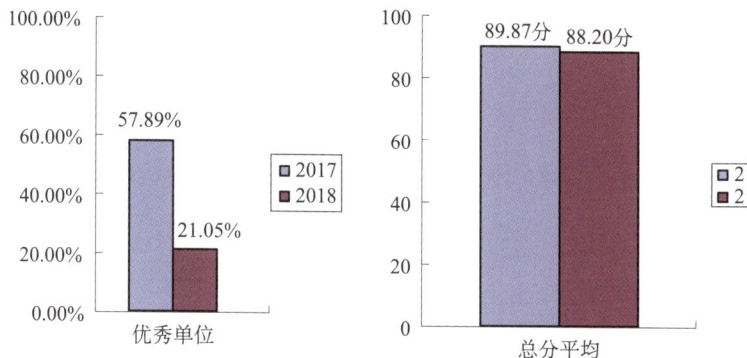

图 E1-2　机关部门优秀率及总分平均情况

E1.2.2　子系统投运、综合评价及创新总体情况

（1）建设部门总体评价分析

系统应用水平评价由各子系统投运情况、综合评价及创新三部分组成。子系统投运总分90分，综合评价总分10分，创新总分10分，共计110分。2018年子系统投运情况、创新比2017年略高，综合评价比2017年略低，对比情况见图E1-3所示。

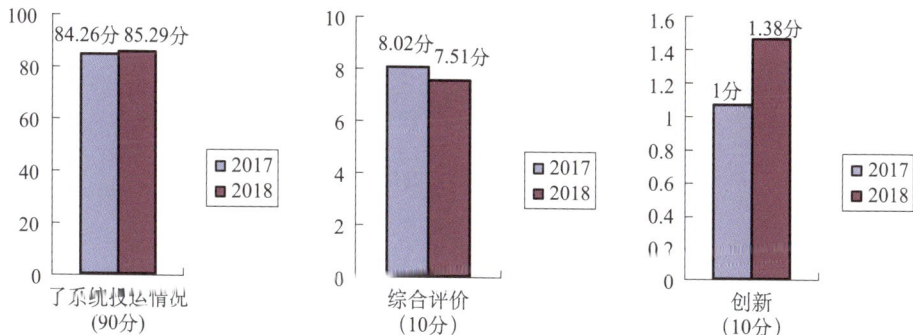

图 E1-3　建设部门子系统投运、综合评价及创新总体对比情况

（2）机关部门总体评价分析

系统应用水平评价由各子系统投运情况、综合评价及创新三部分组成。子系统投运总分90分，综合评价总分10分，创新总分10分，共计110分。2018年综合评价比

2017 年略高，子系统投运情况、创新比 2017 年略低，对比情况见图 E1-4 所示。

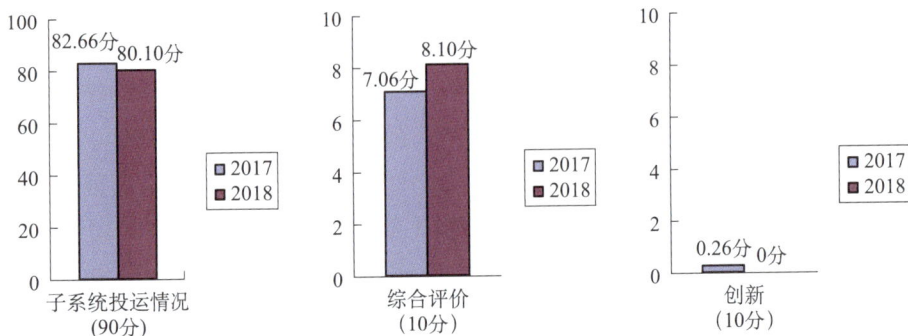

图 E1-4　机关部门子系统投运、综合评价及创新总体对比情况

E1.2.3　系统活跃用户数对比情况

（1）建设部门总体评价分析

2018 年活跃用户数比 2017 年少 281 个。建设部门系统活跃用户数对比见图 E1-5 所示。

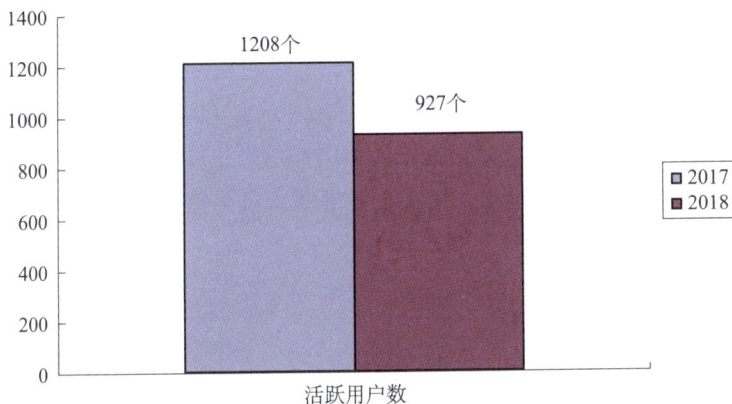

图 E1-5　建设部门系统活跃用户数对比情况

（2）机关部门总体评价分析

2018 年活跃用户数比 2017 年少 9 个。机关部门系统活跃用户数对比见图 E1-6 所示。

E1.2.4　系统后台修改统计情况

2018 年相比 2017 年，在后台修改方面，编码管理、合同及施工管理略有升高，成本管理、物资管理、设备管理、财务会计子系统略有下降，质量管理子系统、固定资产管理子系统持平。系统后台修改统计分析见图 E1-7 所示。

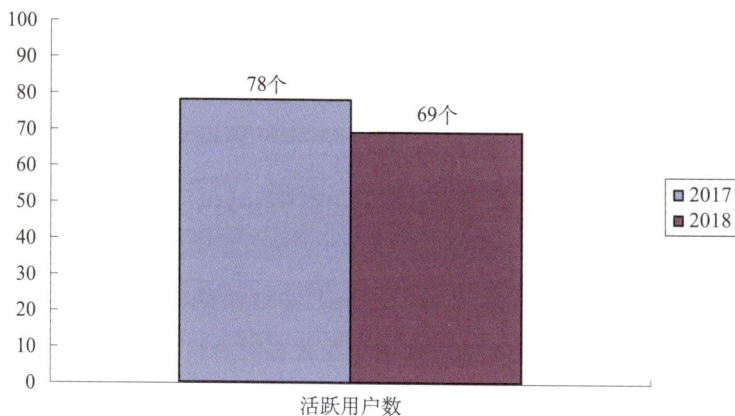

图 E1-6　机关部门系统活跃用户数对比情况

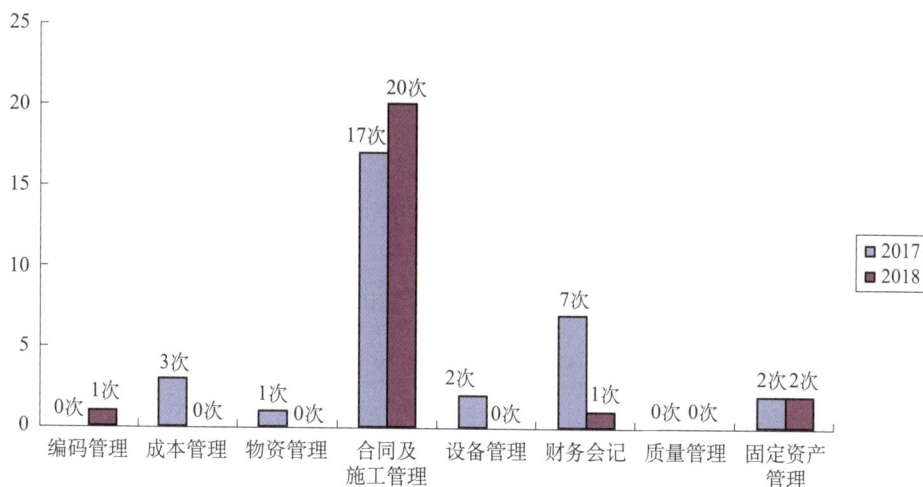

图 E1-7　系统后台修改统计分析

E1.3　分项指标及应用趋势分析

E1.3.1　各子系统应用情况及比较

（1）建设单位各子系统应用情况及比较

各子系统应用情况由功能及流程应用和数据质量两部分组成，其中，功能及流程总分 40 分，数据质量总分 60 分。

1）各子系统功能及流程应用同比变化情况

2018 年和 2017 年相比，成本控制、文档控制、物资管理、财务会计略有提升，其他子系统功能及流程应用情况保持不变。各子系统功能及流程应用同比变化情况见图 E1-8 所示。

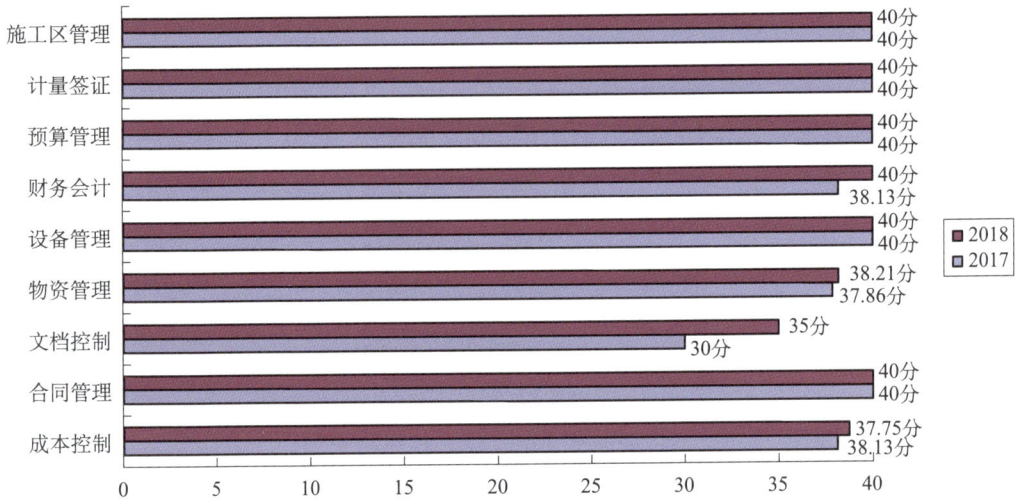

图 E1-8 各子系统功能及流程应用同比变化情况

2）各子系统数据质量同比变化情况

2018 年与 2017 年相比，在数据质量方面，成本控制、物资管理、财务会计、计量签证略有提升，合同管理、文档控制、施工区管理略有下降，其他子系统持平。各子系统数据质量同比变化情况见图 E1-9 所示。

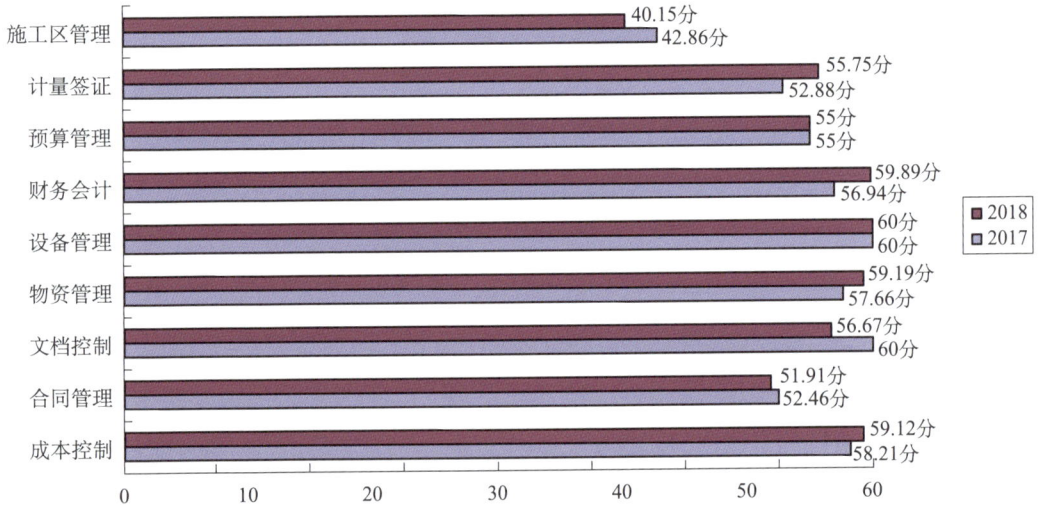

图 E1-9 各子系统数据质量同比变化情况

（2）机关部门各子系统应用情况及比较

各子系统应用情况由功能及流程应用和数据质量两部分组成，其中，功能及流程总分 40 分，数据质量总分 60 分。

1）各子系统功能及流程应用同比变化情况

2018 年和 2017 年相比，合同管理、预算管理子系统功能及流程应用情况保持不变。

各子系统功能及流程应用同比变化情况见图 E1-10 所示。

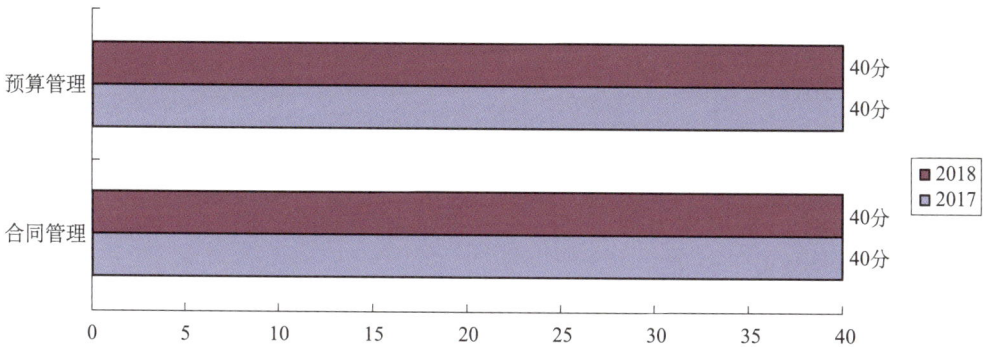

图 E1-10　各子系统功能及流程应用同比变化情况

2）各子系统数据质量同比变化情况

2018 年与 2017 年相比，在数据质量方面合同管理略有下降，预算管理持平。各子系统数据质量同比变化情况见图 E1-11 所示。

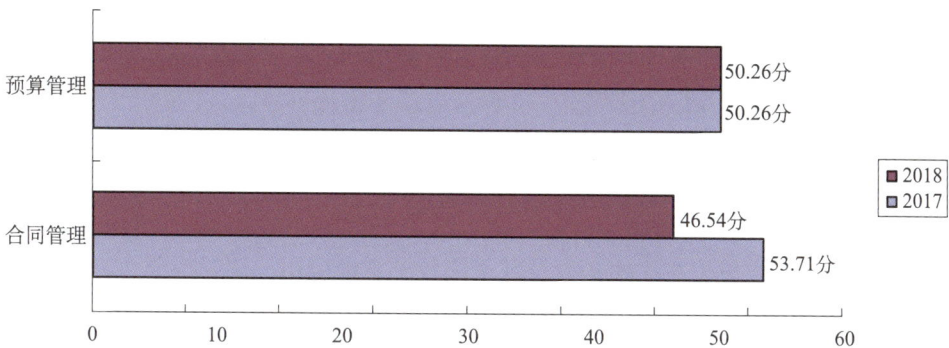

图 E1-11　各子系统数据质量同比变化情况

E1.3.2　综合评价情况及比较

综合评价情况由数据利用和应用效益两部分组成，其中，数据利用占 70 分，应用效益占 30 分。

（1）建设单位综合评价情况及比较

1）数据利用同比变化情况

数据利用情况主要量化为对用户系统屏幕的查询次数和系统报表的打印次数进行考评，查询及打印次数越多，则应用情况越好。2018 年该项得分比 2017 年略有下降，2018 年为 45.60 分，2017 年为 50.94 分。

2）应用效益情况

2018 年提交信息化总结报告的单位为 12 家，2017 年提交信息化总结报告的单位为

13 家。报告中各单位从不同程度、不同角度对系统应用效益进行了分析，该项得分两年基本相同。

（2）机关部门综合评价情况及比较

1）数据利用同比变化情况

数据利用情况主要量化为对用户系统屏幕的查询次数和系统报表的打印次数进行考评，查询及打印次数越多，则应用情况越好。2018 年该项得分比 2017 年略有提升，2018 年为 51.78 分，2017 年为 42.19 分。

2）应用效益情况

2018 年和 2017 年提交信息化总结报告的单位同为 19 家。报告中各单位不同程度、不同角度地对系统应用效益进行了分析，该项得分两年基本相同。

E1.3.3　创新情况

由于系统主要应用在工程建设管理单位，故创新点也基本由工程建设管理单位提出。建设单位该项得分 2018 年比 2017 年高 0.38 分，机关部门该项得分 2018 年比 2017 年低 0.26 分，其中，xxx、xxx 等单位所提创新点较多，创新主要集中在对系统提出功能性改善建议或业务流程优化方面。

E1.4　主要结论及改进建议

总体来看，建设单位在三峡工程管理系统各子系统应用、创新得分 2018 年比 2017 年略有提升，综合评价略有下降；机关部门在三峡工程管理系统综合评价 2018 年比 2017 年略有提升，各子系统应用、创新得分略有下降。根据考评结果分析，建设单位除应用好各子系统外，还应结合自身业务和管理特点积极思考；机关部门应重点加强合同、预算的管理，争取为工程管理系统如何能更好地服务业务提出宝贵意见和建议。

E2　移民管理系统考核评价分析报告（示例）

E2.1　总体情况

20xx 年对移民业务相关 3 家单位移民管理系统应用情况进行了考核评价，各单位得分及排名情况见表 E2-1。

表 E2-1　考核评价总体情况

排名	单位	总计得分	项目名称及分值			
			投运系统使用	系统推广	数据处理	重大突破与创新
			满分 40 分	满分 30 分	满分 30 分	满分 10 分
1	移民单位 1	105	40	29	30	6
2	移民单位 2	94	35	29	30	0
3	移民单位 3	93	37	25	30	1

E2.2　分项情况

E2.2.1　投运系统使用情况对比（满分 40）

投运系统应用情况包括管理制度建设（满分 5 分）、用户访问及系统应用支持服务水平（满分 15 分）、系统资金支付情况（满分 10 分）、适应性功能开发与调整（满分 10 分）四个分项。具体对比情况见图 E2-1 投运系统使用情况分项指标对比表。

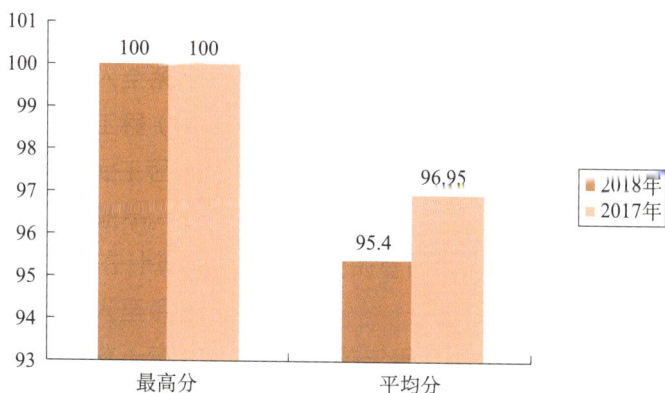

图 E2-1　投运系统使用情况分项指标对比表

E2.2.2　系统推广情况对比（满分 30）

系统推广情况包括新上线实施的县乡数量（满分 10 分）、新增及培训用户数量（满分 10 分）、硬件配置到位率（满分 5 分）、实施计划（满分 5 分）四个分项，具体对比情况见图 E2-2 系统推广情况分项指标对比表。

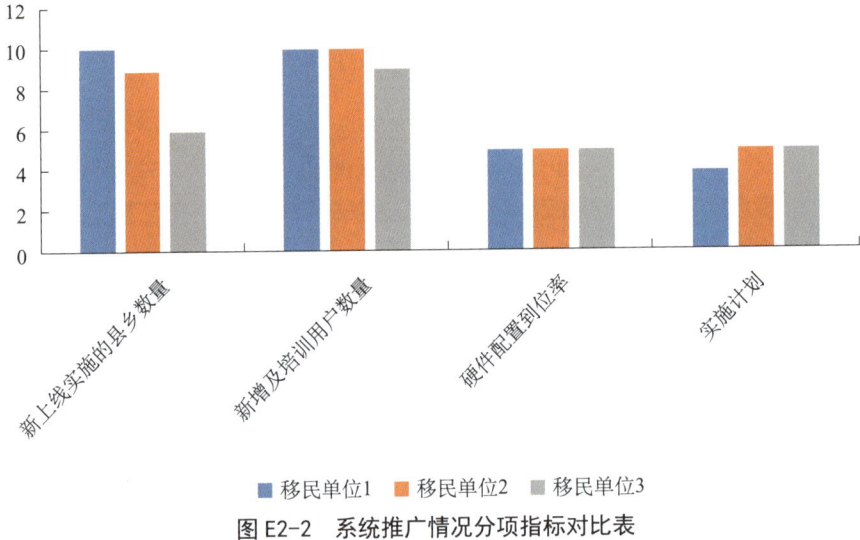

图 E2-2　系统推广情况分项指标对比表

E2.2.3　系统数据处理情况对比（满分 30）

系统数据处理情况包括系统数据准确性评价（满分 15 分）、系统数据的完备性评价（满分 10 分）、移民档案处理评价（满分 5 分）三个分项，其中，移民单位 1 得分情况为 15 分、10 分、5 分；移民单位 2 得分情况为 15 分、10 分、5 分；移民单位 3 得分情况 15 分、10 分、5 分，具体对比情况见图 E2-3 系统数据处理情况分项指标对比表。

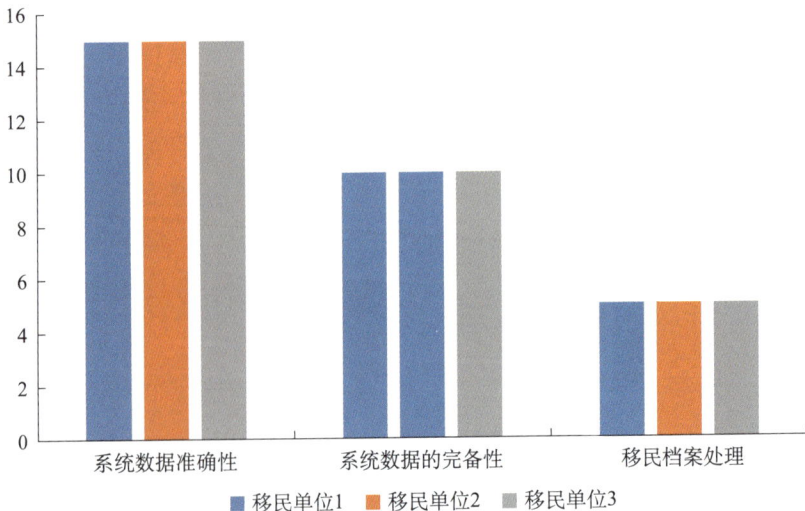

图 E2-3　系统数据处理情况分项指标对比表

E2.2.4　重大突破与创新情况（满分 10）

重大突破与创新情况包括重大突破（满分 5 分）、创新（满分 5 分）两个方面分项，其中，单位 1 得分情况为 4 分、2 分；单位 2 得分情况为 0 分、0 分；单位 3 得分情况为 0 分、1 分，具体对比情况见图 E2-4。

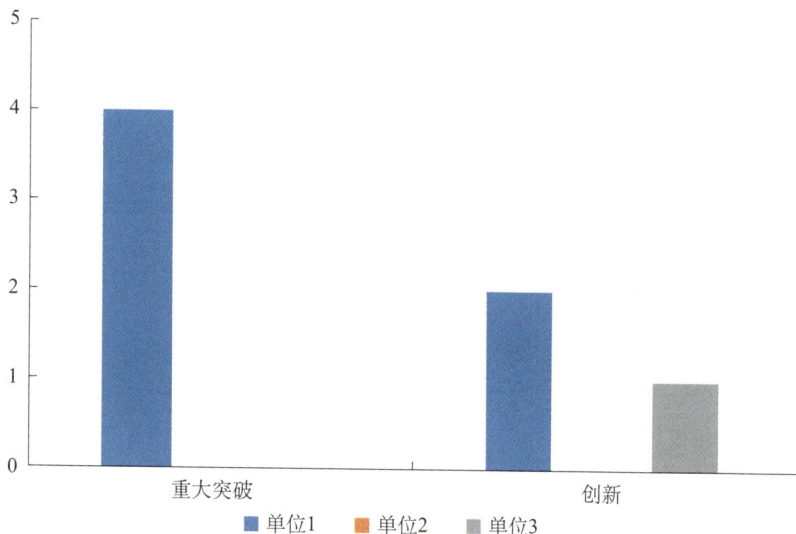

图 E2-4　重大突破与创新情况分项指标对比表

E2.3　主要结论及改进建议

总体来看，20xx 年被考核单位的系统应用实施各项工作进展顺利。单位 1 各项工作有序进行，因受移民搬迁安置实际工作进度影响，本年度在实施计划细项略微扣分；单位 2 因部分评分项未开展或以前年度已完成且本年度未开展的，部分分项未得分；单位 3 今年影响得分的分项是管理制度建设、新上线实施的县乡数量等分项，影响各分项得分原因是由于国外条件限制，暂不支持业主或国外相关机构的系统推广实施工作，系统主要还是中水电及苏阿皮蒂项目部用户，用户面略窄，也没有文件管理制度的要求，略微扣分。

基于移民管理系统 20xx 年实施应用情况，结合各个项目工作部署及进度，20xx 年各单位应进一步加强实施推广工作，一是在已有成果之上，继续巩固和加强在已上线地区的应用工作；二是根据现场需要，推进需新上线的地区系统上线实施工作；三是结合现场实际情况，制定相关制度及管理办法，保证系统正常运行。

E3 电力生产管理系统应用考核评价分析报告（示例）

E3.1 考核评价总体情况

20xx 年参加该系统考评的单位共 4 家，比前一年减少 2 家，参评单位考评得分均在 90 分以上。

各单位得分及排名情况见表 E3-1。

表 E3-1 电力生产管理信息系统应用水平评分汇总表

排名	单位	总计得分（满分分值110分）	各子系统应用水平总评（分值90）	综合评价（分值10）	创新（分值10）
			分项名称及得分		
1	电力生产单位1	108.5	90	10	8.5
2	电力生产单位2	108.1	90	9.6	8.5
3	电力生产单位3	105	90	9.0	6
4	电力生产单位4	99.4	90	8.9	0.5

E3.2 分项指标分析

E3.2.1 各子系统（模块）应用对比分析

电力生产管理信息系统的完整考核涉及八个业务面，包括设备维护、运行管理、安全可靠、物资管理、计划合同、财务管理、文档管理、人力资源。此次，因四家单位四套系统的使用范围不同，根据实际应用情况，针对各单位相关系统各业务面应用模块设置了不同的考核范围和权重，见表 E3-2。

表 E3-2 各单位各子系统（模块）应用水平考核范围权重及得分情况

部门或单位	电力生产管理信息系统各子系统（模块）应用评价权重								各子系统得分（满分100	实际得分（0.9权重）
	设备维护（权重/得分）	运行管理（权重/得分）	安全可靠（权重/得分）	物资管理（权重/得分）	计划合同（权重/得分）	财务管理（权重/得分）	文档管理（权重/得分）	人力资源（权重/得分）		
电力生产单位1	0.15 100	0.15 100	0.10 100	0.15 100	0.15 100	0.10 100	0.15 100	0.05 100		90

部门或单位	电力生产管理信息系统各子系统（模块）应用评价权重									
	设备维护（权重/得分）	运行管理（权重/得分）	安全可靠（权重/得分）	物资管理（权重/得分）	计划合同（权重/得分）	财务管理（权重/得分）	文档管理（权重/得分）	人力资源（权重/得分）	各子系统得分（满分100）	实际得分（0.9权重）
电力生产单位2	0.5 100	0.5 100								90
电力生产单位3	0.4 100	0.4 100	0.2 100	—	—	—	—	—		90
电力生产单位4	0.5 100	0.5 100	—	—	—	—	—	—		90

根据考核办法，对各系统中相关信息进行了数据抽取，取数范围为20xx年1月1日至20xx年12月31日，对应各单位各子系统（模块）考核结果如下：

（1）设备维护

表 E3-3　设备维护考核结果

序号	部门或单位	设备信息（记录数）	工作票信息（记录数）	数据正确性和完整性	整体扣分情况
1	电力生产单位1	182 577	31 822	符合要求	无扣分
2	电力生产单位2	70	6421	符合要求	无扣分
3	电力生产单位3	28 893	6813	符合要求	无扣分
4	电力生产单位4	1056	125	符合要求	无扣分

经向三峡国际运维部门了解，三峡巴西设备信息数与国内设备记录数，其统计口径有差异，可能还需进一步细化，目前收集到的信息仅到机组信息，实际应用应不止这个层级。

（2）运行管理

表 E3-4　运行管理考核结果

序号	部门或单位	值班日志（记录数）	操作票信息（记录数）	数据正确性和完整性	整体扣分情况
1	电力生产单位1	10 446	43 655	符合要求	无扣分
2	电力生产单位2	68 620	0	符合要求	无扣分
3	电力生产单位3	5459	1861	符合要求	无扣分
4	电力生产单位4	1095	84	符合要求	无扣分

电力生产单位4电站因语言原因，运行值班人员全部为老挝方当地员工，且标准操作票未翻译成英文，故操作票模块仍暂未应用。

电力生产单位3所有电站的运行人员的操作并未使用国内类似的操作票制度来控制和记录，完全依靠运行人员的熟练程度，这也与巴西项目普遍运行人员人数少有关，因其国外管理的特殊性，此项暂不扣分。

（3）安全可靠性管理

表 E3-5　安全可靠性管理考核结果

序号	部门或单位	安全活动（记录数）	数据正确性和完整性	整体扣分情况
1	电力生产单位 1	9092	符合要求	无扣分
2	电力生产单位 2	143	符合要求	无扣分

此模块电力生产单位 1 各生产单位是每分部级别一周一条记录，电力生产单位 2 三个电厂平均每周都有记录。

（4）物资管理

表 E3-6　物资管理考核结果

序号	部门或单位	采购申请（记录数）	领料单/工单材料申请（记录数）	数据正确性和完整性	整体扣分情况
1	电力生产单位 1	1850	6414	符合要求	无扣分
2	电力生产单位 2				
3	电力生产单位 3				
4	电力生产单位 4				

（5）文档管理

表 E3-7　文档管理考核结果

序号	部门或单位	文档信息（记录数）	数据正确性和完整性	整体扣分情况
1	电力生产单位 1	159 229	符合要求	无扣分
2	电力生产单位 2			
3	电力生产单位 3			
4	电力生产单位 4			

电力生产单位 1 是全公司员工使用电力生产管理系统文档模块。

电力生产公司 2 开发了文档管理系统，建议明年纳入文档考核范围。

（6）计划合同

表 E3-8　计划合同考核结果

序号	部门或单位	项目管理（记录数）	合同信息（记录数）	数据正确性和完整性	整体扣分情况
1	电力生产单位 1	1539	895	符合要求	无扣分
2	电力生产单位 2				
3	电力生产单位 3				
4	电力生产单位 4				

电力生产单位 1 是 20xx 年全部项目和合同都在电力生产管理系统中进行管理。因项目预

算信息每年都有，而合同存在跨年，故 20xx 年新建的合同数小于当年项目数，属正常现象。

（7）财务管理

表 E3-9　财务管理考核结果

序号	部门或单位	凭证信息(记录数)	凭证错误率	凭证电子附件差缺率	整体扣分情况
1	电力生产单位 1	36 892	0%	0%	0
2	电力生产单位 2				
3	电力生产单位 3				
4	电力生产单位 4				

（8）人资管理

表 E3-10　人资管理考核结果

序号	部门或单位	考勤记录（记录数）	数据正确性和完整性	整体扣分情况
1	电力生产单位 1	1 336 180	符合要求	无扣分
2	电力生产单位 2			
3	电力生产单位 3			
4	电力生产单位 4			

E3.2.2　综合评价对比分析

表 E3-11　综合评价对比分析

序号	部门或单位	数据利用（50 分）			应用效益（50 分）			此项得分（满分 100）	实际得分（0.1 权重）	
		各子系统都有相应完整的报表（满分 30 分）	与集团范围内其他业务系统有接口，每增加一个，加 3 分（满分 20 分）	提交效益分析报告（满分 10 分）	报告涵盖全部已投运的系统加 10 分，否则按涵盖比例乘以 10 计分	报告中效益评价方式描述清晰具体，并能进行适当量化分析，加 10 分	利用系统管理企业设备、运行、安全可靠性、物资、财务、人资、文档、计划合同相关业务得 20 分，每少一项业务即扣 2 分			
1	电力生产单位 1	30	20	10	10	10	20	100	10	
2	电力生产单位 2	30	15	10	10	9	16	90	9	
3	电力生产单位 3	30	18	10	10	10	18	96	9.6	
4	电力生产单位 4	30	15	10	10	10	14	89	8.9	

电力生产管理系统各子模块都有相应完整的报表，且与集团范围内所有管理信息系统有接口。

4 家单位都提交了详细的电力生产管理信息系统效益分析报告，但电力生产单位 2 在数据的详实程度上稍有欠缺。

表 E3-12　数据利用情况

序号	部门或单位	数据利用	
		各子系统都有相应完整的报表	与集团范围内其他业务系统有接口
1	电力生产单位 1	有	集团公司: eHR、NC、档案管理、固定资产管理系统、预算管理系统、生产计划管理系统、ECN、科技创新管理平台等 电力生产单位 1：CBMS、电力生产监控系统、EIIS、掌上长电、长电搜索、梯调综合报表系统、技术监督系统、档案管理系统、集团邮件系统、梯调短信平台等
2	电力生产单位 2	有	集团公司：集团公司电量报送系统 电力生产单位 2：内部的电站 SCADA 系统、巴西国调 ONS 系统、水情 HydroExpert 系统、xx 公司 ERP 软件 Peoplesoft
3	电力生产单位 3	有	电力生产单位 3：权限系统、短信系统、远方物流系统、Excel 数据中心、工单管理中心
4	电力生产单位 4	有	集团公司：水情系统、生产监控系统、视频监控系统、集团公司电量报送系统和集团公司机组状态系统

E3.2.3　创新对比分析

表 E3-13　创新对比分析

序号	部门或单位	创新（100 分）				此项得分（满分 100）	实际得分（0.1 权重）
		结合系统进行业务流程优化。以发布新流程相关正式文件为依据，每份优化文件加 3 分	对系统提出功能性改进建议并被采纳，每条 3 分	当年获省部级及行业奖项及以上，每项加 10 分，集团内奖项每项加 5 分	当年获相关软件著作权，每项加 10 分		
1	电力生产单位 1	54	36	5	—	85	8.5
2	电力生产单位 2	60		0	0	0	6
3	电力生产单位 3	80		5		85	8.5
4	电力生产单位 4	0	0	5	0	5	0.5

E3.3　应用态势分析

4家参评单位该系统应用整体情况较好，在各自系统可录入数据的功能界面中，未发现无数据的情况。投入使用的各功能模块都有下属相关业务部门的历史业务数据，不存在应使用系统的部门未在系统中发生业务数据的情况。

由于2018年考核评价方法与2017年有了一些微调，突出系统向相关企业管理领域拓展和强调奖项申报及软件著作权的申报工作，导致部分单位的得分较2017年有所下降，主要原因是在奖项、软件著作权申报上取得的项目较少。具体如下：

①电力生产单位1在2018年总分108.5，与2017年总分110略有下降，保持第1；

②电力生产单位2在2018年总分108.1，2017年总分109.5，今年是第二次纳入考核范畴，成绩很好，排名第2；

③电力生产单位3在2018年总分105，2017年总分99，有所上升，排名第3；

④电力生产单位4在2018年总分99.4，2017年总分101，略有下降，排名第4。

E3.4　主要结论及改进建议

总体来看，电力生产单位1电力生产管理信息系统应用全面而深入，与集团范围内其他业务系统多有接口，数据再利用率高，后续的维护改进管理较好，希望能继续保持。

建议电力生产单位2在保持现有的应用成果基础上，进一步扩大与湖北能源集团范围内其他业务系统建立连接，提高集团范围内主数据利用率。

建议电力生产单位3不断探索国外电力信息化创新方向和建设重点，有序推进电力生产管理信息系统的建设和应用，使各管理信息系统相关的业务流程优化和功能改造文档能统一管理，加强与集团公司的信息沟通，并对其不同时期收购电站的各管理系统之间进行整合，建设统一的数据中心。

建议电力生产单位4制定该系统相关维护管理标准，规范系统维护改进流程，并申报相关奖项及软件著作权，扩大在国内外的影响，另争取下一年度完成标准操作票的英文翻译工作，将操作票功能实际应用起来。

E4　财务管理系统应用考核评价分析报告（示例）

2018 年度，参与考核单位及部门 20 家，其中 A 级单位 6 家，占全部考核单位的 30%，比 2017 年略高。2018 年度考核平均分为 94.37，比 2017 年度考核平均分 95.64 略低，2018 年所有考核单位全部达到 90 分以上，说明各单位财务系统运行及管理水平均维持较高水平。

"系统安全"子项，2018 年度除一家考核单位外，其他考核单位该子项均为满分，2017 年度该子项全员满分，说明虽然各单位在安全问题上都常抓不放松，但还应该再进一步提高安全意识。

"系统应用"子项，2018 年度平均分为 94.98，比 2017 年度平均分 87.28 高 0.05 分。但因 2018 年度对考核细则作了较大的调整，所以该数据对比意义不大，但分值显示系统应用水平有整体提升。

"数据质量"子项，2018 年度平均分值为 97，比 2017 年度平均分值 97.35 低 0.35，降低 0.3%。有 6 家满分单位，占全部考核单位的 30%。主要原因是各家单位都保持了相关工作的力度，但还是有部分考核单位没有实施财务档案电子化，固定资产账实相符的工作还需进一步加强。

"报表质量"子项，2018 年度平均分值为 87.74，比 2017 年度平均分值 97 有所下降。主要原因是 2018 年度考核细则有所调整，虽然分数对比没有实际意义，但分值显示报表应用的准确性和及时性还需进一步提高。

"预算管理"子项，是 2018 年度考核细则新增的部分，主要针对新上线的预算管理系统进行考核。2018 年度平均分值为 93.4。分值显示，预算管理的应用水平整体较高，但准确性和及时性还有提升空间。

E5 资金电子服务系统应用考核评价分析报告（示例）

E5.1 考核评价总体情况

2018 年，电子服务系统整体运行情况良好，系统在结算业务总量、网银支付总量、资金集中度、开户单位与开户账户数增长等方面与 2017 年基本保持平衡。系统应用单位考核平均分为 95.40 分。具体评分结果和排名见表 E5-1 所示。

表 E5-1 考核评价情况汇总表

单位名称	排名	总得分	系统管理及应用（20%）	资金填报（30%）	资金集中度（50%）
公司本部	1	100.00	100.00	100.00	100.00
所属公司 1	1	100.00	100.00	100.00	100.00
所属公司 2	2	99.93	99.65	100.00	100.00
所属公司 3	2	99.93	99.65	100.00	100.00
所属公司 4	2	99.93	99.65	100.00	100.00
所属公司 5	2	99.93	99.85	100.00	99.92
所属公司 6	3	97.51	91.00	99.30	99.03
所属公司 7	3	97.51	98.60	98.20	96.66
所属公司 8	4	97.12	99.35	91.20	99.77
所属公司 9	5	97.00	96.65	94.37	98.72
所属公司 10	6	95.00	100.00	86.67	98.00
所属公司 11	7	94.29	81.65	93.63	99.74
所属公司 12	8	94.16	75.35	97.63	99.61
所属公司 13	9	93.47	86.65	87.63	99.71
所属公司 14	10	93.23	96.65	96.33	90.00
所属公司 15	11	93.20	66.00	100.00	100.00
所属公司 16	12	92.95	91.00	82.73	99.86
所属公司 17	13	90.15	93.35	74.43	98.31
所属公司 18	14	90.03	81.35	79.23	99.98
所属公司 19	15	89.33	99.65	66.67	98.80
所属公司 20	16	88.70	66.00	89.67	97.19
平均分		95.40	91.53	92.27	98.82

E5.2 总体评价分析

20xx 年，仅对集团二级单位进行了考核，各单位电子服务系统及客户综合服务系统应用总体得分区间集中在 90 至 100 分之间，90% 的成员单位在 90 分以上。电子服务系统考核由系统管理及应用（权重 20%）、资金上报率（权重 30%）、资金集中度（权重 50%）三个部分构成。各单位在系统应用方面得分较去年有所降低，但仍处在较高水平，71% 为 90 分以上，说明各单位较为重视系统应用与管理；资金填报平均得分为 92.27 分，与 2017 年基本持平；资金集中度平均得分为 98.82 分，较 2017 年相比略有增加。

E5.3 分项指标评价分析

E5.3.1 整体系统应用考核评分趋势分析

2018 年与 2017 年相比，总平均分略有下降。2017 年参评单位总分最高分为 100 分，平均为 96.95 分，2018 年参评单位总分最高分为 100 分，平均为 95.4 分。

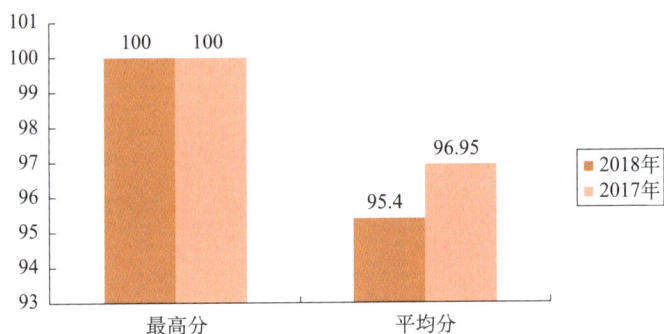

图 E5-1 系统应用考核评分趋势分析

E5.3.2 电子服务系统业务量趋势总体分析

2018 年全年系统办理收付款业务量（包括内部转账，但不包括结息）呈增长趋势，清算业务量统计笔数 287 261 笔，比 2017 年 240 039 笔增长 472 22 笔，增长幅度为 19.7%。

2018 年网上支付结算业务（人民币）笔数为 274 676 笔，与 2017 年同期 229 287 笔相比增加 45 389 笔，增长幅度为 19.8%。

2018 年网银金额支付率为 99.999 2%，交易量支付率为 99.755%，2017 年网银金额支付率为 99.6%，交易量支付率为 99.7%。2018 年总体趋势更加逼近 100%。

表 E5-2　电子服务系统业务量趋势分析

年份	支付率（笔数 %）	支付率（金额 %）
2018 年	99.755	99.999 2
2017 年	99.7	99.6

E5.3.3　电子服务系统资金集中绩效总体分析

2018 年单位存款集中度平均为 98.82%，相比 2017 年 95% 上升了 3.82%，所有成员单位存款集中度均保持在 90% 以上。

E5.3.4　电子服务系统应用效益分析

2018 年资金多归集比率按 3% 保守计算，应用归集资金效益［资金效益 = 多归集资金（存款日均 450 亿元 ×3%）× 资金收益率 3.8%)］≈ 5130 万元。

电子服务系统全年办理成员单位资金结算 1.3 万亿元（其中对外付款 2100 亿元），成员单位结算支付笔数 33 万笔（对外付款 287 261 笔），按每笔综合成本 50 元费用计算，为成员单位节约对外支付手续费近 1436 万元。

表 E5-3　电子服务系统应用效益分析　　　　　　　　　单位：万元

年份	结算成本	机构成本	资金效益成本	总计
2017 年	422	400	5510	6332
2018 年	1435	400	5130	6965

E5.4　电子服务系统应用趋势分析

2018 年电子服务系统运行稳定，结算业务、清算、网银各种业务总量逐年上升。开户单位和存款账户逐年增加。所有成员单位均在财务公司开户，且绝大部分结算业务是利用电子服务系统完成，网银支付比例持续接近 100%，大部分成员单位存款集中度已经超过了 95%。

E5.5　主要结论和改进建议

集团总体资金集中度依然保持较高水平，资金填报工作也基本按周期性执行，但存在个别单位资金填报率较低、系统应用管理水平较低的情况。希望有关单位今后继续保持资金管理力度，定岗定责，主动要求业务及技术培训，及时做好资金填报工作，不断提升系统应用水平。

E6　固定资产实物管理系统应用考核评价分析报告（示例）

依据《关于开展集团公司 20xx 年度信息化考核评价工作的通知》和《集团公司20xx 年度工程管理系统应用水平评价办法》要求，车辆管理系统考核组在集团网信办的指导下，对集团公司 23 家单位或部门进行了考评。现将考评情况通报如下：

E6.1　考核评价总体情况

2018 年与 2017 年相比，减少 2 家参评单位。各部门和单位得分及排名情况见表 E6-1。

表 E6-1　固定资产实物管理系统考核评价总体情况（2018 年）

名次	部门（单位）	数据完整性	数据准确性	数据及时性	绩效分析	总分
1	所属公司 1	100.00	100.00	99.98	100.00	100.00
2	所属公司 2	100.00	100.00	99.17	100.00	99.83
3	所属公司 3	100.00	100.00	100.00	95.00	99.50
4	所属公司 4	100.00	100.00	100.00	95.00	99.50
5	所属公司 5	100.00	100.00	99.96	95.00	99.49
6	所属公司 6	99.90	100.00	99.88	95.00	99.45
7	所属公司 7	99.93	100.00	97.27	100.00	99.43
8	所属公司 8	100.00	100.00	99.57	95.00	99.41
9	所属公司 9	99.89	100.00	99.17	95.00	99.30
10	所属公司 10	100.00	100.00	98.96	95.00	99.29
11	所属公司 11	98.01	100.00	99.72	95.00	98.84
12	所属公司 12	99.43	100.00	99.43	90.00	98.72
13	所属公司 13	100.00	100.00	92.00	100.00	98.40
14	所属公司 14	100.00	100.00	99.29	80.00	97.86
15	所属公司 15	100.00	100.00	95.00	85.00	97.50
16	所属公司 16	100.00	90.00	99.62	100.00	95.92
17	所属公司 17	100.00	100.00	80.00	95.00	95.50
18	所属公司 18	99.98	90.00	99.92	95.00	95.47
19	所属公司 19	99.94	90.00	99.53	95.00	95.39
20	所属公司 20	99.23	90.00	99.81	95.00	95.23
21	所属公司 21	100.00	90.00	100.00	80.00	94.00
22	所属公司 22	100.00	90.00	99.35	80.00	93.87
23	所属公司 23	99.02	90.00	80.00	85.00	90.21

2018 年与 2017 年相比，总分平均略高。2018 年参评单位总分平均为 97.35，2017 年参评单位总分平均为 95.46，相比提高了 1.89 分。平均分情况见图 E6-1。

图 E6-1　平均分情况

E6.2　主要分项情况

E6.2.1　数据完整性评分对比分析

此项指标主要是检查资产管理员在资产卡片登记时，是否严格按照管理规范的要求，将资产的信息录入完整，便于以后的查询和管理，确保数据的信息完整。在参加考评的 23 家单位中，2018 年平均分为 99.80 分，较 2017 年有所提高，其中有 14 个满分，占 61%。资产完整性对比情况见图 E6-2。

图 E6-2　数据完整性对比情况

E6.2.2　数据准确性评分对比分析

此项考核指标主要是检查各考核单位的固定资产卡片数量和金额值是否与 NC 系统中的情况一致。在参加考评的 23 家单位中，2018 年平均分达到 96.96，较 2017 年有所提高，并有 16 个满分，占 70%。对比情况见图 E6-3。

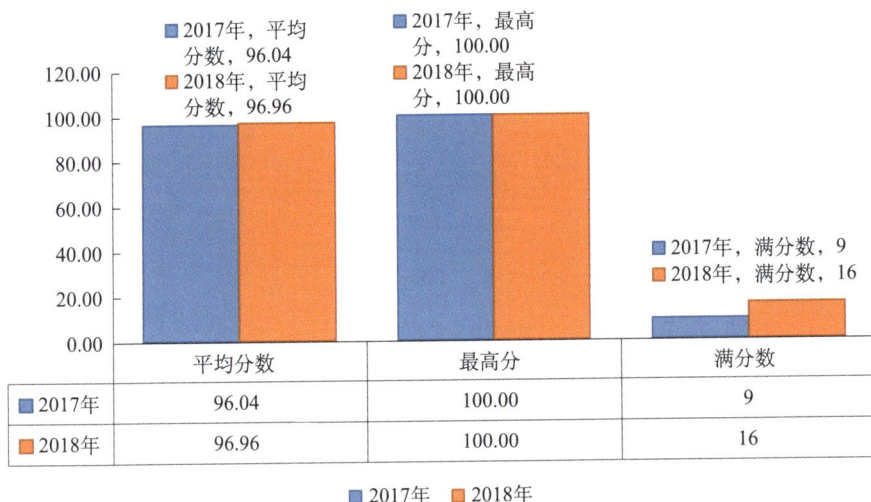

	平均分数	最高分	满分数
2017年	96.04	100.00	9
2018年	96.96	100.00	16

■2017年　■2018年

图 E6-3　数据准确性对比情况

E6.2.3　数据及时性评分对比分析

此项考核指标主要是检查各考核单位今年的资产转移中，从申请到批准超过 1 个月的记录和还未批准的记录。在参加考评的 23 家单位中，2018 年平均分达到 96.64，较 2017 年有所提高，并有 4 个满分，占 17%。对比情况见图 E6-4。

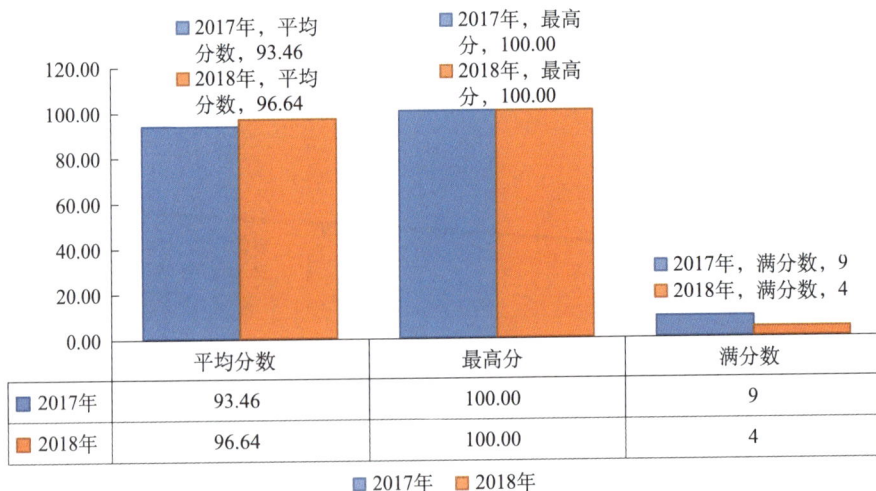

	平均分数	最高分	满分数
2017年	93.46	100.00	9
2018年	96.64	100.00	4

■2017年　■2018年

图 E6-4　数据及时性对比情况

E6.2.4　绩效分析评分对比分析

此项考核指标主要是检查各参加考核的单位在信息化工作总结中是否对固定资产实物管理系统的应用情况进行统计和绩效分析。在参加考评的 23 家单位中，2018 年平均分达到 93.04，较 2017 年有所提高，并有 5 个满分，占 22%。对比情况见图 E6-5 所示。

	平均分数	最高分	满分数
2017年	91.00	100.00	6
2018年	93.04	100.00	5

图 E6-5　绩效分析对比情况

E6.3　应用趋势分析

2018 年新增 4 家公司应用固定资产实物管理系统，新增用户 83 人。系统的应用还在进一步扩大。

E6.3.1　用户情况

2018 年固定资产有效用户达到 723 个，较 2017 年增加 127 个，见图 E6-6。

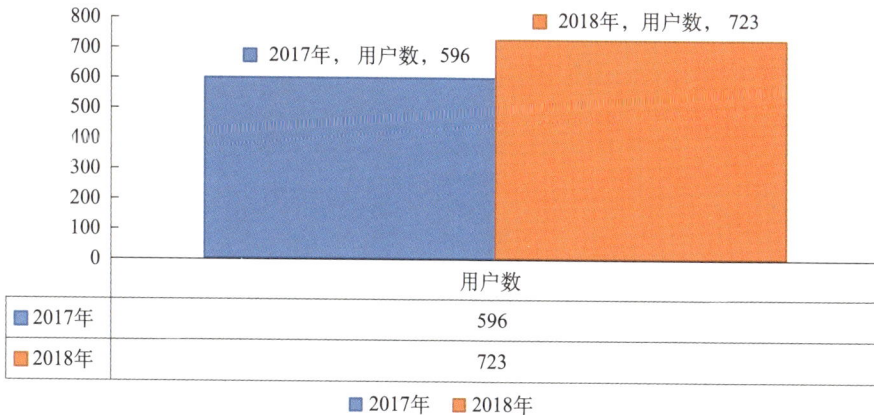

	用户数
2017年	596
2018年	723

图 E6-6　用户情况对比

E6.3.2   屏幕查询情况

2018 年全年固定资产相关屏幕查询 78 451 次，较 2017 年减少 8646 次，见图 E6-7。

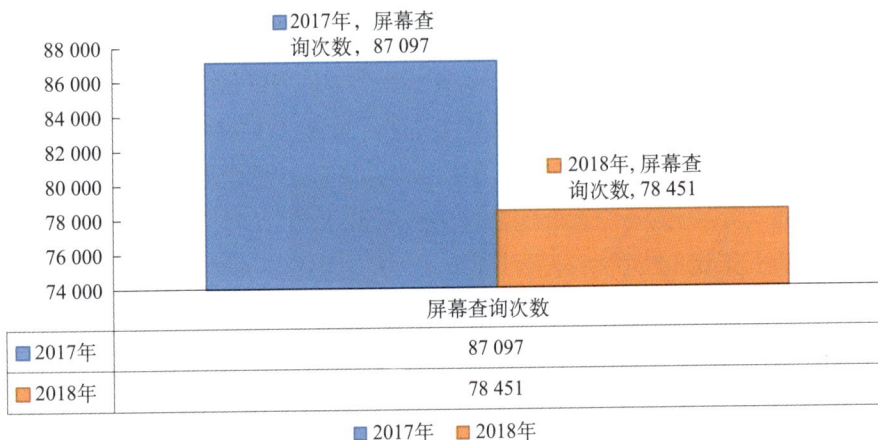

	屏幕查询次数
■2017年	87 097
■2018年	78 451

■2017年 ■2018年

图 E6-7   屏幕查询情况对比

E6.3.3   报表运行情况

2018 年全年运行固定资产相关报表 13 983 次，较 2017 年增加 3001 次，见图 E6-8。固定资产实物管理系统在用户数量和报表的使用情况上都较 2017 年的情况有所提高。可以看出各单位在系统的应用水平上有所提高，能充分利用系统相关报表取得需要的数据。

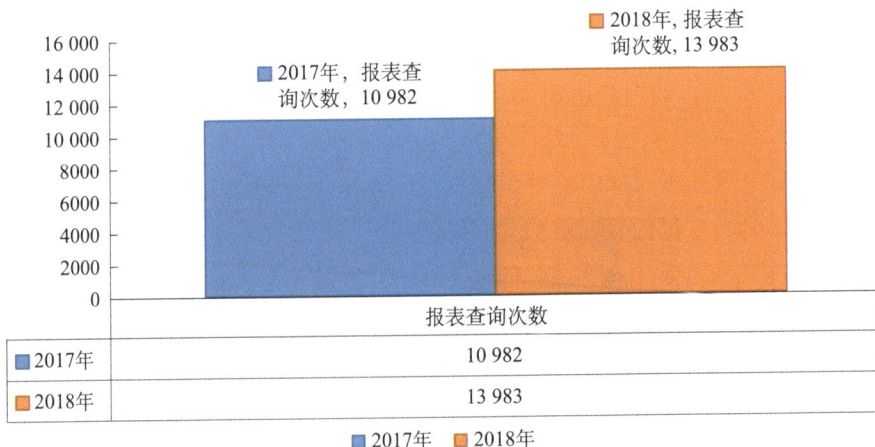

	报表查询次数
■2017年	10 982
■2018年	13 983

■2017年 ■2018年

图 E6-8   报表运行情况对比

E6.4　主要结论及改进建议

　　根据考评结果分析，2018 年的总分情况和各分项情况都较 2017 年有所提升，但数据及时性的满分数量较 2017 年有所减少。各单位在数据完整性和准确性上做得比较好，希望继续保持。在数据及时性方面，虽然总分有所增加，但还是有一定的提升空间，希望各单位加强数据转移完成的时间期限控制，争取达到 100% 的及时率。

E7 人力资源管理系统应用考核评价分析报告（示例）

E7.1 考评总体情况

20xx 年参与考评的单位 21 家，包括 2 家管理部门和 19 家子企业。各单位得分和排名情况见表 E7-1。

表 E7-1 各单位得分及排名情况

序号	公司（单位）	排名	最终得分
1	所属公司 1	1	100
2	所属公司 2	1	100
3	所属公司 3	3	99.6
4	所属公司 4	3	99.6
5	所属公司 5	5	99.57
6	所属公司 6	6	99.37
7	所属公司 7	7	99.26
8	所属公司 8	8	99.2
9	所属公司 9	9	98.91
10	所属公司 10	10	98.66
11	所属公司 11	11	98.57
12	所属公司 12	12	98.45
13	所属公司 13	13	98.4
14	所属公司 14	14	98.36
15	所属公司 15	15	98.33
16	所属公司 16	16	98.24
17	所属公司 17	17	98.22
18	所属公司 18	18	98.17
19	所属公司 19	19	90.96
20	所属公司 20	20	90.31
21	所属公司 21		99

2018 年 18 家单位得分 95 分以上，占参评单位的 90%，比 2017 年多 4 家，提高 20%；2 家单位得分 90~95 分，占参评单位的 10%，与 2017 年持平；没有得分 90 分

以下的单位，比去年减少 4 家。本次考评平均得分为 98.11 分，比 2017 年得分 95.14 分提高 2.97 分，见图 E7-1。

图 E7-1　得分占比及平均分情况

E7.2　分项指标分析

E7.2.1　员工信息数据质量考评结果分析

20xx 年最高分 100，最低分为 85.31，平均分 97.02。18 家单位得分在 95 分以上，占比 90%，2 家单位得分在 90 分以下，占比 10%。员工信息数据质量得分情况见图 E7-2。

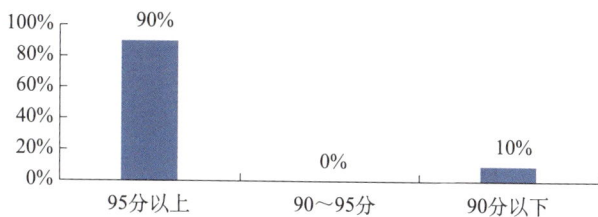

图 E7-2　员工信息数据质量得分情况

E7.2.2　薪酬福利数据质量考评结果分析

20xx 年 20 家单位全部得 100 分，各单位均在 eHR 系统中进行了工资计算、福利缴交。薪酬福利数据质量得分情况图 E7-3。

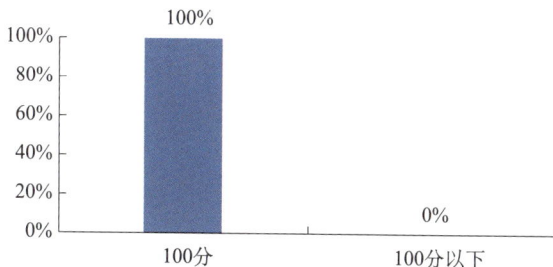

图 E7-3　薪酬福利数据质量得分情况

E7.2.3　培训记录录入情况考评结果分析

20xx 年 20 家单位全部得 100 分，各单位均在系统中录入培训记录。培训记录录入情况得分见图 E7-4。

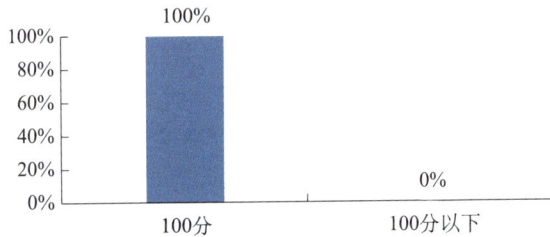

图 E7-4　培训记录录入情况得分

E7.2.4　日常工作完成情况考评结果分析

eHR 项目组每月进行数据稽核督办的发布，要求各单位及时反馈督办内容的核改情况，并将核改情况作为本项考核指标的考评依据，所有单位均积极配合完成该项工作。日常工作完成情况得分见图 E7-5。

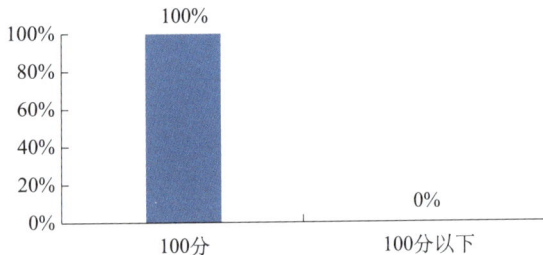

图 E7-5　日常工作完成情况得分

E7.3　存在的问题及下一步工作计划

E7.3.1　存在的问题

（1）数据质量仍需进一步提升，各单位对系统数据质量重视程度不一，部分单位在数据完整性、准确性和录入及时性方面还存在不足。

（2）系统操作熟练程度需进一步提高，由于部分单位人力资源业务岗位人员变化较为频繁，培训开展不及时，导致新业务人员对系统功能、业务流程、数据规范等掌握不深，对数据质量影响较大。

（3）系统目前版本相比用友公司新产品比较老旧，在本次新税法薪酬计税功能改造中，用友公司未提供通用性补丁而是定制开发，且功能实现效果一般。

E7.3.2　下一步工作计划

（1）进一步完善工作机制。一是坚持项目组月度例会制度，加强数据质量分析，有针对性地进行系统功能优化，提升用户体验，提高系统易用性；二是依据个人所得税新政策优化系统功能，并举行系统优化后的操作培训；三是根据本次考核成绩和各单位需求情况开展针对性培训，提高系统综合应用水平。

（2）强化督导检查。严格执行《集团公司人力资源管理信息系统应用考核评价办法》，进一步优化系统数据稽核报表功能，持续开展数据稽核工作，通过每月发布数据稽核督办，每季度发布数据稽核报告，每年度信息化考评及日常检查督促等，加强业务数据质量的督导检查。

（3）推进系统升级或改造。按照集团公司信息化整体部署和安排，推进系统升级或改造，进一步提升人力资源信息化服务能力与水平。

E8　电子采购平台应用考核评价分析报告（示例）

E8.1　参与考核单位

参与考核单位 41 家，符合考核条件的单位 39 家。

E8.2　考核内容与原则

依据《集团公司电子采购平台应用考核评价办法》（以下简称《办法》）规定，考核内容包括电子采购平台有关招标及采购计划的申报与审批、招标及采购立项的申报与审批、非招标项目实施、招标项目实施、招标及采购信息数据录入、决标模块、评标专家与供应商系统的应用。

考核原则按照《办法》规定，采用抽查和年度后评价相结合方式，按权重综合计分。对全流程应用系统的单位按照《办法》规定进行评分；对未全流程应用系统的单位，且系统无法核实数据的，分项按最低 60 分计算。

E8.3　考评方法

本次抽查项目以各部门、单位 20xx 年合同综合管理系统审批通过的支出类（工程、货物和服务）合同为依据，核查招投标管理系统计划、立项模块、非招系统的使用情况。

计划、立项模块检查，以 20xx 年已签订合同为依据，检查招投标管理系统计划、立项模块的应用情况，应当申报计划和立项而未申报的，按《办法》进行扣分。部分单位项目数量较多，考虑其难度，根据实际抽取项目数量的检查情况，换算为抽查 20 项进行评分，最多扣 40 分。

补充协议、土地征租、移民补偿、政府收费、培训费等其他特殊情况，不纳入计划立项考核。

非招标系统检查，以 20xx 年已签订合同中有立项编号的合同为依据，检查项目在非招标系统的应用情况。合同数量在 50 份以内的全部检查，合同数量超过 50 份的，抽取 50 份检查，按《办法》规定进行扣分。

招标及采购完成数据检查，以本次检查合同在非招标系统的完成状态为准，非招标系统状态为"后续阶段、项目结束、项目归档"状态视为数据录入完整，其他"临时项目、报价截止、评审 / 谈判阶段"状态均属于数据未补录完整情况，按《办法》

扣分。

招标实施、评标专家管理、供应商管理和决标模块的应用，以三峡国际招标有限责任公司从招投标管理系统实际查询数据为依据。

对系统数据应用量较大和系统数据存在异议的单位，考评小组逐一进行了沟通与反馈。

E8.4　系统应用情况

E8.4.1　计划、立项模块应用

集团各单位、各部门均能按招标及采购管理制度规定在系统申报 20xx 年度招标及采购计划和立项，系统总体应用良好。

大部分单位的计划、立项均全部在系统申报和审批。

4 个所属公司采购项目数量较多，计划申报总体应用情况良好。所属公司 1 采购项目均申报计划、立项，系统应用较好，但下属公司项目未报计划、立项，有待进一步完善。所属公司 2 计划申报情况良好，立项申报还有待提高，相比 20xx 年系统应用情况有提高。所属公司 3 和所属公司 4 的计划、立项系统应用相对较好。其他单位的总体应用情况良好，存在个别项目未报计划或先履行后报计划，被招标采购管理中心退回的情形，或未报计划而是通过签报审批形式直接签订合同的。

某区域能投公司对规模较大的项目均申报计划、立项，对规模较小的 10 万元以下项目多未报计划、立项，采用签报方式实施采购。

2 个对外承担业务的公司以承揽项目为主，分包项目数量较多，多数未报计划、立项，系统应用还有待加强。还存在集团投资项目，应当申报计划的未申报。

E8.4.2　非招系统应用和数据补录

非招系统应用，总体情况比 20xx 年有进步。

①项目通过系统实施且数据录入较完整的单位，包括 12 个业务单位和部门等。

②大部分项目通过系统实施、数据录入较完整的单位，包括 7 个所属公司等。

③项目均通过系统实施，但数据录入不完整的单位，包括 1 个业务单位、1 个区域能投公司。

④少量项目系统实施、多数系统外实施的单位，包括 xx、xx 等。

⑤xx 公司 2018 年申报计划的非招项目，开始通过系统实施，比 2017 年有进步。

⑥未使用系统的单位包括 2 个所属公司。

E8.4.3　决标模块应用

20xx 年招标采购管理中心通过招投标管理系统形成决标总数 357 项，招标采购管理中心实际完成的决标表总数 357 项，完成率 100%。

E8.4.4　招标实施模块

20xx 年，招标公司通过招标管理系统发出中标通知书共 536 个项目，其中，完成资料归档项目 536 个，招标实施及资料归档及时率为 100%。〔数据为招投标系统中电子归档情况，以考核年上一年 12 月至考核年 11 月份（含）发出中标通知书的项目为基数，12 月 31 日前归档数据为考核值。〕

E8.4.5　供应商管理

20xx 年，招标公司应完成审核的供应商总数 15 020 个，通过电子采购系统完成审核的供应商总数 15 020 个，完成率 100%。

E8.4.6　专家管理

20xx 年，招标公司通过 OA 系统应完成审核的专家总数 235 个，其中，新入库专家审核 157 人，变更专家审核 78 人。已完成审核的专家总数 235 个，完成率 100%。

20xx 年从考核应用情况看，一是系统应用有待于进一步推广，二是系统自身功能有待于进一步优化和完善，以利于集团多层级用户使用。

从考核得分情况看，系统应用数据量小的单位，考核得分较高；系统应用数据量大的单位，考核得分相对略低，20xx 年酌情考虑了系统应用难度进行评分。

E8.5　考评结果

表 E8-1　20xx 年度电子采购平台考核得分汇总表

序号	单位	总得分
1	所属公司 1	95.00
2	所属公司 2	99.00
3	所属公司 3	100.00
4	所属公司 4	100.00
5	所属公司 5	95.00

续表

序号	单位	总得分
6	所属公司6	99.00
7	所属公司7	92.80
8	所属公司8	98.60
9	所属公司9	78.30
10	所属公司10	96.60
11	所属公司11	76.40
12	所属公司12	93.00
13	所属公司13	76.10
14	所属公司14	100.00
15	所属公司15	98.20
16	所属公司16	85.60
17	所属公司17	100.00
18	所属公司18	94.80
19	所属公司19	98.95
20	所属公司20	94.30
21	所属公司21	96.80
22	所属公司22	98.60
23	总部部门1	96.10
24	总部部门2	100.00
25	总部部门3	99.60
26	总部部门4	99.90
27	总部部门5	96.70
28	总部部门6	99.90
29	总部部门7	98.00
30	总部部门8	100.00
31	总部部门9	100.00
32	总部部门10	96.20
33	总部部门11	100.00
34	总部部门12	100.00
35	总部部门13	99.90
36	总部部门14	—
37	总部部门15	95.50

序号	单位	总得分
38	业务部门 1	100.00
39	业务部门 2	99.80
40	业务部门 3	100.00
41	业务部门 4	—

E9 综合计划统计信息系统应用考核评价分析报告（示例）

E9.1 考核评价总体情况

20xx 年，参加综合计划与统计管理系统考评的单位共 29 家，与去年相比未变化，其中得分 90 分（含）以上的 23 家，80（含）至 90 分的 6 家，70（含）至 80 分的 0 家。各单位得分及排名情况见表 E9-1。

表 E9-1 考核评价总体情况

排名	单位	总计得分	分项名称及得分		
		满分 （分值 100 分）	信息安全 （分值 100 分）	数据质量 （分值 100 分）	利用及创新 （分值 100 分）
1	所属公司 1	97.33	94.60	99.46	85.75
2	所属公司 2	97	96.20	99.92	75.25
3	所属公司 3	96.63	95	97.33	94.30
4	所属公司 4	96.52	100	96.24	91.70
5	所属公司 5	96.41	100	100	60.60
6	所属公司 6	96.18	95	96.69	93.20
7	所属公司 7	96.14	100	95.13	96.45
8	所属公司 8	95.79	96.20	95.56	96.85
9	所属公司 9	94.72	96.60	100	48.70
10	所属公司 10	94.60	90	96.56	88.10
11	所属公司 11	93.82	92	100	48.05
12	所属公司 12	93.21	94.20	97.89	53.75
13	所属公司 13	92.95	92	99.29	44.15
14	管理部门与业务单位 14	92.47	90	100	37.20
15	管理部门与业务单位 15	92.11	89	100	35.20
16	管理部门与业务单位 16	91.96	88	100	35.60
17	管理部门与业务单位 17	91.67	96.40	93.85	64.70

续表

排名	单位	总计得分	分项名称及得分		
		满分 （分值 100 分）	信息安全 （分值 100 分）	数据质量 （分值 100 分）	利用及创新 （分值 100 分）
18	管理部门与业务单位 18	91.51	94.40	91.2	88.25
19	管理部门与业务单位 19	91.50	95	89.84	97.65
20	管理部门与业务单位 20	91.44	90	92.21	88.20
21	管理部门与业务单位 21	91.44	82.50	92.21	37.10
22	管理部门与业务单位 22	90.40	88.60	96.63	44.12
23	管理部门与业务单位 23	90.03	95	89.17	87.00
24	管理部门与业务单位 24	85.95	95	88.74	45.60
25	管理部门与业务单位 25	85.30	88	90.08	41.70
26	管理部门与业务单位 26	85.30	99	87	44.30
27	管理部门与业务单位 27	85.21	100	87	41.30
28	管理部门与业务单位 28	85.14	100	87.4	37.40
29	管理部门与业务单位 29	85.07	88.60	90.3	36.20

E9.2　总体情况评价分析

2018 年与 2017 年相比，优秀率有所提升，总分平均略高。2018 年优秀单位 23 家，优秀率为 79.3%，2017 年优秀单位 21 家，优秀率为 72.4%；2018 年参评单位总分平均为 91.99，2017 年参评单位总分平均为 89.49。

E9.3　各分项情况及应用趋势分析

E9.3.1　信息安全情况分析

信息安全考核主要包括：账号匹配、权限匹配、账号注销、账号口令四个方面，2018 年和 2017 年相比，各单位未使用账号注销情况呈下降趋势，其他几项均保持不变。

E9.3.2　数据质量情况分析

数据质量考核主要包括：数据完整性、数据准确性、数据及时性三个方面，各单位在数据准确性、数据及时性两方面较重视，做得较好，在数据完整性方面还有待加强，2018 年和 2017 年相比，数据质量情况整体呈上升趋势，其中数据准确性方面上升趋势明显。

E9.3.3　利用及创新情况分析

利用及创新情况考核主要包括：数据利用、合理建议、管理和培训三个方面，各单位在这三个方面考核情况一般，分数普遍偏低，2018 年和 2017 年相比，数据利用及创新情况整体呈下降趋势。

E9.4　主要结论及改进建议

总体来看，20xx 年各单位该系统应用情况整体水平有所提升，主要体现在数据质量方面的提升，在信息安全、利用及创新方面有所下降，特别是各单位账号注销情况问题较大，没有及时对账号进行梳理，希望在以后的系统应用过程中，各单位能够提高信息安全意识，加强系统账号管理，同时在使用系统的过程中能够结合自身的业务，在系统建设方面提出宝贵的意见和建议，使系统不断完善，能够为各单位提供更优质的服务。

E10 OA 系统应用考核评价分析报告（示例）

E10.1 考核评价总体情况

20xx 年参加考评的单位共有 41 家。各单位得分及排名情况见表 E10-1。

表 E10-1 OA 系统应用评价汇总表

单位	评价汇总		本单位公文			集团公文						
	总得分	排名	本单位文件数量	本单位文件平均办理时长（天）	本单位文件30天办结率	办理集团文件数量	办理集团收文数量	集团收文平均办理时长（天）	集团收文14天办结率	办理集团发文和签报数量	办理集团发文和签报平均办理时长（天）	集团发文和签报30天办结率
所属公司 1	99.05	1	2337	7.56	97.77%	248	147	0.62	100.00%	101	21.05	84.16%
所属公司 2	98.67	2	2175	5.51	98.71%	218	113	2.28	97.35%	105	12.52	93.33%
所属公司 3	98.44	3	1929	8.82	94.82%	133	91	0.37	100.00%	42	16.69	92.86%
所属公司 4	98.30	4	4296	6.78	97.51%	346	169	1.43	99.41%	177	23.91	80.23%
所属公司 5	98.18	5	1934	8.01	96.64%	158	99	1.10	98.99%	59	32.88	72.88%
所属公司 6	98.16	6	2289	7.86	97.60%	529	361	4.05	95.57%	168	12.65	91.67%
所属公司 7	98.07	7	3072	8.41	97.23%	151	102	1.27	99.02%	49	28.49	77.55%
所属公司 8	97.94	8	1256	10.91	88.77%	263	180	4.24	93.33%	83	14.49	93.98%
所属公司 9	97.93	9	2882	10.43	93.58%	148	102	0.18	100.00%	46	18.58	86.96%
所属公司 10	97.85	10	3817	11.89	92.72%	372	244	2.18	97.54%	128	31.11	71.88%
所属公司 11	97.80	11	4834	12.08	93.30%	270	189	2.47	97.88%	81	18.63	95.06%
所属公司 12	97.66	12	1553	2.87	99.10%	215	156	1.53	99.36%	59	28.92	76.27%
所属公司 13	97.63	13	2635	9.22	94.99%	424	314	2.21	98.41%	110	31.02	76.36%
管理部门与业务单位 14	97.59	14	1641	14.52	91.90%	443	176	4.06	96.59%	267	25.42	75.28%
管理部门与业务单位 15	97.32	15	2425	14.89	91.18%	335	250	8.30	81.60%	85	8.85	95.29%
管理部门与业务单位 16	97.31	16	1753	10.50	93.27%	604	451	12.38	78.71%	153	14.73	87.58%
管理部门与业务单位 17	97.30	17	1876	9.10	96.96%	86	76	0.36	100.00%	10	13.58	100.00%

单位	评价汇总		本单位公文			集团公文						
	总得分	排名	本单位文件数量	本单位文件平均办理时长（天）	本单位文件30天办结率	办理集团文件数量	办理集团收文数量	集团收文平均办理时长（天）	集团收文14天办结率	办理集团发文和签报数量	办理集团发文和签报平均办理时长（天）	集团发文和签报30天办结率
管理部门与业务单位18	97.28	18	2082	7.65	98.22%	95	84	0.69	100.00%	11	27.24	63.64%
管理部门与业务单位19	97.27	19	4829	12.95	91.12%	410	292	2.13	98.97%	118	27.51	72.88%
管理部门与业务单位20	97.21	20	2277	11.02	92.71%	374	238	5.49	90.34%	136	12.42	93.38%
管理部门与业务单位21	97.19	21	2123	1.02	99.81%	508	444	1.54	98.65%	64	15.44	89.06%
管理部门与业务单位22	97.19	22	6538	36.69	60.94%	330	259	0.50	98.84%	71	14.48	92.96%
管理部门与业务单位23	97.18	23	1382	0.99	99.93%	234	223	0.33	100.00%	11	138.74	36.36%
管理部门与业务单位24	97.03	24	2034	10.83	93.02%	213	170	5.37	90.59%	43	24.90	86.05%
管理部门与业务单位25	97.03	25	1227	8.50	95.84%	216	159	4.12	95.60%	57	27.83	80.70%
管理部门与业务单位26	96.96	26	2254	16.55	85.89%	680	411	19.69	75.18%	269	18.10	88.48%
管理部门与业务单位27	96.68	27	2595	15.24	91.18%	82	66	1.73	100.00%	16	54.39	75.00%
管理部门与业务单位28	96.66	28	1585	8.05	95.52%	134	114	2.21	96.49%	20	30.78	75.00%

单位	评价汇总		本单位公文			集团公文						
	总得分	排名	本单位文件数量	本单位文件平均办理时长（天）	本单位文件30天办结率	办理集团文件数量	办理集团收文数量	集团收文平均办理时长(天)	集团收文14天办结率	办理集团发文和签报数量	办理集团发文和签报平均办理时长（天）	集团发文和签报30天办结率
管理部门与业务单位29	96.61	29	2195	30.17	77.27%	878	494	20.08	71.05%	384	11.95	91.41%
所属公司1	96.61	30	1950	5.93	98.46%	91	83	0.80	98.80%	8	17.54	75.00%
所属公司2	96.55	31	1740	13.89	90.17%	95	93	0.49	100.00%	2	8.10	50.00%
所属公司3	96.38	32	2225	31.09	73.66%	576	309	12.53	81.23%	267	17.28	86.14%
所属公司4	96.34	33	2568	10.85	93.54%	122	94	1.42	98.94%	28	14.11	82.14%
所属公司5	95.82	34	1304	6.92	98.08%	83	67	1.07	100.00%	16	29.14	62.50%
所属公司6	95.76	35	1766	14.31	88.28%	147	103	8.32	87.38%	44	4.97	97.73%
所属公司7	95.36	36	1994	30.86	68.41%	383	294	19.66	73.13%	89	9.66	96.63%
所属公司8	95.25	37	1871	22.60	78.30%	119	95	8.57	87.37%	24	21.58	91.67%
所属公司9	94.87	38	2410	39.67	66.39%	402	276	19.86	71.01%	126	33.93	69.05%
所属公司10	93.55	39	1361	13.17	88.32%	161	132	11.64	81.06%	29	45.00	68.97%
所属公司11	93.48	40	1273	23.86	73.53%	295	216	7.49	89.35%	79	45.12	50.63%
所属公司12	92.49	41	786	5.14	96.06%	25	11	7.97	81.82%	14	68.05	42.86%

E10.2　分项指标分析

（1）发文情况

2018 年共发文 16 899 篇，2017 年共发文 13 240 篇，2018 年发文数量较 2017 年增加 27.6%，见图 E10-1。

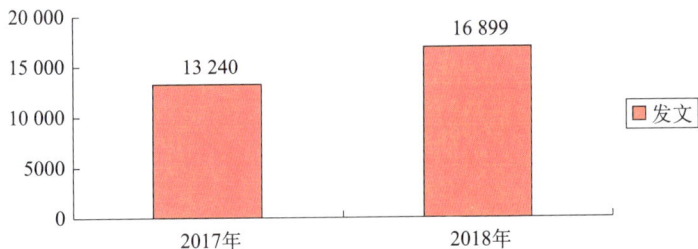

图 E10-1　2017 年、2018 年发文数量对比

（2）收文情况

2018 年累计收文 79 410 篇，2017 年累计收文 58 653 篇，2018 年收文数量较 2017 年增加 35.4%，见图 E10-2。

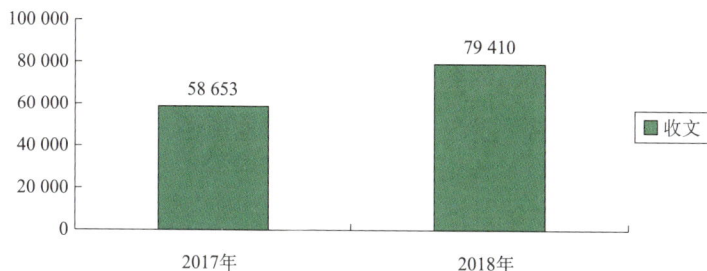

图 E10-2　2017 年、2018 年收文数量对比

（3）签报情况

2018 年累计签报 12 314 篇，2017 年累计办理签报 10 381 篇，2018 年签报数量较 2017 年增加 18.6%，见图 E10-3。

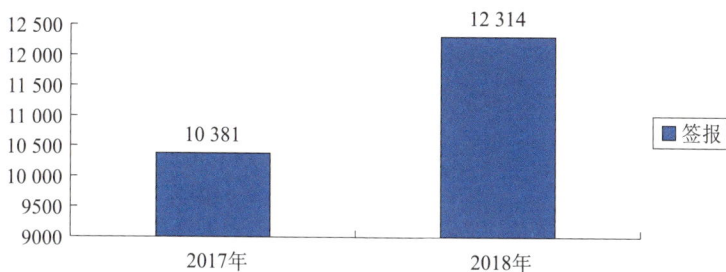

图 E10-3　2017 年、2018 年签报数量对比

（4）收、发、签总体情况

2018 年累计办文 108 623 篇，2017 年累计办文 82 274 篇，2018 年办义数量较 2017 年增加 32%，见图 E10-4。

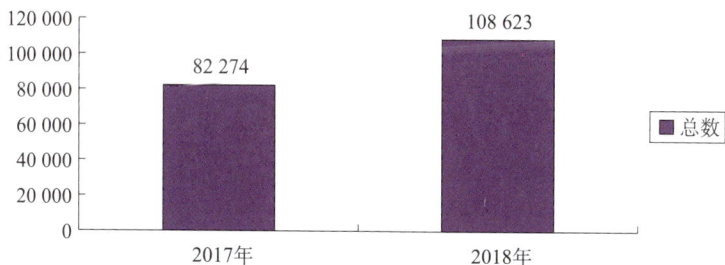

图 E10-4　2017 年、2018 年办理公文总数量对比

E10.3　应用态势分析

OA 系统在集团所有信息系统应用最广,也是集团新办公系统应用的第二年,对集团 OA 系统的技术和服务水平提出了更高的标准和要求。

根据 20xx 年集团新 OA 的广泛应用,以及年终应用评价的各项数据,对此进行应用评价分析如下:

(1)集团公文流转应用分析

为适应集团发展战略,今年新成立了一些部门和单位,也有些单位和部门调整、更名,与之配套 OA 系统中为这些单位适配了相应的流程、权限角色、公文格式,设置了文书、单位管理员、新增注册用户、员工调动部门转换等。新系统应用经过一年多的使用磨合,用户对其操作熟练度有明显增长,信息化部门也适时推出培训、问题解答、在线帮助、电话咨询等措施,辅助用户更好使用系统。

各部门(单位)在积极使用 OA 系统的同时,提出了许多对系统的改进和建议。集团办公厅作为公文管理的核心部门,提出了许多公文管理的改进需求,这些都是 20xx 年 OA 系统优化完善的工作重点。

(2)OA 系统其他应用分析

集团 OA 系统中除公文流转以外,还包括出差休假流程、会议预定流程、移动办公等,使集团办公业务更经济、高效和便捷。

E10.4　主要结论及改进建议

总体来看,20xx 年集团公司新 OA 平台在各部门、各单位中得到了广泛使用和推广,极大地提高了日常办公效率,节省了办公成本。为了使 OA 系统得到更好地使用和推广,提出如下建议:

(1)深化 OA 系统分级授权

在二级单位、子企业配置单位 OA 管理员,增强单位内部灵活管理机制,提高办公效率。

(2)提高办文效率

2018 年,发文、收文、签报还存在少量没有及时处理的问题,需加强对办文时效的考核和控制。

(3)提高 OA 系统技术和服务水平

加大投入,提高 OA 系统技术和服务水平。进一步优化系统性能,完善系统功能,面对大量用户提出的改进建议和需求,认真梳理,将优化完善作为提高 OA 系统应用水平的重要措施和保障。

E11　车辆管理系统应用考核评价分析报告（示例）

E11.1　考核评价总体情况

2018 年与 2017 年相比，减少撤销公司 2 家参评单位，增加了新成立的公司 1 家参评单位。各部门和单位得分及排名情况见表 E11-1。

表 E11-1　车辆管理系统考核评价总体情况

排名	部门或单位	出勤记录	维修信息	更换机油	燃油费用	专项费用	其他费用	会议记录	绩效分析	总分
1	所属公司 1	100.00	99.41	100.00	100.00	100.00	100.00	98.00	100.00	99.68
2	公司总部	99.99	100.00	100.00	100.00	100.00	100.00	100.00	95.00	99.50
3	所属公司 2	99.86	100.00	99.67	100.00	100.00	100.00	99.38	95.00	99.39
4	所属公司 3	99.79	99.12	99.80	99.09	97.82	99.50	99.53	100.00	99.38
5	所属公司 4	99.93	99.77	99.79	100.00	90.00	100.00	99.50	100.00	99.38
6	所属公司 5	99.96	99.90	100.00	95.43	100.00	99.92	100.00	100.00	99.05
7	所属公司 6	99.49	100.00	100.00	97.94	99.41	100.00	100.00	95.00	98.96
8	所属公司 7	99.82	100.00	100.00	99.02	93.48	100.00	100.00	95.00	98.94
9	所属公司 8	99.87	99.97	99.72	99.15	100.00	99.93	99.68	85.00	98.25
10	所属公司 9	99.97	99.02	90.00	100.00	100.00	90.00	97.27	95.00	97.53
11	所属公司 10	96.97	96.00	100.00	99.69	99.33	100.00	90.00	95.00	97.00
12	所属公司 11	94.40	100.00	98.18	100.00	90.00	90.00	90.00	95.00	95.79
13	所属公司 12	99.15	100.00	100.00	97.20	90.00	90.00	100.00	85.00	95.77
14	所属公司 13	99.24	100.00	100.00	91.15	90.00	90.00	90.00	100.00	95.58
15	所属公司 14	99.74	90.00	90.00	100.00	90.00	100.00	90.00	95.00	95.45
16	所属公司 15	97.48	99.81	90.00	92.22	100.00	100.00	98.24	80.00	95.23
17	所属公司 16	97.32	100.00	100.00	93.24	90.00	90.00	90.00	80.00	93.61

2018 年与 2017 年相比，总分平均略高。2018 年参评单位平均分为 97.56，2017 年参评单位平均分为 94.23；2018 年最高分为 99.68 分，2017 年最高分为 99.35 分，如图 E11-1 和图 E11-2 所示。

图 E11-1　总分平均情况

	2017年	2018年
分数	94.23	99.35

图 E11-2　最高分情况

	2017年	2018年
分数	99.35	99.68

E11.2　主要分项情况

E11.2.1　车辆出勤评分对比分析

此项考核指标主要是检查各参加考核的单位在车辆出勤记录方面是否完整和及时。在参加考评的 17 家单位中，平均分达到 99 分，较往年有所提高，但仅有 1 个满分。对比情况如图 E11-3 所示。

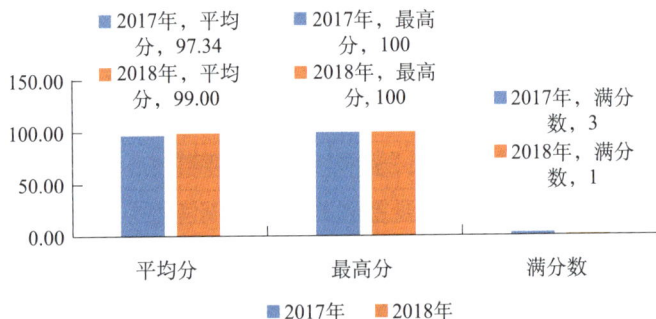

图 E11-3　车辆出勤对比情况

E11.2.2　车辆维修评分对比分析

此项考核指标主要是检查各参加考核的单位在车辆维修记录方面是否完整。在参加考评的 17 家单位中，平均分达到 99.00，较往年有所提高，并有 8 个满分。对比情况如图 E11-4 所示。

图 E11-4　车辆维修对比情况

E11.2.3　更换机油评分对比分析

此项考核指标主要是检查各参加考核的单位在车辆更换机油记录方面是否完整和及时。在参加考评的 17 家单位中，平均分达到 97.48，较往年有所提高，并有 8 个满分。对比情况如图 E11-5 所示。

图 E11-5　更换机油对比情况

E11.2.4　燃油费用评分对比分析

此项考核指标主要是检查各参加考核的单位在车辆加油记录方面是否完整和及时。在参加考评的 17 家单位中，平均分达到 97.89，较往年有所提高，并有 7 个满分。对比情况如图 E11-6 所示。

图 E11-6　燃油费用对比情况

E11.2.5 专项费用评分对比分析

此项考核指标主要是检查各参加考核的单位在专项费用记录方面是否完整和及时。在参加考评的 17 家单位中，平均分达到 95.88，较往年有所提高，并有 7 个满分。对比情况如图 E11-7 所示。

图 E11-7　专项费用对比情况

E11.2.6 其他费用评分对比分析

此项考核指标主要是检查各参加考核的单位在其他费用记录方面是否完整和及时。在参加考评的 17 家单位中，平均分达到 97.02，较往年有所提高，并有 9 个满分。对比情况如图 E11-8 所示。

图 E11-8　其他费用对比情况

E11.2.7 会议记录评分对比分析

此项考核指标主要是检查各参加考核的单位在会议记录方面是否完整和及时。在参加考评的 17 家单位中，平均分达到 96.56，较往年有所提高，并有 5 个满分。对比情况如图 E11-9 所示。

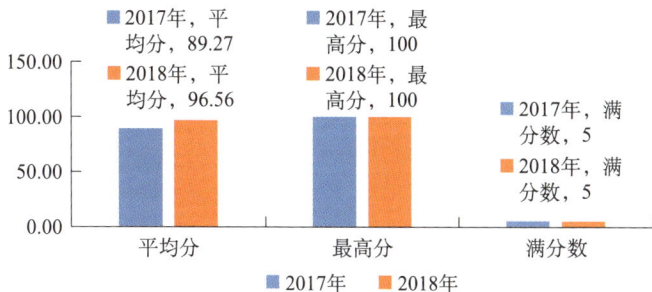

图 E11-9　会议记录对比情况

E11.2.8　绩效分析评分对比分析

此项考核指标主要是检查各参加考核的单位在信息化工作总结中是否对车辆系统的应用情况进行统计和绩效分析。在参加考评的 17 家单位中，平均分达到 93.53，较往年有所提高，并有 5 个满分。对比情况如图 E11-10 所示。

图 E11-10　会议记录对比情况

E11.3　应用趋势分析

2018 年新增车队 9 个，新增车辆 13 台，新增驾驶员 4 人，全年共有 99 个车队使用了车辆管理系统。车辆系统的应用还在进一步扩大。

E11.3.1　车辆出勤

2018 年全年车辆出勤 172 066 次，较 2017 年增加 1024 次。出勤次数对比情况如图 E11-11 所示。

图 E11-11　出勤次数对比情况

	2017年	2018年
数量	171 042	172 066

E11.3.2　车辆维修

2018 年全年车辆维修 6904 次，较 2017 年减少 225 次。维修次数对比情况如图 E11-12 所示。

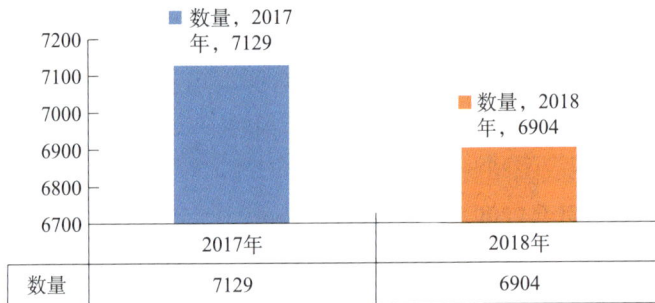

图 E11-12　维修次数对比情况

	2017年	2018年
数量	7129	6904

E11.3.3　更换机油

2018 年全年车辆更换机油 1929 次，较 2017 年减少 91 次，有较小的减幅。换油次数对比情况如图 E11-13 所示。

图 E11-13　换油次数对比情况

	2017年	2018年
数量	2020	1929

E11.3.4　燃油费用

2018 年全年车辆加油 41 518 次，较 2017 年增加 3181 次，有较大的增幅。加油次数对比情况如图 E11–14 所示。

图 E11-14　加油次数对比情况

E11.3.5　专项费用

2018 年全年车辆系统专项费用录入记录 1963 次，较 2017 年减少 37 次，基本持平。专项费用记录次数对比情况如图 E11–15 所示。

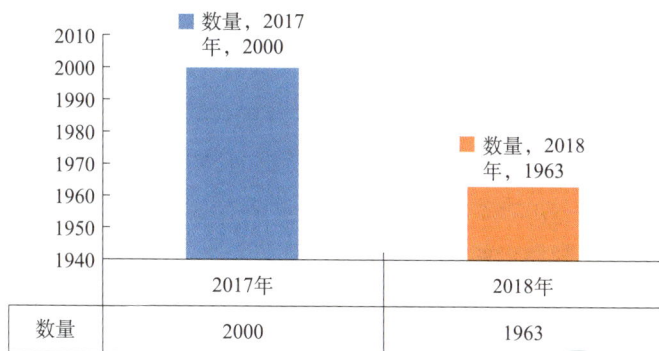

图 E11-15　专项费用记录次数对比情况

E11.3.6　其他费用

2018 年全年车辆系统专项费用录入记录 23 423 次，较 2017 年减少 3500 次，有较大的减幅。其他费用记录次数对比情况如图 E11–16 所示。

图 E11-16 其他费用记录次数对比情况

E11.3.7　会议记录

2018 年全年车辆系统专项费用录入记录 2383 次，较 2017 年减少 176 次，有较大的减幅。会议次数对比情况如图 E11-17 所示。

图 E11-17 会议次数对比情况

车辆管理系统 7 个方面的数据统计与 2017 年的比较情况来看，在车辆出勤、燃油费用方面的记录有所增加，但在车辆维修、更换机油、专项费用、其他费用和会议记录方面的记录数有所下降。

E11.4　主要结论及改进建议

根据考评结果分析，2018 年的总分情况和各分项情况都较 2017 年有所提升，但从数据统计的结果来看，在车辆管理系统的专项费用、其他费用、会议记录这三个方面还有很大的提升空间。

各单位除加强应用车辆管理系统外，还应结合自身业务和管理特点积极思考，为车辆管理系统的优化提出宝贵意见和建议。

E12 发电量报送系统应用考核评价分析报告（示例）

E12.1 考核评价总体情况

20xx 年参加发电量与机组状态报送系统考评的单位共 7 家，其中得分 90 分（含）以上的 6 家，80（含）至 90 分的 1 家。各单位得分及排名情况见表 E12-1。

表 E12-1 考核评价总体情况

排名	单位	总计得分 满分（分值100分）	分项名称及得分			
			管理制度（分值10分）	应用管理（分值30分）	数据质量（分值60分）	创新管理（分值10分）
1	所属公司 1	99.89	10	30	59.88	10
2	所属公司 2	98.18	10	30	60	8
3	所属公司 3	98.18	10	30	60	8
4	所属公司 4	98.15	10	30	57.97	10
5	所属公司 5	98.05	10	30	59.86	8
6	所属公司 6	96.38	10	30	59.02	7
7	所属公司 7	86.45	10	30	47.1	8

E12.2 各分项情况分析

E12.2.1 管理制度考核情况分析

管理制度考核情况较好，各单位均为满分。

E12.2.2 应用管理考核情况分析

应用管理考核情况较好，各单位均为满分。

E12.2.3 数据质量考核情况分析

数据质量考核中，各单位扣分基本集中在数据及时性上，各单位还需继续加强。

E12.2.4　创新管理考核情况分析

创新管理考核为加分项，各单位均有加分，其中，中水电、三峡国际较为出色，获得满分。

E12.3　主要结论及改进建议

总体来看，20xx 年各单位该系统应用情况整体水平有所提升，但数据质量方面仍有不足。希望各单位重视数据质量问题，积极改进，结合自身业务和管理特点积极思考创新管理，不断提升系统应用水平。

E13　集团内外网站应用考核评价分析报告（示例）

E13.1　考核评价总体情况

20xx 年，共 34 家单位纳入集团内外网站考评，对各单位自办内网、外网以及集团网站信息提供等方面进行了考核评价。总体来看，在集团各部门和单位的鼎力支持下，集团互联网站相关责任单位按照分工，在 20xx 年基础上，做到第一时间发布集团信息，且质量有一定提升。但对标相关央企，集团公司互联网站内容建设、行业信息、媒体报道、数据存储和查询等还有很大提升空间。要坚持移动端优先策略，适时推出网站手机版。

各二级单位外网整体建设较好，页面设计新颖、现代，内容丰富，时效性强，成为本企业对外宣传和形象展示的重要窗口。

各部门、单位自办的内网整体重视程度在 20xx 年考评基础上，有了很大提升，内网建设质量有了整体提高。个别部门、单位内网存在内容建设不到位、信息更新不及时、无人管理维护的现象，没有很好在服务集团、加强内部沟通、拓展业务、知识普及、行业信息选载等方面发挥作用。

E13.2　改进意见和建议

希望各部门和单位要高度重视互联网站（外网、内网）建设，增强互联网思维，提升互联网＋宣传、互联网＋服务的意识，加强和宣传部门的联系沟通，对标世界一流企业，提升互联网站对外传播能力建设，在新的一年里更好地发挥互联网站在集团战略、业务管理、行业信息、国际化、内部沟通、自身品牌形象认知方面的重要作用。

E14　管理区地理信息系统应用考核评价分析报告（示例）

E14.1　考核评价总体情况

20xx 年度三峡枢纽管理区地理信息系统应用考评覆盖 2 家单位，得分及排名情况见表 E14-1 所示。

表 E14-1　各单位考核评价总体情况

序号	考评单位	管理制度	应用程度	数据质量	管理创新	总评分
1	管理单位 1	20	31	37	8	96
2	管理单位 2	20	27	40	6	93

E14.2　总体评价分析

20xx 年，三峡 GIS 系统安全运行，活跃用户数达到 366 个，目前共有十个专题子系统，应用范围越来越广，系统有效用户稳定增加，登录系统人次趋于稳定，系统使用覆盖面持续扩大，系统实施应用情况良好。枢纽管理局继去年之后，继续深化对交通、船闸辅助等的应用，三峡基地公司覆盖的专题有交通、消防、供水、房产与绿化应用。全年新增授权用户 17 个，累计登录访问系统 6967 人次，图 E14-1 展示全年 GIS 系统登录情况。

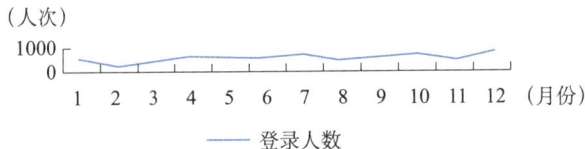

图 E14-1　系统登录人次数

20xx 年各子系统应用次数保持稳定，系统实施应用情况良好。E14 图 2 展示各专题子系统应用次数分布如图 E14-2 所示。

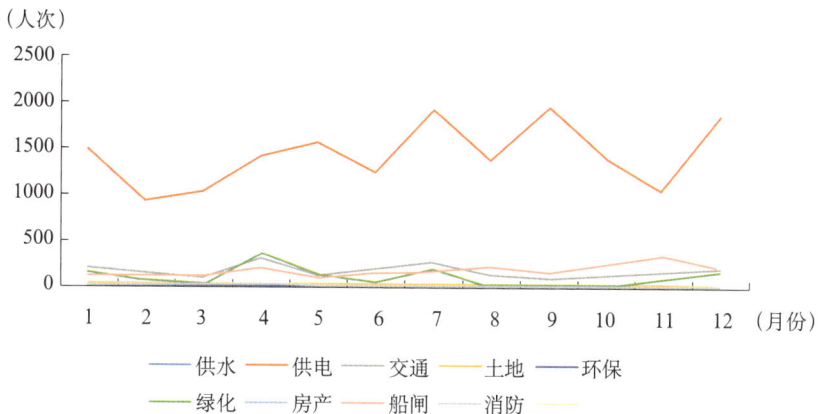

图 E14-2　各专题子系统应用人次数

E14.3　分项指标及应用趋势分析

E14.3.1　分项指标评价分析

（1）管理制度

此指标考核系统运行规范、年度报告与应用推广员等情况。20xx 年 2 家单位均及时发布了系统业务运行规范，确定了应用负责人，为系统运维提供制度保障。

（2）应用程度

此项指标考核内容各单位相关的业务应用程序的使用情况。20xx 年，该项指标总体分数较上一年有所降低，特别是在绿化、土地、房产等子系统的应用上，业务人员对系统的应用频次下降。而在船闸辅助子系统应用上，业务人员在对船闸通航数据和升船机通航数据的录入工作中，不仅多次提出优化意见，还利用报表汇报了工作，深化应用了系统。希望各单位从数据录入及数据利用方面继续加强系统应用。

（3）数据质量

此项指标考核各单位业务应用数据的完备性、及时性、准确性。20xx 年，除土地子系统部分数据缺失外，各单位对于业务数据的更新与维护到位，希望继续保持。

（4）管理创新（额外加分项）

此项指标考核业务单位对系统在日常工作中的结合度。20xx 年，各单位均在日常工作中借助系统数据解决业务工作，希望在以后的工作中能够充分地利用系统功能和数据进行相关决策分析，更好地为工作服务。

E14.3.2　应用趋势分析

三峡枢纽管理区地理信息系统是枢纽管理区今后统一的管理入口，主要是实现对坝区交通、土地、环保、绿化、房产、船闸辅助等多项业务进行统一管理。2016 年系统整体上线后，经过 2017 年、2018 年两年的深入应用，现已在多家单位进行应用，随着系统应用趋于稳定，业务涉及单位逐步扩大，希望各单位部门能继续保持深化应用系统。

E14.4　主要结论及改进建议

20xx 年，系统应用面逐步扩大，系统利用度稳步提高。交通、船闸辅助等应用与日常管理工作结合紧密，保证了数据的有效性。各单位在日常的各项工作中积极应用系统资源，利用查询分析辅助的手段，提高了工作效率，带来了经济效益。20xx 年系统应用还存在一些不足之处，例如基础数据仍需完善，部分开发完成的功能用户没有进行使用，导致部分业务功能无法推广与正常启用的情况。希望通过这次考核能发现问题，逐步改进，为后续的管理工作提供一个良好的基础。

E15　出国人员管理系统应用考核评价分析报告（示例）

E15.1　考核评价总体情况

20xx 年对 31 家单位和部门进行了出国人员管理系统应用考核评价。各部门和单位得分及排名情况见表 E15-1 和图 E15-1 所示：

表 E15-1　集团机关部门及二级单位考核评价总体情况

集团部门单位名称	管理制度（总分10分）		应用程度（总分50分）									数据质量（总分40分）					累计得分
	年度报告	外事联络员使用情况	小计	证照管理	计划填报	生物信息采集	立项填报	统计查询	出访报告提交	来华邀请信息填报	APEC信息填报	小计	生物信息采集	立项填报	来华邀请信息填报	APEC信息填报	小计	
单位 1	5	5	10	5	5	5	20	5	3	4	3	50	10	20	5	5	40	100
单位 2	5	5	10	5	5	5	20	5	3	4	3	50	10	20	5	5	40	100
单位 3	5	5	10	5	5	5	20	5	3	4	3	50	10	20	5	5	40	100
单位 4	5	5	10	5	5	5	20	5	3	4	3	50	10	20	5	5	40	100
单位 5	5	5	10	5	5	5	20	5	3	4	3	50	10	20	5	5	40	100
单位 6	5	5	10	5	5	5	20	5	3	4	3	50	10	20	5	5	40	
单位 7	5	5	10	5	5	5	20	5	3	4	3	50	10	20	5	5	40	
单位 8	5	5	10	5	5	5	20	5	3	4	3	50	10	19.5	5	5	39.5	99.5
单位 9	5	5	10	5	5	5	20	5	3	4	3	50	10	19.5	5	5	39.5	99.5
单位 10	5	5	10	5	5	5	20	5	3	4	3	50	10	19	5	5	39	99
单位 11	5	5	10	5	5	5	20	5	3	4	3	50	10	19	5	5	39	99
单位 12	5	5	10	5	5	5	20	5	3	4	3	50	10	19	5	5	39	99

续表

集团部门单位名称	管理制度（总分10分）			应用程度（总分50分）									数据质量（总分40分）					累计得分
	年度报告	外事联络员使用情况	小计	证照管理	计划填报	生物信息采集	立项填报	统计查询	出访报告提交	来华邀请信息填报	APEC信息填报	小计	生物信息采集	立项填报	来华邀请信息填报	APEC信息填报	小计	
单位 13	5	5	10	5	5	5	20	5	3	4	3	50	10	19	5	5	39	99
单位 14	5	5	10	5	5	5	20	5	3	4	3	50	10	19	5	5	39	99
单位 15	5	5	10	5	5	5	20	5	3	4	3	50	10	19	5	5	39	99
单位 16	5	5	10	5	5	5	20	5	3	4	3	50	10	19	5	5	39	99
单位 17	5	5	10	5	5	5	20	5	3	4	3	50	10	19	5	5	39	99
单位 18	5	5	10	5	5	5	20	5	3	4	3	50	10	19	5	5	39	99
单位 19	5	5	10	5	5	5	20	5	3	4	3	50	10	19	5	5	39	99
单位 20	5	5	10	5	5	5	20	5	3	4	3	50	10	19	5	5	39	99
单位 21	5	5	10	5	5	5	20	5	3	4	3	50	10	19	5	5	39	99
单位 22	5	5	10	5	5	5	20	5	3	4	3	50	10	19	5	5	39	99
单位 23	5	5	10	5	5	5	20	5	3	4	3	50	10	19	5	5	39	99
单位 24	5	5	10	5	5	5	20	5	3	4	3	50	10	19	5	5	39	99
单位 25	5	5	10	5	5	5	20	5	3	4	3	50	10	19	5	5	39	99
单位 26	5	5	10	5	5	5	20	5	3	4	3	50	10	19	5	5	39	99
单位 27	5	5	10	5	5	5	20	5	3	4	3	50	10	19	5	5	39	99
单位 28	5	5	10	5	5	5	20	5	3	4	3	50	10	19	5	5	39	99
单位 29	5	5	10	5	5	5	20	5	3	4	3	50	10	19	5	5	39	99
单位 30	5	5	10	5	5	5	20	5	3	4	3	50	10	19	5	5	39	99
单位 31	5	5	10	5	5	4	20	5	3	4	3	50	10	19	5	5	39	98

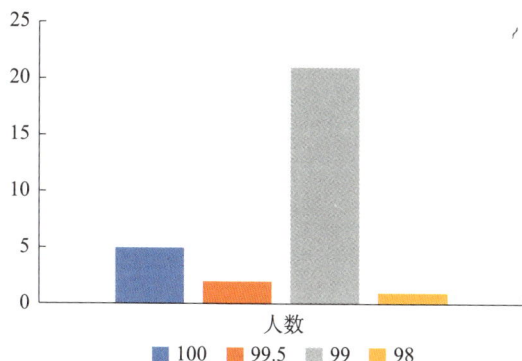

图 E15-1　集团机关部门及二级单位考核得分总体情况

E15.2　总体评价分析

E15.2.1　优秀率及总分情况

2018 年与 2017 年相比，系统应用熟练程度有所提升，总分平均略高。2018 年满分单位 5 家，占比 17.24 %，参评单位总分平均为 99.17。

E15.2.2　国际事务部、机关部门及二级单位总体评价分析

系统大部分功能集中在国际事务部应用，目前整体应用水平良好，能熟练掌握各模块功能，在数据管理、统计查询方面还有提升的空间。2018 年子系统投运 41 家单位，2018 年参与评分单位 31 家，计划在 2019 年将其全部纳入考核评价中。各部门及二级单位系统应用水平评价由制度管理、应用程度、数据质量三部分组成，另特别设置了创新加分项。各单位在填报数据质量方面有待进一步提高，在系统的深度应用有待加强，在创新方面表现平淡，来年需积极鼓励。

E15.2.3　系统活跃用户数情况

20xx 年，国际事务部活跃用户数 5 个，集团机关部门及二级单位用户数 44 个，其中活跃用户数 40 个。本年新增党组巡视办、长江大保护用户各 1 个，注销原呼蓄用户 1 个，单位外事联络员更换注销新增用户数 5 个。

E15.2.4　系统后台修改统计情况

20xx 年，在后台修改优化主要为：OA 推送、信息填报数据修改功能、年度计划下载、基础资料消息模板、证照领用归还延期处理、证照领用归还任务管理等，统计查询

功能有待优化。

E15.3　主要结论及改进建议

　　总体来看，20xx 年被考核单位的出国人员管理系统应用实施各项工作进展顺利，有序进行。本年度各单位在信息填报的准确性和及时性略有扣分；三峡国际在数据质量团组立项填报分项给予了扣分，在为 xx 公司以外的集团工作人员录取生物信息服务方面略有不足，建议注意生物信息采集设备应用的广泛性；公司 1、公司 2、公司 3 在生物信息采集方面成绩突出，进行了加分。

　　基于出国人员管理系统 20xx 年实施应用情况、系统功能模块部署和应用现状，各单位应进一步加强实施推广工作，一是组织外事联络员培训，继续巩固和加强系统操作应用；二是根据用户需要，对新增用户进行单独辅导；三是结合现场实际情况，规范操作流程，保证系统正常运行。

E16　网络安全考核评价分析报告（示例）

集团公司网络安全考核小组按照《关于开展集团公司 20xx 年度信息化考核评价工作的通知》要求，依据《集团公司网络安全考核实施细则（试行）》（以下简称《细则》），对集团公司 41 个单位进行了考评。现将考评情况报告如下：

E16.1　考核评价总体情况

20xx 年是集团公司网络安全专项考核施行的第一年，此次考核内容包含了定性、定量考核和加分项三部分内容，涵盖了一票否决、网络安全事件、网络安全工作以及加分情况等内容。网络安全考核结果按照《细则》中的权重比例进行评分、定级，并以此分数进行加权后作为信息化考核的网络安全考核部分的最终结果。各部门、单位的得分情况见附件表 1、表 2 所示。

E16.2　总体评价分析

E16.2.1　机关部门总体评价分析

机关部门共 18 个，最高分 100 分，最低分 93 分，平均分 99.61 分，网络安全考核评价为 A 级的部门共 18 个，加分单位 1 个。

E16.2.2　各单位总体评价分析

下属单位共 24 个，最高分 100 分，最低分 93 分，平均分 99.58 分，网络安全考核评价为 A 级单位共 24 个，加分单位 8 个。

E16.3　考核评价意见

20xx 年，集团公司网络安全工作情况总体良好。各部门、各单位高度重视网络安全工作，严格按照国家、行业主管部门网络安全政策法规和集团公司网络安全制度，认真落实集团公司网信办总体工作部署，有效开展了网络安全等级保护、国产化改造、体系贯标、通报预警、应急保障、安全检查、问题整改、宣传教育等各项工作，网络安全整体能力有了明显提升，但仍然存在以下主要问题：

一是部分单位对网络安全工作重视程度不够，执行力不足。部分信息系统建设和网络安全措施同步规划、同步建设、同步使用的"三同步"原则尚未得到普遍遵循；网络安全等级保护制度落实不到位，未按照公安部、国家能源局和集团公司要求，全面开展信息系统等保定级、测评和整改工作。

二是人员安全意识不强。部分岗位人员网络安全意识培训和教育工作不全面、不深入；部分服务器在检查过程中仍然存在弱口令；部分员工 VPN 账号存在弱口令，极易受到暴力破解，影响集团办公网安全。

三是部分服务器操作系统、应用系统组件重要漏洞修补和复核不及时，造成病毒感染和黑客攻击。部分应用系统代码层面存在 SQL 注入、文件上传、文件遍历、越权访问漏洞，无用户登录管理或失败处理功能；部分单位工业控制系统体系结构、技术防护措施不到位，存在薄弱环节和安全隐患。

根据考核评价工作情况，建议下一步重点开展以下工作：

（1）认真研究、执行中央关于网络安全工作的部署要求和顶层设计，根据国际、国内网络空间的新趋势、新特点、新威胁，谋划并完善 20xx 年度网络安全工作任务，明确工作目标，保护集团公司运行管理的关键信息基础设施网络安全，维护国家安全。

（2）防范网络安全重大风险，高度重视特权账号管理、弱口令管理、移动介质管理、重要漏洞修复、网络分区分域、工业控制系统网络隔离和认证等工作的落实。对集团公司 20xx 年网络安全专项行动中指出的安全风险和问题进行整改闭环和复查。

（3）加快推进网络安全态势感知能力建设，持续推进国产化替代、软件正版化以及 IPV6 升级改造工作，加强网络安全事件应急演练和协同处置机制，为集团公司创建世界一流的清洁能源企业提供网络安全保障。

机关部门网络安全考核评价总体情况见表 E16-1。

下属单位网络安全考核评价总体情况见表 E16-2。

表 E16-1　机关部门网络安全考核评价总体情况

部门	一票否决制	定量考核（权重 70%）	定性考核（权重 30%）	加分（满分5分）	总计得分	考核评价级别
总部部门 1	未出现	100	100	0	100	A
总部部门 2	未出现	100	100	0	100	A
总部部门 3	未出现	100	100	0	100	A
总部部门 4	未出现	100	100	0	100	A
总部部门 5	未出现	100	100	0	100	A
总部部门 6	未出现	100	100	0	100	A
总部部门 7	未出现	100	100	0	100	A
总部部门 8	未出现	100	100	0	100	A
总部部门 9	未出现	100	100	0	100	A

部门	一票否决制	定量考核 （权重70%）	定性考核 （权重30%）	加分 （满分5分）	总计得分	考核评价级别
总部部门 10	未出现	100	100	0	100	A
总部部门 11	未出现	100	100	0	100	A
总部部门 12	未出现	100	100	0	100	A
总部部门 13	未出现	100	100	0	100	A
总部部门 14	未出现	100	100	0	100	A
总部部门 15	未出现	100	100	0	100	A
总部部门 16	未出现	90	100	0	93	A
总部部门 17	未出现	100	100	2	100	A
总部部门 18	未出现	100	100	0	100	A

表 E16-2　下属单位网络安全考核评价总体情况

部门	一票否决制	定量考核 （权重70%）	定性考核 （权重30%）	加分 （满分5分）	总计得分	考核评价级别
所属单位 1	未出现	100	100	3	100	A
所属单位 2	未出现	100	100	0	100	A
所属单位 3	未出现	100	100	0	100	A
所属单位 4	未出现	100	100	0	100	A
所属单位 5	未出现	90	100	0	93	A
所属单位 6	未出现	90	100	4	97	A
所属单位 7	未出现	100	100	1	100	A
所属单位 8	未出现	100	98	3	100	A
所属单位 9	未出现	100	95	3	100	A
所属单位 10	未出现	100	100	0	100	A
所属单位 11	未出现	100	100	0	100	A
所属单位 12	未出现	100	100	0	100	A
所属单位 13	未出现	100	100	0	100	A
所属单位 14	未出现	100	100	0	100	A
所属单位 15	未出现	100	100	1	101	A
所属单位 16	未出现	100	100	0	100	A
所属单位 17	未出现	100	100	0	100	A
所属单位 18	未出现	100	100	0	100	A

续表

部门	一票否决制	定量考核 （权重70%）	定性考核 （权重30%）	加分 （满分5分）	总计得分	考核评价级别
所属单位 19	未出现	100	100	0	100	A
所属单位 20	未出现	100	100	0	100	A
所属单位 21	未出现	100	100	0	100	A
所属单位 22	未出现	100	100	1	100	A
所属单位 23	未出现	100	100	1	100	A
所属单位 24	未出现	100	100	0	100	A

E17　信息化管理（基础指标）考核评价分析报告（示例）

按照《关于开展集团公司 20xx 年度信息化考核评价工作的通知》，结合集团公司各部门、各单位报送的 20xx 年信息化工作总结和集团公司网络安全与信息化领导小组办公室对 20xx 年信息化工作相关记载情况，本着公平、公正、扣分有据的原则，考评小组组织相关人员完成了 20xx 年度信息化管理（基本指标）的考核评价工作，总结如下：

E17.1　考核评价总体情况

20xx 年，参加信息化考核评价的单位共有 41 家，考核评价范围包括集团公司总部部门、直属和特设机构、二级子企业。20xx 年信息化管理基本指标考核平均分为 98.24分，各单位得分及排名见表 E17-1。

表 E17-1　考核评价总体情况

单位	得分	排名	直接加分
部门或单位 1	100.00	1	
部门或单位 2	100.00	1	
部门或单位 3	100.00	1	
部门或单位 4	100.00	1	
部门或单位 5	100.00	1	2
部门或单位 6	100.00	1	
部门或单位 7	100.00	1	
部门或单位 8	100.00	1	
部门或单位 9	100.00	1	
部门或单位 10	100.00	1	1
部门或单位 11	99.74	11	
部门或单位 12	99.64	11	0.1
部门或单位 13	99.25	11	
部门或单位 14	99.14	11	2
部门或单位 15	99.00	15	
部门或单位 16	99.00	15	0.5
部门或单位 17	99.00	15	

续表

单位	得分	排名	直接加分
部门或单位 18	99.00	15	
部门或单位 19	99.00	15	
部门或单位 20	99.00	15	
部门或单位 21	99.00	15	
部门或单位 22	99.00	15	
部门或单位 23	99.00	15	
部门或单位 24	99.00	15	
部门或单位 25	98.66	25	
部门或单位 26	98.49	26	
部门或单位 27	97.60	27	
部门或单位 28	96.93	28	
部门或单位 29	96.84	29	1
部门或单位 30	96.74	30	
部门或单位 31	96.60	31	
部门或单位 32	96.42	32	
部门或单位 33	96.39	33	1.5
部门或单位 34	96.33	34	0.5
部门或单位 35	96.31	35	1
部门或单位 36	96.00	36	
部门或单位 37	96.00	36	
部门或单位 38	95.95	38	5
部门或单位 39	95.59	39	
部门或单位 40	95.38	40	5
部门或单位 41	94.03	41	2
平均分	98.24		

E17.2　总体评价分析

20xx 年度信息化管理基本指标考核平均分为 98.24 分，表明本年度集团信息化各项管理工作都在不断夯实基础稳步提升，尤其在信息化制度建设、协同工作、计划编报等方面，各单位高度重视并有序开展，但信息化计划执行、信息类设备和资产管理、视频会议管理仍有提升的空间。

E17.3　分项指标评价分析

20xx 年度信息化考核基本指标考核内容主要包括六个方面，合计 100 分。具体情况如下：

E17.3.1　信息化制度建设与协同工作

此项满分为 25 分，41 家参评单位此项平均分为 24.85 分。其中 35 家单位此项得满分，6 个部门和单位分别存在不参加信息化工作会议或未按时提交信息化材料的情况。

E17.3.2　信息化计划预算管理

此项满分为 18 分，41 家参评单位此项平均分为 17.27 分。19 家单位因 20xx 年信息化计划完成未达 100% 而扣分。

E17.3.3　信息化项目管理情况

此项满分为 15 分，41 家参评单位得满分。

E17.3.4　信息设备和资产管理

此项满分为 12 分，41 家参评单位此项平均分为 11.66 分，其中 7 家单位因信息类固定资产台账出现差错被扣分。

E17.3.5　视频会议系统配合

此项满分为 20 分，41 家参评单位此项平均分为 19.46 分，其中有 10 家单位因存在未提前配合调试、会议中未值守、日常维护不到位导致系统故障等现象而扣分。

E17.3.6　信息化绩效管理和价值分析

此项满分为 10 分，41 家参评单位得满分。希望各单位继续保持，并做好新上线系统的价值分析。

E17.3.7　特别加分情况

此项为加分项，直接计入信息化考评总分。最高不超过 5 分，41 家单位该项平均分为 0.54 分。

E17.4　主要结论和改进建议

从各单位信息化工作总结和管理情况看，各部门、各单位对信息化工作重视程度不一，参加集团公司信息化建设积极性还有待提高。当前，国家高度重视信息化工作，网信工作早已纳入国家战略，习近平总书记亲自担任国家网信委员会主任，国家创新和集团发展离不开信息化支撑，希望各单位都要高度重视信息化工作，加强信息化管理，在平时的管理工作中做到材料报送、信息反馈、信息设备和资产管理、视频会议管理等规范有序，同时建议集团加强信息化考核评价结果应用。

E18　20xx 年度各单位财务系统信息化考评反馈报告（部分）（示例）

xx 公司：

　　你单位在财务系统应用综合评价得分 95.75 分，与最高分相比差 1.45 分，在 20 个参评单位中排名第 2，与去年相比下降 1 位。评价结果显示，你单位在系统安全和系统应用方面成绩优秀，在报表准确性和预算准确性方面存在少量问题，希望保持并进一步提高报表及预算的质量。

（1）系统安全

主要考评系统用户管理、权限设置和密码管理。

你单位得分 100 分，排名并列第 1，希望保持。

说明：用户管理及时准确，权限设置合理。

（2）系统应用

主要考评凭证效率和自动制证应用程度。

你单位得分 96 分，排名并列第 3，希望保持。

说明：薪资分摊使用自动制证，制作凭证效率最高，但没有新系统应用的加分项。

（3）核算质量

主要考评凭证质量和固定资产账实相符程度。

你单位得分 98 分，排名并列第 2，希望保持。

说明：凭证要素齐全，基础数据完整规范，固定资产账实相符，主要扣分原因是没有实施会计档案电子化。

（4）报表质量

主要考评报表系统使用程度、报表的准确性和及时性。

你单位得分 89.74 分，排名第 5，希望保持并改进。

说明：报表效率和质量均较高，很少有退回记录，但上报时间相对其他公司稍晚。希望在报表系统中实施湖北能源自身管理报表任务。

（5）预算管理

主要考评预算系统使用程度、预算的准确性和及时性。

你单位得分 96 分，排名并列第 2，希望保持。

说明：预算效率和质量均较高。

xx 公司：

你单位在财务系统应用综合评价得分 96.07 分，与最高分相比差 1.13 分，在 20 个参评单位中排名第 2，与去年相比上升 3 位。评价结果显示，你单位在系统安全和系统应用方面成绩优秀，在报表质量方面存在多次退回重报现象，希望保持并进一步提高报表质量。

（1）系统安全

主要考评系统用户管理、权限设置和密码管理。

你单位得分 100 分，排名并列第 1，希望保持。

说明：用户管理及时准确，权限设置合理。希望加强对所属子企业的权限管理。

（2）系统应用

主要考评凭证效率和自动制证应用程度。

你单位得分 96 分，排名并列第 3，希望保持。

说明：薪资分摊、固定资产等核算业务均使用自动制证，模块应用较为广泛。

（3）核算质量

主要考评凭证质量和固定资产账实相符程度。

你单位得分 100 分，排名并列第 1，希望保持。

说明：凭证要素齐全，基础数据完整规范，固定资产账实相符。

（4）报表质量

主要考评报表系统使用程度、报表的准确性和及时性。

你单位得分 87.36 分，排名第 14，希望进一步加强。

说明：主要扣分原因在于部分月份合并报表退回次数较多。希望提高报表质量。

（5）预算管理

主要考评预算系统使用程度、预算的准确性和及时性。

你单位得分 98 分，排名第 1，希望保持。

说明：预算效率和质量均较高。

xx 公司：

你单位在财务系统应用综合评价得分 94.79 分，与最高分相比差 2.41 分，在 20 个参评单位中排名第 11，和去年相比上升 1 位。评价结果显示，你单位在系统安全、报表及时性和准确性方面成绩优秀，希望保持。

（1）系统安全

主要考评系统用户管理、权限设置和密码管理。

你单位得分 100 分，排名并列第 1，希望保持。

说明：用户管理及时准确，权限设置合理。

（2）系统应用

主要考评凭证效率和自动制证应用程度。

你单位得分 96 分，排名并列第 3，希望保持。

说明：固定资产及薪资分摊使用自动制证，但没有新系统应用加分项。

（3）核算质量

主要考评凭证质量和固定资产账实相符程度。

你单位得分 96 分，排名并列第 4，希望进一步加强。

说明：基础数据完整规范，资产卡片账实相符，但乌东德和白鹤滩有少量凭证在 TGP 与 NC 中科目不一致。

（4）报表质量

主要考评报表系统使用程度、报表的准确性和及时性。

你单位得分 89.96 分，排名第 3，希望保持。

说明：报表质量和效率较高，希望保持。

（5）预算管理

主要考评预算系统使用程度、预算的准确性和及时性。

你单位得分 93 分，排名并列第 4，希望保持并进一步加强。

说明：预算效率较高，希望提高预算准确性。

---

xx 公司：

你单位在财务系统应用综合评价得分 94.90 分，与最高分相比差 2.30 分，在 20 个参评单位中排名第 8，跟去年相比上升 5 位。评价结果显示，你单位在系统安全和系统应用方面成绩优秀，在预算准确性方面均存在问题，希望保持并进一步提高预算质量。

（1）系统安全

主要考评系统用户管理、权限设置和密码管理。

你单位得分 100 分，排名并列第 1，希望保持。

说明：用户管理及时准确，权限设置合理。

（2）系统应用

主要考评凭证效率和自动制证应用程度。

你单位得分 98 分，排名并列第 2，希望保持。

说明：薪资分摊和固定资产能够自动制证，参与新资金管理系统试点有加分。

（3）核算质量

主要考评凭证质量和固定资产账实相符程度。

你单位得分 98 分，排名并列第 2，希望保持。

说明：凭证要素齐全，基础数据完整规范，固定资产账实相符，没有对凭证附件实现电子化。

（4）报表质量

主要考评报表系统使用程度、报表的准确性和及时性。

你单位得分 86 分，排名并列第 17，希望进一步加强。

说明：能准确地上报报表，但有少量月份上报时间较晚。希望能实施中水电公司自己的内部管理报表任务。

（5）预算管理

主要考评预算系统使用程度、预算的准确性和及时性。

你单位得分 93 分，排名并列第 4，希望保持并进一步加强。

说明：预算效率较高，希望提高预算准确性。

---

xx 单位：

你单位在财务系统应用综合评价得分 95.57 分，与最高分相比差 1.63 分，在 20 个参评单位中排名第 4，跟去年相比上升 11 位。评价结果显示，你单位在系统安全和系统应用方面成绩优秀，在报表及时性和预算准确性方面存在部分问题，希望保持并进一步提高报表效率和预算质量。

（1）系统安全

主要考评系统用户管理、权限设置和密码管理。

你单位得分 100 分，排名并列第 1，希望保持。

说明：用户管理及时准确，权限设置合理。

（2）系统应用

主要考评凭证效率和自动制证应用程度。

你单位得分 98 分，排名第 2，希望保持。

说明：固定资产及薪资分摊使用自动制证，但没有新系统应用加分项。

（3）核算质量

主要考评凭证质量和固定资产账实相符程度。

你单位得分 100 分，排名并列第 1，希望保持。

说明：凭证要素齐全，基础数据完整规范。

（4）报表质量

主要考评报表系统使用程度、报表的准确性和及时性。

你单位得分 85.34 分，排名第 18，希望进一步加强。

说明：合并表部分月份存在上报后打回重报的情况，上报时间与其他公司相比较迟，希望能实施三峡新能源内部管理报表。

（5）预算管理

主要考评预算系统使用程度、预算的准确性和及时性。

你单位得分 95 分，排名并列第 3，希望保持并进一步加强。

说明：预算及时性较高，希望提高预算准确性。

> **XX 单位：**
>
> 你单位在财务系统应用综合评价得分 91.29 分，与最高分相比差 5.91 分，在 20 个参评单位中排名第 19，与去年相比下降 2 位。评价结果显示，你单位在系统应用方面成绩优秀，能及时准确上报报表，但在系统安全上略有瑕疵，固定资产和电子档案模块没有实施。

（1）系统安全

主要考评系统用户管理、权限设置和密码管理。

你单位得分 99 分，排名并列第 2，希望保持并进一步加强。

说明：用户权限设置合理，但有一用户密码设置没有达到要求。

（2）系统应用

主要考评凭证效率和自动制证应用程度。

你单位得分 88.70 分，排名第 19，希望进一步加强。

说明：固定资产模块没有启用，部分业务没有使用自动制证，希望实施网自助报销等系统。

（3）核算质量

主要考评凭证质量和固定资产账实相符程度。

你单位得分 88 分，排名并列第 5，希望保持。

说明：凭证要素齐全，基础数据完整规范，但没有实施电子档案。

（4）报表质量

主要考评报表系统使用程度、报表的准确性和及时性。

你单位得分 90 分，排名并列第 1，希望保持。

说明：及时准确地上报报表。

（5）预算管理

主要考评预算系统使用程度、预算的准确性和及时性。

你单位得分 93 分，排名并列第 4，希望保持并进一步加强。

说明：预算准确性较高，希望提高预算及时性。

xx 公司：

你单位在财务系统应用综合评价得分 93.24 分，与最高分相比差 3.96 分，在 20 个参评单位中排名第 17，跟去年相比上升 2 位。评价结果显示，你单位在系统安全和系统应用方面成绩优秀，在报表及时性和准确性方面存在少量问题，希望尽量使用自动制证，进一步提高报表和预算效率。

（1）系统安全

主要考评系统用户管理、权限设置和密码管理。

你单位得分 100 分，排名并列第 1，希望保持。

说明：用户管理及时准确，权限设置合理。

（2）系统应用

主要考评凭证效率和自动制证应用程度。

你单位得分 88.40 分，排名第 20，希望进一步加强。

说明：在薪资分摊和固定资产均有部分单据未自动制证。

（3）核算质量

主要考评凭证质量和固定资产账实相符程度。

你单位得分 100 分，排名并列第 1，希望保持。

说明：凭证要素齐全，基础数据完整规范。

（4）报表质量

主要考评报表系统使用程度、报表的准确性和及时性。

你单位得分 87.68 分，排名第 13，希望保持并改进。

说明：主要扣分原因部分月份本部表上报后退回重报次数较多，希望进一步提升报表准确性。

（5）预算管理

主要考评预算系统使用程度、预算的准确性和及时性。

你单位得分 93 分，排名并列第 4，希望保持并进一步加强。

说明：预算准确性较高，希望提高预算及时性。

xx 公司：

你单位在财务系统应用综合评价得分 93.30 分，与最高分相比差 3.9 分，在 20 个参评单位中排名第 16，跟去年相比上升 7 位。评价结果显示，你单位在系统应用方面成绩优秀，在报表及时性和准确性方面存在部分问题，希望保持并进一步提高报表质量和效率。

（1）系统安全

主要考评系统用户管理、权限设置和密码管理。

你单位得分 100 分，排名并列第 1，希望保持。

说明：用户管理及时准确，权限设置合理。

（2）系统应用

主要考评凭证效率和自动制证应用程度。

你单位得分 96 分，排名并列第 3，希望保持。

说明：没有新系统应用的加分项。

（3）核算质量

主要考评凭证质量和固定资产账实相符程度。

你单位得分 88 分，排名第 19，希望进一步加强。

说明：凭证要素齐全，基础数据完整规范，但固定资产存在卡片与账面价值不相符的情况，希望实施电子档案。

（4）报表质量

主要考评报表系统使用程度、报表的准确性和及时性。

你单位得分 87.52 分，排名第 15，希望进一步改进。

说明：主要扣分原因在于部分月份存在上报后退回的现象。

（5）预算管理

主要考评预算系统使用程度、预算的准确性和及时性。

你单位得分 96 分，排名并列第 2，希望保持。

说明：希望进一步提高预算及时性和准确性。

---

xx 部门：

你单位在财务系统应用综合评价得分 97.20 分，在 20 个参评单位中排名第 1，跟去年持平，评价结果显示，你单位在系统安全和系统应用方面成绩优秀，报表上报及时准确，希望保持。

（1）系统安全

主要考评系统用户管理、权限设置和密码管理。

你单位得分 100 分，排名并列第 1，希望保持。

说明：用户管理及时准确，权限设置合理。

（2）系统应用

主要考评凭证效率和自动制证应用程度。

你单位得分 100 分，排名第 1，希望保持。

说明：薪资分摊、固定资产等核算业务均使用自动制证，参与新资金债务系统试点有加分项。

（3）核算质量

主要考评凭证质量和固定资产账实相符程度。

你单位得分 100 分，排名第 1，希望保持。

说明：凭证要素齐全，基础数据完整规范。

（4）报表质量

主要考评报表系统使用程度、报表的准确性和及时性。

你单位得分 90 分，排名并列第 1，希望保持。

说明：报表及时准确，希望进一步提高合并报表自动化程度，缩短报表编制时间。

（5）预算管理

主要考评预算系统使用程度、预算的准确性和及时性。

你单位得分 96 分，排名并列第 2，希望保持。

说明：希望进一步提高预算及时性和准确性。

F1.1　范围

本文件规定了信息系统上线所需相关要素的要求。

本文件适用于所有待上线信息系统应用软件（以下简称系统），包括系统整体一次性上线或分批上线。

F1.2　规范性引用文件

下列文件对于本文件的应用是必不可少的。凡是注日期的引用文件，仅注日期的版本适用于本文件。凡是不注日期的引用文件，其最新版本（包括所有的修改单）适用于本文件。

CB 1360—2002《计算机软件测试规程》；

GB/T 856—2007《信息技术 软件生存周期过程》；

GB/T 9386—2008《计算机软件测试文档编制规范》；

GB/T 11457—2006《信息技术 软件工程术语》；

GB/T 20177—2006《信息技术 软件维护》；

SJ 20523—1995《软件文档管理指南》。

F1.3　术语和定义

下列术语和定义适用于本文件。

F1.3.1　信息系统　Information system

信息系统是由计算机硬件、网络和通信设备、计算机软件、信息资源、信息用户和规章制度组成的能进行信息的收集、传递、存储、加工、维护和使用的系统。

F1.3.2　上线 Go-live

上线是应用系统或者软件实施的一个重要环节，指应用系统或软件开发完毕，通过系统测试、制定运行规范、对操作人员进行培训及授权、完成软硬件环境和基础数据准备、建立技术支持体系等一系列前期准备工作后，在真实的运营环境中启用。

F1.3.3　系统测试 System testing

在完整的、集成的系统上的测试行为，它用以评价系统与规定需求的遵从性。

F1.4　上线许可条件

F1.4.1　系统测试

系统上线前应完成系统测试，确定功能、性能、安全等符合预先要求，并出具系统测试报告，报告内容应包括测试计划、测试方案及测试记录。

为高质量完成测试报告，需参考合同文件、用户需求说明书、功能说明书、数据库 PDM 图等文档资料。

F1.4.2　系统运行规范

系统上线前制定并出台一系列系统运行规范，包括与系统相关配套的运行制度、业务规范和操作手册。系统运行规范内容应包括新业务流程定义、岗位职责划分、业务编码规则、数据责任体系、运维期系统推进组织及操作规程等。

F1.4.3　培训及授权

系统上线前应对相关操作人员进行培训，培训应包括培训计划制定、培训教材编制、用户范围及职责定义和培训考核，培训考核通过后形成考核成绩单及用户权限处理表，据此完成相应的系统操作授权。

F1.4.4　基础数据准备

系统上线前应准备并导入支持系统运行必备的基础数据（系统元数据和业务数据），基础数据准备应包括准备方案、实施方案和工作完成情况报告。

F1.4.5　软硬件环境准备

系统上线前应对支撑系统运行的软硬件环境完成准备，保证系统各项功能正常运行，软硬件环境准备内容应包括：服务器、网络、数据库、操作系统、终端及打印设备。

为完整、高质量地完成软硬件环境准备，宜参考合同文件和技术方案等文档资料。

F1.4.6　技术支持体系

系统上线前应建立系统运行维护的技术支持体系，该体系提供系统运行各环节技术服务及保障。技术支持体系内容应包括技术支持组织、职责、人员组成和服务流程。

F1.5　上线许可申办

F1.5.1　在检查"上线许可条件"中各项内容均已符合要求的前提下，系统应用及技术相关方均应完成确认、填写相关表格并发起上线申请流程。

F1.5.2　若系统上线申请通过，需发布上线公告并以有效方式重点通知系统相关人员；若系统上线申请未通过，应进一步完善准备工作并重新申请。

附录 G
年度信息化效益分析报告（示例）

目　次

G1　工程管理系统（水电）效益分析报告（示例）……………………………… 257

G2　工程管理系统（新能源）效益分析报告（示例）…………………………… 261

G3　工程管理系统（卡洛特水电工程）效益分析报告（示例）………………… 262

G4　移民管理系统效益分析报告（示例）………………………………………… 263

G5　电力生产管理系统（电力生产单位1）效益分析报告（示例）…………… 265

G6　电力生产管理系统（电力生产单位2）效益分析报告（示例）…………… 271

G7　巴西海外电力生产管理信息系统效益分析报告（示例）…………………… 273

G8　东南亚海外电力生产管理信息系统效益分析报告（示例）………………… 275

G9　财务集中管理系统效益分析报告（示例）…………………………………… 277

G10　资金电子服务系统效益分析报告（示例）………………………………… 279

G11　审计管理信息系统20xx年度效益分析报告（示例）……………………… 280

G12　固定资产实物管理系统效益分析报告（示例）…………………………… 281

G13　人力资源管理信息系统效益分析报告（示例）…………………………… 285

G14　电子采购平台效益分析报告（示例）……………………………………… 286

G15　综合计划与统计管理信息系统效益分析报告（示例）…………………… 288

G16　发电量及机组状态填报系统效益分析报告（示例）……………………… 290

G17　OA 系统效益分析报告（示例）···291

G18　三峡水利枢纽管理区地理信息系统效益分析报告（示例）·······················293

G19　集团车辆管理系统效益分析报告（示例）·····································297

G20　集团公司视频会议系统效益分析报告（示例）·······························299

G21　IT 基础设施集中管理效益分析报告（示例）·································301

G22　三维设计系统效益分析报告（示例）···304

G23　设计管理系统效益分析报告（示例）···305

G24　合同综合管理系统效益分析报告（示例）·····································307

表 G-1　20xx 年度主要信息系统直接经济效益统计表

序号	系统名称	直接经济效益（单位：万元）
1	工程管理系统（水电）	30 400
2	工程管理系统（新能源）	349.80
3	工程管理系统（卡洛特水电）	535.99
4	移民管理信息系统	2092
5	电力生产单位 1 电力生产管理信息系统	89 992
6	电力生产单位 2 电力生产管理信息系统	810
7	电力生产单位 3 电力生产管理信息系统	150
8	电力生产单位 4 电力生产管理信息系统	470
9	财务集中管理系统	2170
10	资金结算系统	7773
11	审计管理信息系统	30
12	固定资产实物管理系统	1361.16
13	人力资源管理系统	995.64
14	电子采购平台	342.36
15	综合计划与统计管理信息系统	122.50
16	发电量及机组状态填报系统	1286
17	办公系统	32 786
18	三峡枢纽管理区地理信息系统	266.09
19	车辆管理系统	311.24
20	视频会议系统	3448
21	IT 基础设施集中管理	3773.6
22	三维设计系统	726
23	设计管理系统	3960
24	合同综合管理系统	32.09
合　计		184 183.47

G1 工程管理系统（水电）效益分析报告（示例）

经过多年建设，集团公司形成了以三峡工程管理系统为首的一系列信息系统服务于工程管理，应用范围涉及集团公司在建工程的各个领域，在管理规范化、科学化和精细化中发挥了显著作用，对工程建设进度、质量、成本三大控制目标的实现提供了切实的保障，20xx 年累计产生直接经济效益约 3.04 亿元，直接节约工时约 11 万个，具体效益分析分述如下。

G1.1 直接效益分析

工程管理信息系统产生的经济效益主要体现在：①信息反馈及时，流程管理严密，配合管理制度约束，增强了工程资金预算准确性，实现资金集中管理，缩短了结算周期，加快资金回笼，从而规避了资金风险，降低了工程结算资金占用，直接降低了资金成本；②提高了工作质量和效率，节省了大量人工，降低了人工成本支出；③辅助管理层进行决策，进一步增强决策的科学性。

三峡工程管理系统及相关工程管理信息系统的开发与应用，保障了各工程顺利进行，不仅具有重要的社会效益，而且产生了显著的经济效益。现从以下六个方面加以说明（详细计算方法见附件《工程管理系统效益分析计算方法》）。

（1）资金计划的准确性节约资金成本

三峡工程管理系统整合了各个业务系统，实现了各个业务系统一体化以及有效的数据交换和信息共享。从月度资金计划的编制来看，以往主要依靠手工编制，各项目部门根据工程进度量估算一个金额，存在很大的主观性，估算数与实际资金支付差异较大，造成融资安排提前，融资成本增加。而使用三峡工程管理系统中成本的共享数据，理论上可以做到月度工程需求与实际资金支付一致，原因在于，每月项目部的工程价款结算在当月 25 日～次月 2 日，财务结算在次月 2～10 日，由于结算时间上的差异，财务部门可以从项目管理部门结算的数据中汇总得出结算金额，扣除 10% 的预付款和 5% 的质保金，从而准确预测次月工程资金需求量，做好融资安排，从整体上提高了资金需求的预见性和决策的准确、可靠。

在实际操作过程中，我们从管理上也加强了计划的刚性约束，经过一段时间的摸索，考虑一定的保留因素和管理费需求，月度资金需求与实际支付资金之差可以控制在百万元之内，与之前资金计划编制的粗放相比，以 6 个月内贷款利率 5.6% 计算，20xx 年节约融资成本 12 769.18 万元。

（2）物资管系统降低采保费

全面实施三峡工程管理系统以后，集团公司依靠信息技术手段，将工程物资设备的采购、入库、验收、调拨等经济业务完全和财务联系起来，大大地提高了工作效率，缩短了业务管理环节，降低物资采购成本。物资供应采购保管费一般按采购金额的 4% 核定，20xx 年度采保费节约 14 642.56 万元。

（3）人工工时节约

用户通过三峡工程管理系统中自动生成的统计报表、单据和屏幕查询，以及在 Web 查询系统中进行相关信息查询，和传统方式相比，节约了大量的人工工时。根据测算，2018 年共节约 112 350 工时。

（4）计量签证系统应用效益结算

在工程管理过程中，经常出现工程量审结、超结、预结等问题，由于缺乏有效的管理手段，长期以来一直没有得到很好的解决。这些问题给业主单位带来了一定的财务风险，在 20xx 年工程计量签证系统投入运行后，这类风险等到了有效规避，给工程带来了一定的经济效益。

设计单位在编制施工详图时，一般考虑了一定的富余量。如计算石方洞挖时，一般考虑了合理超挖；计算混凝土钢筋量时，一般考虑了其搭接工程量；计算混凝土工程量时，未考虑扣除大体积管道所占的工程量；下发设计通知时，未能扣除相应的工程量等，此类计算误差一般为 3%～5%，多者达 8%～10%，按照原来的结算方式，作为结算依据，这类工程量在工程进度款结算时会全部结算完，根据招标文件规定，这些富裕量均已含在相应的项目单价中，不应该在工程进度款中结算，因此，此类结算属于超结工程款（如不使用该系统，按传统结算方式，工程建设过程中就不会精确算出），只有在工程竣工决算时，才能清理出来。按照 5% 的设计余量和 5.6% 的利息计算，目前溪洛渡、向家坝等应用计量签证系统的工程 20xx 年直接经济效益为 2691.17 万元。

（5）材料核销系统应用效益

1）物资核销应用有效避免串耗

由于不同年度合同物资存在价差，在施工过程中，部分承包商超量领用前期低价合同物资串耗用于后期高价合同，以升船机及地下电站建设为例，2008—2009 年，钢筋年度串耗量地下电站约为 1800t，升船机约为 1000t。在 2010 年系统上线后，串耗量得到有效控制，至 2014 年，钢筋基本实现无串耗量。

2）物资核销应用有效避免超领

部分合同存在年度超领情况，在物资核销工作开展后，超领情况得到有效控制。

3）物资核销应用有效避免预结款

由于物资核销在三峡工程管理系统中，应耗量采用结算量为计算依据，在 RQ047 表中，也能反映出项目是否存在预结款情况。

由上所述，三峡工程管理系统核销系统能在避免物资串耗、超领和预结方面发挥显著作用，根据测算，20xx 年度材料核销系统直接效益为 274.86 万元。

（6）工程协同平台应用效益

金沙江工程协同工作平台系统在机电公司、向家坝、乌东德和白鹤滩四家单位进行了应用，在提高文件处理效率、缩短文件处理流程、有效节约纸张、节省人工成本等方面起到了非常重要的作用。20xx 年四家单位共发起 6240 个系统流程，活跃用户数为1230 个，根据测算，20xx 年共节约 876.75 万元。

G1.2　间接效益分析

三峡工程管理系统上线运行以来，在各工程建设管理的实践中得以不断地完善和发展，为提高工程的建设管理水平、促进企业管理的规范化、科学化发挥了很好的作用，产生了巨大的管理效益。主要体现在：

（1）准确、及时完成工程价款结算，差错率为零。截至 20xx 年底，通过系统结算从未出现资金错付、漏付等支付差错，有效地保障资金安全，规避了资金风险。

（2）通过计量签证系统的使用有效缩短了变更周期，加快了施工单位的资金周转，从而使施工进度有了资金上的保障。

（3）在提高会计工作效率的同时，也规范了工程价款结算流程，有效提高了会计核算信息的及时性、准确性、规范性。系统中所有的会计信息均由业务信息产生，固定的、大量的经济事项均由系统自动根据系统业务数据自动生成。业务流程也通过结算办法在制度上和系统中予以固定，监理单位、施工单位、设计单位、业主单位等不同岗位在系统中各司其职，层层把关。

（4）提高了工程管理规范化程度和强化了管理基础工作。通过把管理业务流程、规范制度计算机化，避免了手工操作业务时容易产生的工作差错和随意性问题，解决了在手工管理中不好解决的一些薄弱环节或问题，规范了合同管理、结算管理、财务管理、物资设备管理等方面业务及数据，数据规范化、准确性、集成性得到明显提高，促进了工程管理业务的规范化。如系统强制逻辑成本发生必须通过批准的合同（PO），而批准合同必须对应概算项目，使各工程所有的成本支出得以有效跟踪，与预算相比的盈亏成为可能。

（5）促进和实现工程管理业务协调运作。通过制订一系列运行的业务规范，岗位责任计算机化，初步建立了高度集成的工程管理各单位、各部门分工协调的业务及数据责任体系，实现了投资、合同、工程财务会计、物资等业务的分层管理、分级控制和规范协调运作，避免了手工运作时各方数据、台账不一，容易产生混乱的现象。如实施过程中统一了大量基础数据编码、报表，数据信息横向沟通共享程度大大提高，避免了数据不一致产生的问题。

（6）初步形成了较为完整的高度集成的合同、合同成本发生、进度支付、财务会计、物资、设备、质量、安全的共享信息资源库，避免了数据重复输入，数据在使用过程中不断升值，作为资源为工程管理和决策者所使用，也为阶段性竣工验收、财务决算打下了一个较好的数据基础。如同样一个月进度工程量数据通过系统共享，形成施工、监理、业主各方及内部各部门共同信任的数据库，从前需重复存储、输入多次的数据，一次输入，大家共享，大大提高效率和信息及时准确度。又如，同样一种工程类别的合同承诺单价大量积累在数据库中，供办理合同变更、下次签约时决策参考使用。

（7）进一步提高了业务工作质量和效率。通过系统应用，大量的数据存储、计算、处理、传递得以用系统实现，减少了人工工作量，数据传输、处理的速度加快，准确性、一致性提高，提高了业务工作质量和效率，使管理人员可以把更多的精力放在分析和预测工作上。如以前工程结算时需承包商、监理、业主各部门大量重复地计算、复核，系统运行后只需输入原始数据即可。结算周期大大缩短、效率大大提高，以前需处理 1~2 周的月进度现在只需 3~5 天，并大量节省了人工。

（8）促进了管理优化和资源优化配置，降低工程成本。通过集成化工程管理系统的运用，对业务运作提出了更高的要求，也为流程优化提供了手段。

（9）提高了管理工作的预见性和决策准确性、可靠性。通过信息及时传递加工处理，加快信息反馈，管理人员得以根据历史信息快速对工程进度、成本等作出预测，发现一些问题，调整管理计划，作出决策，做到有的放矢，在问题发生之前提出解决方法，并帮助找出优化解决方案。业务数据规范化、明细化、集成化，也使得深层次的统计决策分析成为可能。

（10）强化了岗位责任制和责任意识，方便岗位绩效评估。岗位责任制可以系统为载体，清楚地展现各工作岗位的工作量、绩效，从而得到固化和强化。

（11）提高了人们对工程管理信息系统（PMS）建设的认识，促进了人们现代工程管理观念的更新，增强了规范化、科学管理意识。

（12）通过系统应用实施，发现并解决了应用程序的问题，使系统更进一步完善。

（13）积累了系统应用和实施的经验及教训，为系统进一步深层次应用奠定了基础。

G2　工程管理系统（新能源）效益分析报告（示例）

目前，新能源工程管理系统中管理 247 个子工程，386 个项目（含正在开展前期工作的项目）。20xx 年，系统录入当年签署的合同 2370 个，金额 187.4 亿元；完成支付4627 个，支付金额 103 亿元，各项目的所有支付均在线上流转。另外，合同月报由每个月 11 个区域机构报送 Excel 报表的方式改为在系统内提取数量，极大节约了人力资源。按照保守估计和简单计算的原则，以未使用系统为参照，20xx 年系统为集团创造了 349.80 万元直接经济效益。具体分析如下：

公司所属区域管理机构借助三峡工程管理系统，能以较少的人员对风电场、光伏发电场建设项目管理，按照每个区域机构节约 1.5 人，年人均成本 18 万元计算，年均可节约人力成本 $1.5 \times 18 \times 11 = 297$ 万元。同时，异地办公可以减少出差次数，节约管理成本，按照每个区域机构节约 4000 元 / 月测算，年节约差旅费 $0.4 \times 12 \times 11 = 52.80$ 万元。

G3 工程管理系统（卡洛特水电工程）效益分析报告（示例）

20xx 年，巴基斯坦卡洛特水电工程信息化建设项目已完成了 KLTPMS 所有系统：编码岗位管理、成本管理、合同管理、财务管理、工程人员管理、物资管理子系统、设备管理子系统以及综合查询系统的实施工作，并上线运行。KLTPMS 的应用加强了三峡发展卡洛特经理部作为项目建设 EPC 总承包商的管控，对项目建设的成本、进度、质量方面提供了全方位的管理，实现了对财务的有效管控。提高了工程管理规范化程度，促进和实现工程管理业务协调运作，形成了完整的、高度集成的合同、成本、财务、物资、设备、人员等共享信息资源库，进一步提高了业务工作质量和效率，促进了管理优化和资源优化，降低了工程成本，提高了管理工作的预见性和决策准确性、可靠性。

目前，KLTPMS 系统的数据包括：合同（含备案合同）：1310 个、合同清单项：12 028 项、PCS 码：762 项、概算细项：315 项、成本细项：20 030 项、里程碑定义：6779 项、支付单记录：4584 条、工程人员记录：2705 条、协作单位施工设备：845 项、协作单位入库单：2743 个。KLTPMS 管理了卡洛特水电工程所有发生的成本，所有合同的支付都记录在系统中。

人工成本降低产生的效益：

共节约人工工时 10 719.98 工日，按集团公司每工日人工成本 500 元计算，大约节约人工费用 5 359 990.00 元（10 719.98 × 500 元）。

G4　移民管理系统效益分析报告（示例）

截至 20xx 年 12 月，国内系统实施推广：在溪向乌白等电站涉及的移民管理机构，共发展用户单位 149 个、专业用户 1187 名、公众用户 5067 名，专业用户访问量近 103 万人次、公众用户访问量近 13.92 万人次，其中 20xx 年专业用户数增长 214 名、公众用户增长 462 名，专业用户访问量增长近 20 万人次、公众用户增长 0.63 万人次；利用系统管理了向家坝、溪洛渡、乌东德、白鹤滩 4 个电站 26 个县 138 181 户权属户（只包括居民户、集体经济组织、单位）33.75 余万人的实物指标、人口界定、安置意愿等基础资料和数据；通过系统完成屏山县、绥江县、永善县、雷波县、金阳县、鲁甸县、昭阳县、水富县、巧家县、昭觉县、布拖县、宜宾县、德昌县、西昌市、会东县、会理县 16 个县 56 706 笔移民资金支付申请，资金量累计 101 亿元，其中，2018 年增长 4.3 亿元；系统中可追溯中国三峡集团自开展金沙江流域移民工作以来拨付到四川、云南两省的移民资金 664.5 亿元；系统数据总记录数达 21 597 224 条，其中单表最大数据记录数 2 819 835 条，非结构化档案扫描电子文件 909 764 件。

国外系统实施推广：在巴基斯坦卡洛特、科哈拉项目上，共发展 44 个有效用户，累计访问 8161 人次；系统自开发以来已累计权属人 517 人，房屋 142 253 平方英尺；对于移民安置，累计共签署合同 154 份，兑现奖金 247 笔，共 69 606 万卢比，累计拨付资金 82 笔，共 190 766 万卢比，累计上传附件 13 508 个；已装载 3 个乡镇 31 个村共 1078 个权属人的 1852 条土地记录，总面积 4908 亩；登记 5 笔资金拨付记录，共计 104 918 300 卢比（折合人民币约 631 万元）；登记收发文 31 件。

在几内亚苏阿皮蒂项目上，系统共创建用户 5 名，系统访问量达 1427 人次；利用系统管理了苏阿皮蒂 4 个省、5 个县、102 个村 2095 户共 13 507 人的 4003 处房产及其附属设施、248 690 棵果树、2218 平方米农作物等基础数据；在地图上标注了 93 户移民搬迁前后地理位置；系统数据总记录数达 67 315 条，其中单表最大数据记录数 19 606 条，非结构化档案扫描电子文件 722 件。

系统在国内外上线推广应用后产生了巨大的应用效益，分析如下：

G4.1　社会效益

（1）移民管理各相关单位通过信息化手段协同工作，实现了基础数据的共建共享，大大提高了移民工作效率和管理水平。

（2）随着系统的深化应用，如国内移民明白卡及自助查询子系统的使用，海外后续移民监督评估子系统实施推广积累移民户基底数据，在提升移民管理整体水平、推动政务公开、提高透明度和知情权、保护移民群众切身利益及维护社会稳定等方面继续产生巨大的社会效益。

（3）系统中海量的真实数据，可有效起到各类查询和辅助调查作用。如通过系统筛选、记录存档和资金追踪等功能，辅助移民逐年补偿资金兑付，后期扶持发展中的移民技能培训、就业指导、社会保障建立以及后期扶持资金发放等一系列工作的顺利开展。

G4.2　经济效益

（1）系统上线应用后，极大地提高了水电工程移民管理工作的水平，提高了用户单位工作效率，在对于减轻财政投资、节约运行成本、减少办公支出和差旅费用、促进资金管理规范、降低经济风险等方面继续发挥显著作用。目前，可量化的经济效益主要体现为利用系统节约的人工成本、办公及维稳费用等。

（2）系统应用以来，各用户单位利用系统开展各类业务工作，主要包括实物指标与规划指标的查询统计、移民户补偿补助资金测算与校核、移民户补偿补助资金卡打印制卡与校核、移民户补偿补助资金兑现与校核、移民相关结构化和非结构化资料的检索、安置实施进展月报、各类数据统计报表制作等，节约成本所产生的经济效益惊人。

据不完全统计，20xx 年移民管理信息系统所创造的经济效益共计 2092 万余元，其中，国内 1400 余万元，国外 692 万余元。

G4.3　品牌效益

系统在巴基斯坦及几内亚项目实施推广，这标志着在全球水电建设行业中，集团公司在移民管理信息化这个局部领域已走在全球水电开发者的前列，担当了"引领者"的角色，对集团公司全球业务的拓展及树立三峡形象方面有着重大意义。同时向海外输出三峡技术、三峡标准、三峡质量，进一步贯彻实施国家"走出去"战略，推动"三峡品牌"走向世界。

G5　电力生产管理系统（电力生产单位1）效益分析报告（示例）

电力生产单位1以创建世界一流水电厂管理为目标和流域多电厂集中管理为实施思路，在引进先进成熟的 ERP 成品软件的基础上，通过客户化开发建设成的符合电力生产单位1特点的电力生产管理信息系统。电力生产管理系统包括设备维护管理、物资管理、财务与成本分析管理、计划合同管理、人力资源管理、技术文档管理、运行管理、安全及可靠性管理等八大业务模块，涵盖了电力生产管理的主要业务范畴。通过不断完善和推广实施，目前电力生产管理系统已经成为电力生产单位1公司范围内三峡电站、葛洲坝电站、向家坝电站、溪洛渡电站以及各生产单位统一使用的跨区域大型水电站群电力生产管理信息应用平台。从 20xx 年至今十多年的时间里，电力生产管理系统在电力生产单位1的规范化、科学化、精细化管理过程中发挥了重要作用，效益分析分述如下。

G5.1　直接效益分析

G5.1.1　采取先进的管理思想和现代化技术手段，最大限度保障设备的可靠运行

电力企业是技术密集、资产密集型的企业，资产设备数量大、品种多、自动化程度高，对设备完好率和连续运转可利用率要求较高。而且，电力生产过程中的故障和事故会危及设备和人身的安全，甚至会波及到电网和社会用户的用电安全。以提高送电可靠性和供电质量、降低成本为导向的"发电侧"竞争将是发电厂制胜的利器。

电力生产管理系统通过与发电设备实时计算机监控系统的联结，监控系统的报警信息可直接在运行模块中形成值班记录，可在设备管理模块中自动或人工触发工单。由于与实时监控系统的紧密关联，电力生产管理系统及时将收集的信息传送至相关人员，使其及时掌握设备运行状况并加以分析；当设备出现故障时，电力生产管理系统能自动触发缺陷报告和处理工单，提高了设备缺陷消除及时率，减少了设备强迫停运等非计划停运时间，提高了设备的利用率。如以 20xx 年为例：

电站1从电力生产管理系统上线时，2003 年强迫停运次数为 16 次，强迫停运12.48 小时，逐年下降，2018 年强迫停运次数为 0 次，强迫停运 0 小时。按照 2018 年三峡实际发电量 1016.18 亿千瓦时计算，相当于减少损失 1.45 亿千瓦时，按三峡年均上网电价 0.2628 元 / 千瓦时计算，减少损失 3805 万元。

电站2从电力生产管理系统上线时，2003 年强迫停运次数为 6 次，强迫停运 2.14

小时，逐年下降，2018 年强迫停运次数为 0 次，强迫停运 0 小时。按照 2018 年葛洲坝实际发电量 183.19 亿千瓦时计算，相当于减少损失 0.045 亿千瓦时，按葛洲坝年均上网电价 0.2083 元 / 千瓦时计算，减少损失 93 万元。

G5.1.2 采取先进的管理思想和现代化技术手段，最大限度地降低生产成本

建设和强化科学高效的生产保障体系，确保生产装备完好率，最大限度地降低设备故障率，减少设备维护成本，实现安全生产，规范作业流程，整理和规范管理基础数据和资料，达到数据资料和管理信息的共享，并建立起适应未来企业发展的管理模式，在电力企业的生产组织中占有十分重要的战略地位，这就需要采用先进的管理理念和现代化技术手段。

（1）大幅降低仓储成本，提高供货及时率

在生成维修工单的同时，所需要的物料可实时地反映到物资供应部门，并自动生成领料单，同时，物资的可用情况也能为维修部门实时地掌握，改变了传统的工单、领料单分别审批的流程。如 2003 年 11 月至 2004 年 4 月，三峡电厂进行了 6 台机组的 C 级检修工作，虽然时间紧，任务重，但三峡电厂通过电力生产管理系统科学排程，优化工作程序，在保证检修项目、质量的前提下，缩短检修时间 325 小时，保证了多发电。相当于后续每年的大修都节省了 325 小时的检修时间。

使用电力生产管理系统后，通过历年的数据分析，并进行相应的调整，目前定义了三峡、葛洲坝、溪洛渡、向家坝的备品备件，在减少库存成本基础上，其保障率由 2004 年的 35.57%，提高到了 2018 年的 85.66%。同时非备品备件类的物资库存得到了控制。

电力生产管理系统不仅使采购人员了解以前购买物资的价格，还能及时掌握以前物资的使用情况、库存情况、响应天数、合格供方信用记录等更多的相关信息，再次购买时也会变得更有效率，其单位成本会下降；通过工单的计划成本分析，决定维修设备还是重新购置设备等。

在使用电力生产管理系统之前，因物资供应的及时率达不到要求，故很多班组内都独立建有专用小仓库，大量的维护材料在班组小仓库及厂大仓库中重复存放，造成大量浪费。葛洲坝区域电力生产管理系统在 20xx 年 6 月清理的班组小仓库库存金额约 732 万元，随着电力生产管理系统的深入应用，现在已最终取消了班组小仓库，所有物资由采购中心统一管理，使用得到了充分的共享。此一项即相当于每年节省库存金额 732 万元。

（2）电力生产管理系统中大量技术档案文件的管理使用及相互关联，大大提高员工工作效率

截至 20xx 年底，三峡、葛洲坝及金沙江电力生产管理系统库中共管理各类技术和公文类文档 130 余万份，涵盖了与生产经营相关的所有文档。按以前的工作方式，采用

手工纸质进行管理，查找一份技术资料需 0.5 小时，现系统中只需要 5 分钟，且大量减少了用于存放纸质文档的办公设备和场地，以及相关的管理人员。

据测算，如果每份文档仅按 10 页纸计算，保存这 130 万份文档需 8600 平方米的办公场地，约需 3270 个标准 2×0.8M 的档案柜，99 000 个档案盒。

档案柜成本 = 3270×1300 元 = 4 251 000 元

档案盒及标签成本 = 99 000×5 元 = 495 000 元

相关辅助设备按每 50 平方米需 1 台 5 匹空调（8000 元），2 台除湿机（2×3000 元），1 台消毒柜（3000 元），5600 平方米需相关辅助设备成本约 3 366 000 元。

以上不算场地和人工成本，仅档案柜及相关辅助设备成本每年就可节约 760 多万元。实际上平均下来，每份文档要大大超过 10 页纸。

（3）通过大量定义标准化的工单，减少物料消耗，提高工作效率

在电力生产管理系统中定义了大量的标准工单，这些标准工单上不但记录下了规范的工作流程及相关安全事项，也附带了精确的物料消耗情况，并能通过历史工单的分析随时进行调整。工单中的现场用料由以前的粗放型管理做到了精细化，节省材料成本至少 10%，按 20xx 年发生工单领料 15 484.51 万元计算，节省工单用料近 1500 万元。

电力生产管理系统的建设，不仅可以全面有效地控制发电生产成本，同时，通过该信息平台，能够快速、准确地提供生产成本信息，为公司的电能营销系统及时、准确地进行动态的电能销售报价决策、实现上网合理竞价、提高公司各电厂在电力市场上的竞争力服务。

G5.1.3 采取先进的管理思想和现代化技术手段，以精干的定员标准，进行复杂的管理业务

电力生产单位 1 负责运营管理的三峡电站和葛洲坝电站分别装有 32 台和 21 台大型和特大型水轮发电机组。三峡工程总装机为 22 500MW，居世界第一。按国内传统电厂的方式管理，这样一个规模的水电厂一般需要 3000 人左右，但是三峡电厂现只有 564 人，人均管理装机容量将达到国际同类领先水平 44MW/ 人的定员标准。目前，世界上其他 3 个拥有 700MW 水轮发电机组的巨型水电厂，它们的装机容量和与三峡电厂同口径定员标准分别为：巴西—巴拉圭的伊泰普电站装机容量为 12 600MW，生产技术人员为 10MW/ 人；委内瑞拉的古里电站装机容量为 9325MW，定员标准为 21.4MW/ 人；美国的大古力电站装机容量为 6809MW，定员标准为 18.6MW/ 人。三峡电厂人均管理装机容量分别是它们的 4.4 倍、2.1 倍和 2.4 倍，远远处于世界先进水平。

三峡电厂的发电设备多数是为三峡工程特制，大多采用了国际最新的水利水电技术和研究成果，技术难度大，缺少成熟的经验；并且多数辅助设备为国内制造，可靠性相对较低，这无形中增加了三峡电厂运行管理的难度。另外，由于三峡工程是一个具有不

完全年调节水库、多泥沙河流型的特大型综合水利枢纽，不仅具有发电功能，而且还承担了保证防汛、通航等较多的社会职能，生产关系复杂，管理难度较大。为此，三峡电厂瞄准国际一流电厂的目标，按照效率优先的原则，尽可能地合并职能，减少工种，避免职责重叠和交叉，设计了一套扁平、高效的三峡电厂组织机构。这样一个精干的组织机构来管理如此复杂的业务，迫切需要一个先进的管理信息平台，来满足生产管理科学化、流程最优化的要求。相当于三峡电厂省省人力约 2500 人。

在三峡电厂实施电力生产管理系统成功的基础上，葛洲坝区域葛洲坝电厂和检修厂也以三峡的模式进行管理，生产岗位员工人数由 2059 人降为目前 20xx 年的葛洲坝电厂459 人和检修厂 562 人，节省人力约 1050 人；同时，负责两区域物资供应的采购人员在工作量大大增加的基础上，人数反而由原来的 40 人减为 25 人。

溪洛渡电厂和向家坝电厂现有人数分别为 610 人和 418 人，两厂装机容量与三峡电厂相当，按老式三峡电站装机容量需 3000 人计算，相当于溪洛渡电厂和向家坝电厂节省人力约 2000 人。

整个电力生产单位 1 相当于节省人力约 5800 人，按每人每年成本 15 万元计算，约每年节省人工成本 8.7 亿元。

G5.1.4 多公司化应用，解决了不同业务领域公司在一套系统中的协同应用，提高了系统资料合理分配，提高基础设施的利用效率，降低 IT 系统的总体运维成本

G5.2 间接效益分析

电力生产管理系统的推广使用，除了以上能直接算出的效益外，更多体现在对整个企业的间接效益上。

G5.2.1 业务流程与数据的标准化

通过三个阶段电力生产管理系统实施推广，及金沙江区域新一代电力生产管理系统的建设，公司实现了电力生产管理数据与信息的标准化，形成基础编码标准 123 项，整理录入基础数据 8 万多条。

电力生产管理系统实施不但是知识更新、管理工具改进的过程，更重要的是管理理念更新的过程。公司在管理软件和合作厂商选择、系统开发和投入使用，以及后来不断优化的过程中，始终贯穿着管理理念更新、工作流程优化以及工作方式变革。因此，电力生产管理系统的成功实施对生产单位机构调整、业务流程标准化有重大促进作用。目前，在电力生产管理系统规范统一了 40 多个电力生产业务管理流程，通过业务流程分析和标准化工作以及大量的测试，简化了业务处理流程，在标准化的基础上使业务处理

和信息传递更科学、实用。

G5.2.2 信息和事务处理集成化

（1）集成化的应用系统为电力生产管理跃上一个新台阶奠定了坚实的基础

电力生产管理系统在企业资产维护管理的基础上，整合了各个生产单位的资金、物资、人力、生产活动，使企业的物流、信息流和资金流三者之间集成与统一。集成化保障了信息的共享、信息的透明和信息处理的效率，使信息的获取和传递变得更加迅速而又准确，企业管理思路上从过去传统的职能管理模式下的局部优化逐步过渡到了过程管理下的整体优化。信息共享减少了中间环节，减少了重复性录入工作量。信息的完整性和及时性消除了传递过程中造成的信息失真和信息漏斗现象，减少了管理者信息追踪的事务性工作量，使其有更多的精力进行思考和创新；另一方面，减少了因信息不畅或不完整造成的决策延误和效率损失，提高了决策的质量和速度，全面提高了电力生产的效率和效果，加强了对电力生产各层次业务运作的全面监控。

（2）统一的信息技术平台为公司员工之间实现实时互动创造了有利条件

通过电力生产管理系统平台，设备维修部门需要的物料实时地反映到物资部门，同时，物资的可用情况也能为维修部门实时掌握。采购的备品备件一旦验收入库，财务系统立刻就可以反映出应付账款。主管能实时地了解缺陷的修复状态、员工工作的负荷、维修成本信息、应付账款、资金流状态、财务状态等信息，并可以及时审批购物请求，下达隔离许可等。有了这个系统，员工之间有了更多的沟通语言，实现沟通无障碍。同时，电力生产管理系统的成功应用，可以有效地避免或减少基层员工的形式主义和上层主管的官僚主义。一切以数据说话，一切以事实为依据。集成的信息系统可以很好地实现实时准确地监控企业经营状况的目的，消除了企业决策支持数据的管理时差，有效地提高了决策的质量和速度。从以前单纯的事后控制转变到了事前、事中和事后控制相结合的局面。

（3）提高了企业协同工作能力，强化了团队精神

通过实施与生产系统集成的人力资源管理模块，提高了对各业务处理和职能管理的人力资源配置效率。生产人员、计划人员、操作人员、运行人员、仓库管理人员、采购人员、财务人员等之间协同工作，团队精神得到进一步加强。

G5.2.3 生产与经营管理科学化

（1）提高设备维护工作的效率、质量和安全性以及延长设备寿命

电力生产管理系统能够显著地促进电厂设备维护管理工作的标准化，提高设备维护工作的效率、质量和安全性。设备维护模块包括安全工作规程和严格的安全检查，提

高安全性和可靠性，减少故障引起的财产损失和人员伤亡，减少故障停机引起的经济损失。通过科学维护，设备的寿命也得以延长。

（2）有效地降低长期的维护运营成本

由于电力生产管理系统应用，计划性检修的安排更趋于合理和完善，将有效降低纠正性维修和紧急维修的比例，降低非计划性的紧急支出。由于维护部门有了更多的时间进行预防性的维护工作，因此也能相应地降低维护外包成本。系统的管理和有效的组织，可以带来维护总成本的降低。由于能够按工单跟踪成本和资源消耗，因此，也可以有效地控制工单成本。

（3）随着计划性设备检修比例的增加，可以有效地提高设备利用率

电力生产管理系统是一个以生产管理为核心的 ERP 系统，集成了电站生产经营管理的各类数据，因此便于企业统一协调检修计划，统一计划和分配检修任务。电厂可以根据设备的运行状况和历史数据，积极地安排计划性检修，当设备确实需要检修时能够做出精确的预测。因此，可以有效地减少设备紧急维修的次数，提高设备利用率。

G6　电力生产管理系统（电力生产单位 2）
效益分析报告（示例）

电力生产单位 2 流域水电厂生产管理系统在某地和某厂正式使用，在某电厂投产时对系统功能进行完善扩充并直接移植实施。梯调中心成立后，为满足集控及梯级调度需要，公司再次对系统进行功能扩充升级，开发并实施了技术监督管理、安全监督管理、巡检管理、统计分析模块等。2015—2017 年间，开发并实施了检修管理、工单管理、班组建设管理模块。目前 AMS 已经在公司所有生产单位使用，为公司生产管理唯一平台。

AMS 是在引进国外先进成熟的资产管理系统的基础上，通过开发建设成的一套符合清江公司流域滚动开发特点的流域电厂生产管理信息系统。AMS 建设目标是以设备管理为核心，以工单管理为主线，以最大限度地降低生产成本和最大程度地提高设备安全可靠性为目的，涵盖设备全生命周期的电力生产综合管理。在此基础上，建立 AMS 基础平台，基础平台中包含基础设置、数据库设计、流程管理、权限管理等。

通过不断完善和推广实施，AMS 系统在清江公司的规范化、科学化、精细化管理过程中发挥了重要作用，效益分析分述如下：

G6.1　直接效益分析

（1）采取先进的管理思想和现代化技术手段，最大限度地保障设备的可靠运行，水电厂现场作业使用 AMS 进行管理，所有生产作业流程实现了标准化。

（2）通过标准工单的管理，系统不但记录下了规范的工作流程及相关安全事项，也附带了工具、安全措施、物料准备等情况，并能通过对历史工单的分析随时进行调整，对现场作业进行精细化管理。按 1 年计算，节省材料成本约 30 万元。

（3）通过标准作业管理，保证了消缺和检修质量，保证了作业人员安全，减少了机组运行过程中的故障及非计划停运次数。系统自运行以来，机组非计划停运次数大幅减少，最近连续多年实现零非停。预估每厂一次强迫停运损失 180 万元，三厂合计540 万元。

（4）通过标准作业工单，统一进行检修调度，保证了多作业面的同时开展，提高了检修效率，增加了机组可用时间，预估年产生的经济效益 60 万元。

（5）AMS 通过一次开发，平台级的开发满足多单位和电厂使用，避免多次投资。以一套系统授权及实施费用和硬件共 300 万元计算，如果每单位均采用独立系统，则需要增加 7×300 万元 =2100 万元。

（6）生产系统维护采用自主维护为主、开发商技术支持为辅的方式进行，按 10% 的系统维护费用算，每年需 =2100 万元 × 10%=210 万元，目前年维护费约为 30 万元，每年节省 180 万元。

综上，系统 20xx 年合计产生经济效益约 30+540+60+180=810 万元。

G6.2　间接效益分析

AMS 系统的推广使用，除了以上能直接算出的效益外，更多体现在对整个企业的间接效益上。

（1）AMS 通过一次开发，平台级的开发满足多单位和电厂使用，避免多次投资，有效地节约了生产成本。

（2）AMS 系统的推广有效地强化了公司生产员工的安全意识，系统中的各类操作票、工作票、检修工单、安全监督的相关内容实现电子化流程控制，在一定程度上保证了消缺和检修质量，保证了作业人员安全，减少了机组运行过程中的故障及非计划停运次数。同时 AMS 系统生产流程的标准化、制度化对公司标准化体系的发展提供了很好的辅助作用，有效地推动了公司标准化体系的优化和完善。

（3）AMS 系统在公司各单位的广泛使用，使得公司信息化发展目标拥有较广泛的员工基础，员工在 AMS 系统使用过程中体会到了信息系统对生产业务带来的便利性，有利于公司信息战略的推广。

G7 巴西海外电力生产管理信息系统效益分析报告（示例）

三峡国际承载着三峡集团实施"走出去"的战略，打造国际一流清洁能源集团的重要使命，担负着三峡集团全产业链"走出去"的重任，代表三峡集团开展境外清洁能源领域的项目投资、建设、运营和管理。

三峡国际自成立以来，积极推进三峡集团国际化经营进程，国际市场开发、境外并购、工程建设、电站运营管理诸方面业绩显著。目前，公司拥有海外可控发电装机 830 万千瓦，参股权益装机 600 万千瓦，在建项目装机 200 万千瓦，落实和跟踪项目资源超过 4 000 万千瓦。

三峡国际拥有 40 家海外子企业，其中，全资拥有的三峡巴西公司，以巴西为核心市场，负责南美地区投资业务，其于 2016 年初投资并购了巴西朱比亚水电项目和伊利亚水电项目，总装机达 500 万千瓦。同时，三峡巴西公司还全资拥有或参股另外 16 个水电、风电项目，总装机约 420 万千瓦。

随着三峡国际在海外市场的不断拓展，如何通过信息化手段对海外项目在工程建设期、生产运行期进行管理，确保水电站（或电厂）在日常生产过程中高效、经济、安全运行，提高设备消缺检修维护速度、设备可利用率和可靠性，节约人力成本，有效提高管理水平和工作效率，成为中水电目前急需解决的问题。

三峡国际巴西公司为资产密集型企业，巴西电力生产管理系统通过对设备管理、运行管理和水文记录模块，有效地对三峡巴西公司运营的 14 座大型水电站的设备、采购、维修 / 检修、成本分析等进行了信息化管理，并且达到了如下目标：

① 促进生产、经营、管理科学化。

② 减少设备的故障率，提高设备可靠性与完好率指标，从而降低维修成本，减少故障引起的财产损失和人员伤亡，减少故障停机引起的经济损失。

③ 缩短维修响应和维修工作时间，从而减少停机时间引起的经济损失，提高人员工作效率并降低维修成本。

④ 延长设备寿命，从而减少设备的折旧率，降低企业运营成本。

三峡国际巴西公司电力生产管理系统已经实现或基本实现"规范化运作的企业"，可制定较高的信息化目标，立足于"优化管理流程和改进管理体系"，建立了企业级的管理系统，将设备资产作为企业的重要资源进行管理，以追求资产的优化和投资回报的最大化，并通过引进先进的管理思想与管理方法，如故障分析、状态监测、可靠性管理、合理维修周期分析、合理备件库存分析、KPI 管理、决策分析等，解决企业设备管理持续发展的问题，为产品结构调整、生产计划制定、设备更新改造提供决策分析支持。

电力生产系统是支持三峡巴西公司运营活动的核心系统，遵循巴西电网对电力生产相关活动的要求，图 G7–1 为各数据库的连接结构。

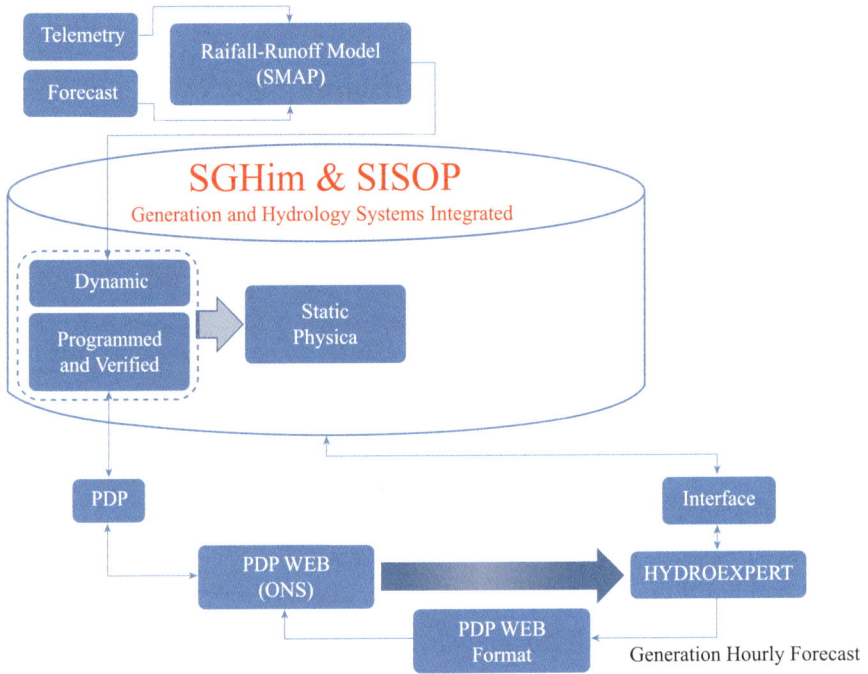

图 G7–1　各数据库的连接结构图

G8　东南亚海外电力生产管理信息系统效益分析报告（示例）

老挝南立 1–2 电力生产管理系统建立了电力生产管理系统实施标准与编码规范，建立数据采集、交换共享、管理与应用的技术平台与工作机制，建立电力生产管理信息安全保障体系，衔接各级各类管理信息系统与基础数据库，实现系统互联与数据互通，建设纵向贯通、横向关联的电力生产管理信息化体系。

20xx 年，南立电站积极使用并充分发挥电力生产系统各模块功能。全年运行管理模块共记录各类信息 4521 条，其中，运行日志 1095 条、巡检记录 2190 条、机组状态 730 条、操作票 84 条、电量管理 365 条以及钥匙借用记录 57 条。本年度共计记录电气一种票 20 张、二种票 36 张、工作任务单 16 张、机械票 53 张、缺陷管理 4 项、设备台账信息 1056 条。

通过实施系统制定电力生产管理基础信息标准，规范数据采集与管理流程，建立覆盖各级各类分支机构、部门、专业人员等信息的企业电力生产运营基础信息数据库与电力生产教学状态数据库，建立覆盖全体电力生产人员、设备及相关资产的电子档案系统，为电力生产规划、电力生产监管与宏观决策提供数据支持。

G8.1　直接效益分析

中水电公司为资产密集型企业，水电海外电力生产管理系统通过对设备管理、运行管理、物资管理、文档管理模块，有效地对老挝南立 1–2 电站的设备台账、采购、维修/检修，为了确保设备故障及其维修信息的全面性，缺陷及工作票管理系统发挥了重要的作用。无论是普通的事故报告，还是紧急抢修，或者计划性的维护，其所有信息都应该保证完整的记录在工作票中，在此基础上生产和设备管理部门可以对设备历史数据进行分析，保障设备的最优使用状况。长期积累的缺陷及处理记录也为企业提供了大量有益的经验数据，有了这样日益全面的经验系统作为保障，企业的维修质量才能够大大提高。

20xx 年，减少故障停机次数，设备可靠性提高约 20%，系统有效地进行了属地化实施，老方员工使用系统有效提高工作效率 30%，根据老挝上网电价计算，有效减少损失约 270 万元，有效提高员工效率约 150 万元。

通过文档管理模块，减少文件报送所造成的差旅费用。按差旅费一次 500 元计算，一年减少 500 元 ×1000 = 50 万元，节省耗时约 8 小时 ×1000 = 8000 小时，为电站办公提高了效率。

G8.2　间接效益分析

（1）海外电力生产信息化管理规范化

中水电海外电力生产管理系统已实现了中水电公司在亚洲区域的电力生产运营管理，通过系统实施，中水电公司已建立了一套以企业设备维护为核心，运行调度一体化、物资管理为重点，在多区域、多场站环境下集成应用的电力生产管理系统，系统已实现了对中水电公司正在运营电站进行信息化、规范化的管理需求。

（2）实现标准化

对电力生产运营管理期的各项基础数据进行严格的管理，提出严格的规范化操作规程，要求基础数据标准化，保证原始基础信息的准确性、一致性、完整性。通过确定标准的信息处理过程，统一数据和报表的格式，建立了一个集中、统一和可供不同专业及部门、岗位共享的基础数据库。

（3）提高工作效率

高效完成日常事务处理业务，通过公司广域网进行经营、生产、管理、办公信息的交换，优化分配各种资源，包括人力、物力、财力等。提高整体管理效率和各生产部门及部门间的协同工作能力。

（4）信息共享

与相关的实时监控系统相连接，通过系统的集成环境进行安全生产的动态监督和分类控制，实现实时信息在管理中的再利用。

充分利用已有的信息资源，运用各种管理模型对数据进行加工处理，为管理决策提供必须是准确的及时的信息，支持管理和决策工作。

（5）培养人才

通过系统实施促进管理人员现代管理观念的更新，提高人员素质，培养一批能熟练地操作、使用和维护系统的人才队伍。

G9 财务集中管理系统效益分析报告（示例）

20xx 年度，集团公司财务集中管理系统主要包括 NC 财务核算系统、久其网络报表系统、固定资产管理系统、产权管理系统、预算管理系统等。这些系统的使用为集团创造了较高的收益。按照保守估计和简单计算的原则，以未使用系统为参照，财务系统在 20xx 年为集团公司本部和所属公司创造了约 2170 万元直接经济效益。现对 20xx 年财务系统的年度效益分析如下：

G9.1 系统运行状况

2018 年集团公司财务集中管理系统中的凭证总数 511 947 张，比 2017 年凭证总数 445 385 张增加 66 562 张，增加幅度为 14.9%；凭证分录总数 5 296 329 条，相比 2017 年凭证分录总数 5 162 007 条增加 134 322 条，增加幅度为 2.6%。

G9.2 直接经济效益

集团公司使用 NC 财务系统作为集中式财务核算的平台。20xx 年度该平台上新增 4 家核算账套和 8 套核算账簿。按每家应用实施一套财务系统各项费用 10 万元 / 家计算，共节约软件费、实施费等各项费用 120 万元。

20xx 年度，资产财务部与三峡国际经过多次讨论，结合集团财务管理要求和海外公司所在国家的相关制度，制订了全新的英文科目及全套英文辅助核算基础信息，利用 NC 系统英文版，在南亚 14 个公司中建立实施了全英文核算账簿，改变了之前三峡集团海外子公司财务核算信息只能由国内事后分析并手工录入系统的现状。按海外实施一套财务系统各项费用 20 万元 / 套计算，共节约软件费、实施费等各项费用 280 万元。

2018 年度，集团公司资产比去年增加 491 亿元（集团合并），财务从业人员为 590 人，与 2017 年财务从业人员数相比上升 18%，但相比同等资产规模的其他中央企业，从业人员相比少 10%，用每年每人直接和间接成本为 30 万元计算，节约成本 1770 万元。

G9.3 间接经济效益

20xx 年度，三峡集团预算管理系统正式全面应用，实现了公司层面统一的预算编制、执行分析、滚动调整功能。预算内容涵盖了各个板块的业务预算、预算滚动、预算分析，提高了集团预算管理水平。

20xx 年，新网上自助报销系统在全集团正式应用，该系统能大大提高各种经常费和专项费报销的效率和管理水平，并为集团设立区域性会计核算服务中心提供了经验。

20xx 年，集团启动了税务管理系统建设，拟结合当前国际国内税收征管趋势和要求，摸清集团税务管理现状，排查税务管理风险，提出与世界一流清洁能源集团管理要求相符的集团公司税务管理体系方案，构建符合经营管理实际的制度体系，提出集团公司税务管理系统建设方案，实现"税务业务标准化、税务风险可控化、税务分析精准化"，全面提升集团公司税务管理水平。

G10　资金电子服务系统效益分析报告（示例）

G10.1　系统主要指标分析

20xx 年系统开户数 92 个，相比 2017 年的 120 个有所减少；截至 2018 年底，存款账户数 737 个，相比 2017 年底的 745 个减少 8 个。

20xx 年全年系统办理收付款业务量（包括内部转账，但不包括结息）呈增长趋势，清算业务量统计笔数 287 261 笔，比上一年 240 039 笔增长 47 222 笔，增长幅度为 19.67%。

20xx 年网银业务（网上支付结算业务，人民币）275 006 笔，与上一年同期 229 287 笔相比增加 45 719 笔，增长幅度为 19.94%。

20xx 年网银金额支付率为 99.9992%，交易量支付率为 99.996%，2017 年网银金额支付率为 99.6%，交易量支付率为 99.7%。

G10.2　系统应用效益分析（估算）

20xx 年资金多归集比率按 3% 保守计算，应用归集资金效益［资金效益 = 多归集资金（存款日均 600 亿 × 3% × 资金收益率 3.8%）］≈ 6840 万元。

电子服务系统全年办理成员单位对外付款 2147 亿元，成员单位对外付款办理笔数 106 528 笔，按每笔综合成本 50 元费用计算，为成员单位节约结算手续费近 533 万元，比上年的 422 万元增加 111 万元。

20xx 年资金电子服务系统经济效益合计 7773 万元。见表 G10-1。

表 G10-1　20xx 年电子服务系统经济效益表

年份	结算成本（万元）	机构成本（万元）	资金效益成本（万元）	总计（万元）
20xx 年	533	400	6840	7773

G11　审计管理信息系统 20xx 年度效益分析报告（示例）

三峡集团审计管理信息系统于 2013 年 11 月启动建设，2014 年 12 月完成系统测试培训，正式上线并在集团公司各内审机构推广应用。系统以门户子系统、管理子系统、作业子系统、资源子系统为核心，建立了较为完善的管理流程，包括审计计划管理流程、审计项目管理流程、审计作业管理流程、审计资源管理流程等。审计管理信息系统的建立，实现了审计计划管理、审计项目管理、数据查询、整改跟踪、统计分析、资源管理、离线管理等功能需求，实现了审计作业规范、质量规范和审计知识体系的规范化管理，促进了审计经验的积累、共享与传承，系统应用范围逐年提高，审计成效和系统效益显著提升。

20xx 年，系统登录人数 71 人，合计 1220 人次，新增数据信息 1774 条。按照 20xx 年非现场审计项目节省的差旅费用等成本分析，经济效益估算约 30 万元。在系统内计划管理、项目管理、资源管理等模块中录入相关信息，实现审计信息的电子化、平台化，基本达到了系统建设目标。

一是初步实现了审计资源的有效管理。通过系统整合审计工作所需的各种资源，包括法律法规、公司制度、审计实务指南、审计人员、审计对象、中介咨询机构、审计知识库、审计案例库等，初步实现了对各个阶段的审计工作提供信息支持。

二是规范了内部审计工作流程。通过实施审计作业管理模块，将审前调查、审计项目计划编制、审计方案制定审批、审计通知下发、审计资料收集、工作底稿编制与审核、审计取证发出与确认、审计报告编制与审核、审计问题汇总与整改、审计档案整理归档等各审计过程进行流程固化，初步实现了审计程序的规范化和审计业务的标准化，有助于提高审计工作质量。

三是实现了审计结果的综合应用。实现对审计部门的人员、计划、项目、档案等进行多条件、精确到模糊、简单到复杂的综合查询，按照管理要求快速生成审计报表，并以多种格式输出。

四是实现了审计信息的实时推送与展示。通过审计门户网站中审计项目动态、管理者视图、统计视图等内容，实时向相关管理人员推送和展示审计项目执行、审计资源分配、审计发现等。

G12 固定资产实物管理系统效益分析报告（示例）

20xx 年，固定资产实物管理系统作为集团公司固定资产的实物管理平台，新增资产卡片 7906 个，资产变动 8403 次，处置资产 4673 项，实现直接经济效益达 1361.16 万元。

固定资产实物管理系统产生的直接经济效益见表 G12-1。

表 G12-1　固定资产实物管理系统效益分析

分项内容	直接效益（万元）
系统运行维护	494
系统应用实施	92
硬件设备	34
人工成本节约	406.75
增加处置资产收入	334.41
合计	1361.16

G12.1　直接效益分析

直接效益可逐步量化，经分析计算，20xx 年度实现直接经济效益达 1361.16 万元，具体如下：

G12.1.1　在系统运行、升级和维护投入方面，节约了大量成本

（1）软件投入累计产生效益 494 万元。集团公司固定资产实物管理系统是在集团公司现有三峡工程管理系统平台上，由集团公司独立设计研发而成，并增加固定资产标签管理的功能。系统的升级、维护和日常指导全部由集团公司信息中心负责。截至 20xx 年底，固定资产实物管理系统在集团公司资产财务部和信息中心的全力支持下，当年有 38 家单位（建设部、专业化公司、专业公司的子公司）应用。若其中 38 家专业化公司自行对固定资产实物管理软件进行升级和维护，按软件行业 13 万 / 年软件维护费用的标准估算，则需花费 38×13 万元 = 494 万元。

（2）固定资产实物管理系统的应用实施产生效益 92 万元。20xx 年固定资产实物管理系统在成都豪生酒店、三峡日新水务环保（秭归）公司、三峡日新南河生态建设（神农架）有限公司、三峡资产公司完成上线应用。若各公司自行购买和实施固定资产实物管理系统，按软件 10 万元一套和实施费用 13 万元计算，则此项还可节省 92 万元。

（3）硬件投入累计产生效益 30 万元。由于固定资产实物管理系统是在集团公司现有三峡工程管理系统平台上使用，共同使用三峡工程管理系统服务器，服务器的升级由集团公司解决。按软件行业 1 万元 / 年服务器升级费用的标准估算，这 34 家（新上线 4 家单位除外）专业化公司自行升级固定资产实物管理系统的服务器，则需花费 34×1 万元 = 34 万元。

G12.1.2　在系统应用方面，降低了人力成本，增加了处置资产收入

（1）取消专职固定资产管理员，降低人力成本 400 万元。由于使用了固定资产实物管理系统，集团公司、各工程建设部门和各专业化公司不再需要专职的资产管理员和系统维护人员。按照集团公司现在的管理构成需要，资产管理员的人数至少为 40 人（信息中心、办公厅、枢纽管理局、专业化公司），按 10 万元 / 人·年，则至少减少人力成本 40×10 万元 =400 万元。

（2）减轻日常资产管理工作，降低人力成本 6.75 万元。20xx 年度，由系统管理的集团公司固定资产共有 80 376 件（含在建工程），分散在宜昌、北京、成都、重庆、昆明、溪洛渡、向家坝、乌东德、白鹤滩等区域。如果集团公司平均每天发生查找资产次数为 50 次，每次每件资产手工查询需要花费 10 分钟，那么每天需要花费 500 分钟，每年需要花费 120 000 分钟（240 工作日 / 年），需要一个人累计工作 250 天（每天 8 小时），若人力成本为 6000 元 / 月，则总共需要花费 75 000 元 / 年（6000 元 × 12/240 × 250）。经测试，手工查找资产所需时间是系统查询时间的 10 倍，则一年约可降低人力成本 6.75 万元。

（3）及时清查处置资产，增加收入 334.41 万元。通过系统管理，及时处置到期报废资产。截至 20xx 年 12 月 31 日，利用系统在 20xx 年度处置资产 4673 项，处置收入达到 668.81 万元。按晚一年处置资产收入减少 50% 计算，约增加收入 334.41 万元。

G12.2　间接效益分析

固定资产实物管理系统通过多年的应用和系统完善，已和固定资产管理办法紧密结合，形成了一套完善的固定资产管理体系。

固定资产实物管理系统的使用让资产管理更加规范，资产状况更加清晰，提高了日常工作效率，这也是固定资产实物管理系统能产生间接效益的源泉。

G12.2.1　账、卡、物的统一

集团公司通过财务 NC 系统（账务管理）、固定资产实物管理系统（卡片管理）和固定资产标签系统（实物管理）的有机结合，实现了账、卡、物的一体化管理，可以方

便进行按物查账和按账索物查询，大大提高了日常工作效率。

通过固定资产实物管理系统与 NC 系统接口建设的完善和集团公司管理水平的提高，在整个集团公司范围内已经实现了账、卡一致。

G12.2.2　规范了业务管理

固定资产实物管理系统在集团公司推广应用后，实际上是迫使集团公司固定资产实物的管理工作走上了规范化的道路。具体体现在如下两个方面：

（1）数据的规范化。通过固定资产实物管理系统的应用，要求固定资产数据信息严格按照集团公司的统一标准进行规范性录入，每一个字段都有详细的录入规范，而且系统中的标准编码信息由专职人员统一维护，这样可以保证固定资产数据信息的一致性。通过数据的规范性录入，便于相关类似信息的资产查询，提高了日常工作效率。

（2）业务处理流程规范化。固定资产实物管理系统的实施上线，实际上是一套固定资产管理体系的实施。通过固定资产实物管理系统将固定资产管理的各个业务流程进行分割，严格按照固定资产管理制度进行，并制定相关的系统操作规程指导固定资产的采购、验收、登记、分配、处置等业务处理的操作。通过业务流程化可以将固定资产处理的每一项数据都找到责任人，且每一项数据只能有一个出处。这与管理上要求的责任制是非常符合的，这也是固定资产实物管理系统规范企业管理流程的最好证据。为此，各部门的人员将会有更加明确的职责分工，并且这种分工会比上系统之前细得多。明确的岗位职责将使得企业对管理人员的配备更加合理。

G12.2.3　提高了工作效率

固定资产实物管理系统的推广应用提高了各个公司的资产管理效率。各个公司通过固定资产实物管理系统的应用，可以很方便地进行固定资产数据查询、统计，了解到各自公司的资产现状；可以方便地从系统中产生相关的固定资产系统报表，不用进行手工编制，节约了大量的时间。

固定资产标签扫描盘点的应用，更充分发挥了固定资产实物管理系统优势，使得盘点效率大大提高，并且在盘点的过程中不会出现漏盘和错盘的情况，有效防止资产流失，实现资产保值增值，更加真实准确地反映了盘点结果。

G12.2.4　提高了资产利用率

固定资产实物管理系统详细记录了资产的使用情况及更新替换时间，为更新资产提供了查询平台，能够合理地调配资源，降低资金占有，有效避免资产闲置浪费现象的发生，提高资产的利用率，提高经营效益，节约新购资金。

G12.2.5　其他

通过固定资产实物管理系统的使用，可以随时进行固定资产配置分析，减少资产的重复采购成本；可以方便地进行财务审计，减少审计成本；可以方便地进行人员与资产挂接，减少资产的流失等。自从使用固定资产实物管理系统以后，就为集团公司节约了大量的管理成本。

G12.3　总结

集团公司固定资产实物管理系统在整个集团公司范围内的应用，充分发挥了集团化管理的特点，从人力、物力、财力三方产生了巨大的经济效益和社会效益，提高了集团公司的集团化管理水平，为集团公司的长远发展做出了积极的贡献。

G13 人力资源管理信息系统效益分析报告（示例）

按照保守估计和简单计算的原则，eHR 系统在 20xx 年为集团本部和所属公司创造了大约 995.64 万元直接经济效益。

G13.1 eHR 系统直接经济效益分析

（1）提高了 HR 基础管理业务效率，节省了人工成本

eHR 系统应用提高了人事档案管理、薪资核算与发放、人员调入调出、福利缴交、培训报名与分析、财务分摊和人事报表等基础人力资源管理工作效率和质量，简单折算情况下，人力资源基础工作量增加 35%，集团本部和所属单位的 HR 基础管理业务人员大约 453 人，按照 25% 的比例折算为专职人员，每人人工成本 24.74 万元（集团公司 2017 年平均人工成本），扣除专职系统维护人员成本 60 万元。计算节省人工成本：

24.74 万元 ×（453 人 × 25%）× 35% – 60 万元 = 920.64 万元

（2）实现了跨地域监控人力资源业务数据，节省了差旅成本

集团公司和各所属单位在各个地域办公点的 HR 工作人员均可以通过 eHR 系统监控人员变动、薪酬发放和福利缴交等情况。按照集团本部和所属 21 家二级单位每家少出差 3 人次的估计，每人次差旅费成本 0.5 万元计算，节省差旅成本：

0.5 万元 × 66 人次 = 33 万元

（3）实现了数据集中存储和共享，节省了系统建设和运维费用

按照集团所属 21 家二级单位，每家节省维护服务器、网络等费用 2 万元计算，节省建设费用：

2 万元 × 21 家 = 42 万元

G13.2 eHR 系统的间接效益

（1）精细管理，规避风险。eHR 系统可实时反映集团公司员工劳动合同签订情况，业务人员可通过系统劳动合同到期预警和黑名单管理等机制，可有针对性进行应对处理，规避了风险。

（2）集中管控，资源共享。通过 eHR 系统实现了集团公司全体人员人力资源相关信息的集中管控，包括对工资总额和关键人员的管控等，同时人力资源基础数据信息全集团范围共享，有效提升了报表数据质量和及时性。

G14 电子采购平台效益分析报告（示例）

G14.1 招投标管理系统效益分析

20xx 年，招投标管理系统稳定运行，累计节约 342.36 万元，具体效益分析如下：

（1）系统应用情况

20xx 年，通过招投标管理系统完成计划编报 6936 条，计划金额约 610 亿元；完成招标建档 526 个，招标金额约 242.19 亿元；标书发售记录 5660 条；完成供应商审核数量 15 020 家；完成专家审核 235 位；通过系统完成各类流程审批 14 905 项，其中完成招标文件审批 720 项。

（2）直接经济效益

招投标管理系统通过线上报批，为集团公司累计节省各类成本约 263.46 万元，其中文档印刷成本约 24.98 万元 [720 项 × 300 页 × 0.5 元 / 页 +（14 905 – 720）项 × 20 页 × 0.5 元 / 页]，人工成本约 238.48 万元（14 905 项 × 2 天 × 80 元）。电子采购系统的应用为供应商节约印刷费、快递费、交通费、住宿费等各类成本累计约 78.90 万元（526 项 × 5 天 × 300 元 / 天）。

注：文档印刷成本 = 招标文件文档数 × 页数 × 平均单价（元）+ 其他文档数 × 页数 × 平均单价（元）；人工成本 = 流程数 × 天数 × 平均单价（元）；

供应商各类成本 = 招标建档数 × 天数 × 平均单价（元）。

G14.2 非招标采购系统效益分析

20xx 年，非招标采购系统运行稳定，通过非招系统完成集团公司工程、货物和服务类电子化采购，满足了集团公司工程建设和电力生产的需求。累计节约 129.90 万元，具体效益分析如下：

（1）系统应用情况

20xx 年，集团公司通过非招系统（ECN）完成工程、货物和服务项目电子化采购共计 4163 项，电力生产单位 1 签订物资采购订单 3080（不含工程和服务合同）份，采购项目中标金额合计 49.48 亿元，本年度参与报价供应商 4372 家，有效引入竞争，降低了采购成本。

（2）直接经济效益

通过 ECN 系统发布采购项目信息，为集团公司节省各类成本累计约 94.26 万元，其中采购文件往来传真 2.39 万元（4163 项 × 10 次 × 0.5 元 / 次 + 3080 项 × 2 次 × 0.5

元 / 次 = 23 895 元），电话费 4.78 万元（4163 项 × 10 次 × 1 元 / 次 +3080 项 × 2 次 × 1 元 / 次 = 47 790 元），采购订单快递费 8.33 万元（4163 项 × 1 次 × 20 元 / 次 = 83 260 元），采购文件印刷费 20.82 万元（4 163 项 × 100 页 × 0.5 元 / 次 = 208 150 元），减少了人工录入份数和时间，节省人工 57.94 万元（4163 项 × 1 天 × 80 元 / 天 + 3080 项 × 1 天 × 80 元 / 天 = 579 440 元）。同时为供应商节省报价文件快递费、传真费和印刷费 35.64 万元（1235 项（长电） × 1 次 × 20 元 / 次 + 1235 项（长电） × 100 页 × 3 份 × 0.5 元 / 页 + 2928 项 × 100 页 × 1 份 × 0.5 元 / 页 = 356 350 元）。

电子采购平台的应用，为集团公司招标及采购树立了良好的市场形象。

G15　综合计划与统计管理信息系统效益分析报告（示例）

20xx 年，集团公司综合计划与统计业务工作通过综合计划与统计管理信息系统进行管理，产生了一定的效益。

G15.1　通过系统应用规范了业务体系

综合计划与统计管理信息系统建立了计划与统计业务管理的一体化信息平台，建立了标准的、统一的管理体系，加强了计划与统计业务的过程管理，规范了计划与统计业务体系，提高了计划目标的有效性和可控性。

G15.2　实现了对集团公司各业务板块项目和指标的统一管理

截至 20xx 年底，系统录入项目 5060 个，填报方案 236 个，指标 1370 个，维度 35 个，组织机构 295 个，有效用户 1081 个。系统以完善的项目、指标管理体系，保证了项目信息和指标数据的完整、统一，高效地实现了对集团公司各业务板块项目和指标的统一管理。

G15.3　工作效率得到提高，工作质量得以保证

综合计划与统计业务分为对外报送业务和公司内部综合计划业务。20xx 年，通过系统完成向国家发展改革委提供综合计划建议方案数据汇总，完成向国资委提供综合计划季度完成情况数据汇总、当年投资完成数据及下年投资计划数据，并定期向国家统计局、地方统计局、电监会、中电联、商务部等报送统计报表；20xx 年，公司内部主要是编制集团公司年度综合计划，编制集团公司综合计划执行情况等。这些工作需要大量的数据获取、筛选、计算、分析等，通过本系统可以很方便地完成这些工作。20xx 年，系统预设八个常用任务，其中建议计划任务 1 个、综合计划任务 1 个，计划完成任务 2 个，统计任务 3 个，数据补录任务 1 个。系统配置所有的输出报表共计 192 个，其中建议计划输出报表 16 个、综合计划输出报表 29 个，计划完成输出报表 34 个，统计输出报表 113 个。通过输出报表和填报任务，满足了对外报送业务和公司内部综合计划业务需要，大大减轻了计划统计业务人员的工作量，提高了工作效率，保证了工作质量。经估算，每次数据上报活动每人次平均可以节省 0.5 天的工作时间，20xx 年度共进行 50 次数据上报，每次参与人数在 100 人左右，共计节省工作日为 2500 天。

G15.4　节省人工成本

根据第 3 项所估算工日，按集团公司每工日人工成本 500 元计算，大约节省人工费用 1 250 000 元（2500 × 500 元）。

G16 发电量及机组状态填报系统效益分析报告（示例）

20xx 年，集团公司发电量及机组状态填报工作通过发电量及机组状态填报系统进行管理，产生了一定的效益。

G16.1 建立标准化信息平台，促进业务体系规范

发电量及机组状态填报系统按照行业标准和集团公司业务实际情况，建立了一套完整且具有良好扩展性的投产运行电站发电量和机组状态数据采集、填报一体化信息平台。通过信息平台的使用，有效促进了业务体系规范，并且加强了采集、报送的过程性管理，提高了数据的及时性和完整性。

G16.2 实现了全口径发电量日统计，为决策提供支持

集团公司作为电力企业，电量是最主要产品，发电量指标是最关键的监测指标之一，也是集团公司生产经营最重要的决策依据。本系统以完整的项目、指标管理体系，保证了项目信息和指标数据的完整、统一，高效地实现了对集团公司全部投运电站和指标的统一管理。根据各电站实际情况，本系统分别通过手动和自动两种方式，按日采集发电量数据，并实时同步至数据大屏系统。集团公司各电站发电量数据，每日 10：00 通过短信方式发送至集团公司相关领导，为决策提供支持。

G16.3 不断提升工作效率，节省人工成本

通过系统完成每月的电力生产快报编报工作，并定期向中电联等相关主管单位报送信息。截至 20xx 年底，系统已录入电站 226 个，发电量数据 248 102 个。据估算，全年采集数据 61 751 个，每次数据上报活动每人次平均可以节省约 1 小时的工作时间，共计节省工作日约为 2573 天，按集团公司每工日人工成本 500 元计算，大约节省人工费用 1 286 480 元（2573 × 500 元）。

G17　OA 系统效益分析报告（示例）

G17.1　系统简介

（1）系统概况

集团办公自动化系统现有发文、收文和签报流程共计 24 条，其他工作流程 28 条。20xx 年，OA 系统账号总数 21 501 个，总登录人次 24 755 261 次，日平均登录次数 67 823 次，其中 PC 端 21 747 497 人，占登录总数的 87.85%，移动端 3 007 764 人，占登录总数的 12.15 %。

（2）系统功能和应用效果

集团公司 OA 系统是一个协同办公平台，主要有办文、办事、办会及通信录等模块。20xx 年共有发文 34 579 条，其中集团发文 3677 条；收文 234 572 条，其中集团收文 4102 条；签报 28 615 条，其中集团签报 2833 条。简报内刊创刊数为 381 份，其中集团创刊 102 份，下级单位创刊 279 份，已发内刊 535 份。通过系统申请会议室共计 17 346 次。

G17.2　直接效益分析

集团公司 OA 系统通过网络协同方式，提高了办公效率，省却了文件传递环节，节省了打印纸张。

按登录人次的 20% 核计为查阅文件次数，20xx 年共计查阅文件 4 950 000 次。如采用传统方式手工查找文件，以每篇文档多花费 5 分钟计，共节省 2344 人月。以目前集团公司人力资源平均成本 10 000 元 / 人月计算，共节省 2344×10 000 元 =2344 万元。

通过系统收、发文提高了办公效率，以办理每份文件从拟稿、内部审核、领导审批、文书打印归档节省 15 分钟计算，共节省 781 人月，以目前集团公司的平均人力资源成本 10 000 元 / 人月计算，2018 年共节省 781×10 000 元 =781 万元。

通过系统进行文档和信息的拟稿、审稿、定稿、发布等节约了纸张。20xx 年共处理 297 766 篇，以每篇需印 1 份处理单和 10 份稿纸文件、每篇篇幅平均 3 张 A4 纸统计，总共节约 A4 纸张 9 826 278 张。共节约经费 8 094 600×28/500=55.03 万元。

通过系统申请会议室 17 346 次，按每次会议节约时间 1 个小时估计，总节约时间 98 人月，同上，节省费用 98 万元。

综上，20xx 年 OA 系统产生直接经济效益合计 3278 万元。

G17.3　间接效益分析

通过公文流转的推广应用，推动了各部门、各单位对发文和收文工作流程的梳理和规范。目前，集团层面和全部的职能部门、二级单位已在系统中建立了发文、收文流程，并得到了很好的应用；集团公司大部分三级公司利用 OA 系统也实现了发文、收文流转。现在的办公系统不仅提供大家查阅权限范围内的文档（发文、收文、签报、报道、资料等），还可以对办理意见和办理过程进行追踪、监控，通过各种分类查找、搜索引擎等方便管理、查阅各种文件、资料。

签报流程在集团层面和各单位的广泛应用，各种请示、报告能够得到及时的签批，大大提高了工作效率。

通讯录、会议安排、出差休假申请流程等为我们的工作和生活带来了极大的方便，节省了我们大量的时间和精力，这些都是间接的经济效益。

G18　三峡水利枢纽管理区地理信息系统效益分析报告（示例）

三峡水利枢纽管理区地理信息系统是"数字长江"信息化建设的重要组成部分，旨在利用空间地理信息等技术，结合业务信息系统的建设，实现区域"资源一张图"和综合业务的统一管理。系统于 2016 年 12 月整体上线。20xx 年，通过应用实施，系统使用人数逐步上升，为坝区管理相关业务提供了精细化、高效率的管理模式，发挥了信息系统的积极作用，特别是结合了空间地理信息技术，为用户提供了直观的可视化查询应用，有效地提高了查询效率，同时节约了大量的人工管理成本，产生了一定的管理效益和经济效益，现分析如下：

G18.1　直接效益分析

（1）优化业务工作，提升管理效能

三峡枢纽管理区地理信息系统运行以来，综合、供水、供电、交通、土地、环保、绿化、房产、船闸以及消防管理单位的日常业务工作，例如移动巡检、房屋分配、船闸运行等业务全部实现电子化登记办理，与传统使用纸质文件办公相比，在提升管理水平的同时，大量节约了纸张成本和存放数据成本。以下是 20xx 年相关统计分析：

供电部门利用系统登记值班日志、电量共计 216 次，与传统纸质文件交接班相比较，每次值班记录登记需要 2 张 A4 纸，借助系统进行交接班工作共计节约 216 次 ×2 张 = 432 页纸；

交通部门利用系统登记桥梁检测记录共计 1208 次，与传统纸质文件记录相比较，平均每次桥梁检测记录需要 2 张 A4 纸，借助系统进行桥梁检测信息的记录，共节约 1208 次 ×2 张 = 2416 页纸；

环保部门利用系统登记监测记录共计 156 次，与传统纸质文件记录相比较，平均每次监测记录需要 1 张 A4 纸，借助系统进行监测信息的记录，共节约 156 次 ×1 张 = 156 页纸；

房产部门利用系统登记房屋分配记录共计 91 次，与传统纸质文件记录相比较，平均每次房屋分配记录需要 2 张 A4 纸，借助系统进行房屋分配信息的记录，共节约 91 次 ×2 张 = 182 页纸；

船闸部门利用系统登记船闸运行记录共计 860 次，与传统纸质文件记录相比较，平均每次船闸运行记录需要 1 张 A4 纸，借助系统进行船闸运行信息的记录，共节约 860 次 ×1 张 = 860 页纸；

综合、供水、供电、交通、土地、环保、绿化、房产、船闸以及消防利用系统，可节省大量的图纸打印费用，按每个专题平均 200 张 A2 图纸计算，共计 2000 张图纸；

综上应用系统共计节约 A4 纸 4046 张，按每页 0.1 元，可节约 404.6 元；节约 A2 图纸打印，按每页 4 元，可节约 8000 元。共计节约 8404.6 元，约 0.84 万元。

同时，系统智能便捷的业务管理程序，缩短了业务办理与业务流转的时间，极大地提高了业务人员日常工作的效率。以下是 2018 年系统应用分析情况：

供电部门利用系统进行电量计算共计 84 次，如果采用原来人工计算的方式，每次计算填写需用时 2 个小时，而通过系统进行自动的乘以倍率进行计算，计算一次平均花费 0.2 个小时，节约近 1.8 个小时。全年节省的人工为 84 次 × 1.8 小时 / 次 = 151.2 小时；

供电、供水、交通部门利用系统登记检测、缺陷、维修共计 1562 次，如果采用原来人工纸质登记缺陷，每次填写与处理需要 16 个小时，而通过系统办理与网上流程周转则只需要 2 个小时，节约了 14 个小时，全年节省的人工为 1562 次 × 14 小时 / 次 = 21 868 小时；

房产部门利用系统登记办理房屋分配共计 91 次，如果采用原来人工纸质办理房屋分配，每次填写与处理需要 8 个小时，而通过系统办理与网上流程周转则只需要 2 个小时，节约了 6 个小时，全年节省的人工为 91 次 × 6 小时 / 次 = 546 小时；

船闸部门利用系统登记运行记录共计 860 次，如果采用原来人工纸质登记，每次填写与处理需要 2 个小时，而通过系统办理与网上流程周转则只需要 0.5 个小时，节约了 1.5 个小时，全年节省的人工为 860 次 × 1.5 小时 / 次 = 1290 小时；

综上共计节省的人工为 23 855.2 小时，以大约 56 元 / 小时（按人工成本 10 000 元 / 月）计算，56 元/小时 × 23 855.2 小时 = 1 335 891.2 元，则系统共计节省人工成本约合 133.59 万元。

（2）资源整合，数据共享

三峡枢纽管理区地理信息系统最主要的基础就是空间数据，为了构建"坝区资源一张图"，我们对各类空间数据资源进行加工处理和整合，目前已编制和完善供水、供电、交通、土地、房产、绿化、环保等专题图层数据。专题地理数据的加工避免了以后重复需要专业测绘队伍进行调绘、开挖勘测等数据采集过程，节省了大量的数据采集和加工费用。

经测算，20xx 年专题数据整理情况如下：

房产专题梳理小区 3 个，楼栋 18 座，房间 400 余间，并协助房产业务管理工作，若没有完整的房产电子地图，则需通过测量确认确切信息。房产专题数据整理，按每人每天测量 2 个小区或 10 个楼栋或 50 个房间计算，小区数据整理需要人工费用 3/2 × 496.51 = 744.77 元；

楼栋数据整理需人工费用 18/10 × 496.51 = 893.72 元；房间数据整理需要人工费用 400/50 × 496.51 = 3972.08 元。相当于系统提供的房产地理信息数据可为坝区的房产业务管理工作节省测绘成本 0.56 万元。

绿化专题梳理养护地块 108 块，面积共计约 518 万平方米；绿地 114 块；梳理植物 530 种，共计 685 万株。若没有完整的土地电子地图，则需通过测量确认确切信息。绿化专题数据整理，按每人每天清理2万平方米的地块及地块上植物计算，需要人工费用 $518/2 \times 496.51 = 128\ 596.09$ 元。相当于系统提供的绿化地理信息数据可为坝区的绿化业务管理工作节省测绘成本12.9万元。

综上，相当于系统提供的地理信息数据可为坝区的各项业务管理共计节省测绘成本13.46万元。

（3）开源节流，旅游宣传降本增效

三峡枢纽管理区地理信息系统公众服务子系统面向社会大众，建立了公众快速了解三峡工程建设运行和三峡大坝旅游咨询服务的途径。通过减少推广成本，包括景区宣传牌的制作，集团宣传广告；减少导游成本，微信公众号为游客免费提供多媒体的旅游推荐模式，包括语音导游和图文解说，在一定程度上减少了旅游公司对导游的投入和景区人力投入；增加游客量，提升景区旅游收入，公众服务子系统的建设为景区旅游带来了一定的经济效益。

经测算，20xx年旅游效益增加情况如下：

宣传牌按照每月减少制作5块，每份价值200元计算，每年节约宣传牌成本 $5 \times 12 \times 200$ 元 $= 12\ 000$ 元；广告投入按照每季度可少投入20万元计算，每年节约广告费80万元；导游成本按照每年聘请5名导游，每人年薪5万元计算，每年节约导游成本25万元；游客量按照每月增加200人，每名游客为景区带来收益50元（包括景区车辆收入，餐饮和特产的销售收入），全年增加收益 $200 \times 12 \times 50$ 元 $= 120\ 000$ 元。

综上共计节约宣传成本81.2万元，节约导游成本25万元，增加旅游收入12万元，累计创造的直接效益约118.2万元。

20xx年通过三峡枢纽管理区地理信息系统的建设和应用，节约用纸成本0.84万元，节约人工成本133.59万元，节省测绘成本13.46万元，节约宣传成本81.20万元，节约导游成本25万元，增加旅游收入12万元，共计节约的成本和增加收益创造的直接效益约266.09万元。

G18.2　间接效益分析

20xx年三峡枢纽管理区地理信息系统通过逐步推广使用，除以上能直接算出的效益外，更多体现在对枢纽区的管理方面等间接效益上。

（1）梳理业务流程与制定数据标准

通过多阶段系统的实施推广，实现了日常业务维护数据与地理信息的标准化，整理录入基础数据3659条。地理信息系统实施不仅是知识更新、管理工具改进的过程，更重要的是管理理念更新的过程。因此，供电子系统的成功实施对生产单位业务流程标准化有重大促进作用。通过业务流程分析和标准化工作以及大量的测试，简化了业务处理流程，在标准化的基础上使业务处理和信息传递更科学、更实用。

信息技术是业务流程重组的推动力。正是信息技术的发展与应用，使企业能够打破陈旧的制度，创建全新的过程模式。业务流程与企业的运行方式、组织的协调合作、人的组织管理、新技术的应用与融合等紧密相关，因而，业务流程的重组不仅仅涉及技术，也涉及人文因素，包括观念的更新、流程的重组和组织的重构。

信息技术的应用是业务流程重组的出发点，也是实现业务流程重组最终目标的手段，业务流程的重组与信息技术的有机结合，是提高信息系统开发投资收益、节省信息系统运行成本、提高信息系统经济效益的关键所在。

（2）拓展宣传渠道，提高集团社会影响力

三峡枢纽管理区地理信息系统公众服务子系统，通过完善三峡集团"三峡小微"和"三峡大坝"微信公众号，建设网站地图应用，实现了直观快捷地向公众推送三峡工程的相关信息和发挥的效益，建立了公众快速了解三峡工程建设运行和三峡大坝旅游咨询服务的途径。

公众服务子系统通过地图直观展示的方式，向公众推送三峡工程的相关信息和发挥的效益，实现足不出户也可以在线体验三峡大坝景区的风貌，快速了解三峡大坝旅游的公共服务咨询，吸引更多的公众全面了解三峡工程的权威信息，提升游客在现场游览三峡的自助程度和舒适度。

随着公众服务子系统应用的拓展，将在促进集团公司塑造公众形象、提升公众对三峡工程的认知度、宣传三峡工程和集团公司等方面发挥重要作用，有助于提升三峡工程整体形象。同时，通过系统的建设，拓展了外界了解三峡的途径，丰富了三峡工程的展示途径，有助于提升三峡工程整体形象，能持续产生良好的社会效益。

通过公众服务子系统的建设，提高集团公司的口碑和社会影响力，也能为集团公司带来隐形的经济效益。

（3）整合数据资源，节约数据建设经费

通过三峡枢纽管理区地理信息系统建设，对地理及业务数据进行整合，完成了地理及业务数据电子化，实现了数据共享，可以节约行政成本，避免各应用部门基础数据的重复采集、建设和维护。例如：避免了大量的纸质数据；避免重复采集、建设、维护设备设施数据等。

（4）信息共享提升工作效率

通过系统实现的数据共享功能，技术人员能随时掌握设备设施最新状况，及时做出处理，大量节省了信息周转时间。另外，根据系统提供的地图及其相关功能，工作人员也能迅速定位设备并查询设备相关信息，办理相关业务。

G19 集团车辆管理系统效益分析报告（示例）

集团公司车辆管理系统是在日常的车辆调度以及车辆的各种费用规范管理的基础上，建成的一个涵盖车辆使用用户、车辆调度员、驾驶员以及各个层次的管理人员等为一体的管理信息系统，形成了对车辆的使用申请、调度管理、维修申请、维修审批以及各种费用管理等各方面高效统一、规范协调的管理和控制体系。通过信息的高效统一管理，实现了车辆调度及各种费用的全方位信息控制与管理。

自 20xx 年以来，系统在集团范围内陆续得到推广，其应用已基本覆盖集团公司所有车队（班），截至目前，共有 99 个车队（班）使用本系统，系统应用精度也不断得到深化，为促进集团范围车辆管理的规范化、科学化、集约化和精细化做出了一定贡献。20xx 年车辆管理系统直接经济效益为 311.24 万元，所产生的绩效分析如下：

G19.1 直接经济效益

（1）方便数据统计分析，降低人工成本

各单位能够对车辆的调度以及各种费用进行有效管理，能够迅速查询出车辆的详细信息、驾驶员的详细信息、驾驶员的出勤情况、车辆的出勤及车辆的维修、加油、保险、年审、养路费、车船使用税、洗车、停车等各种费用情况，部门、员工的用车情况等信息；并能对查询数据进行迅速汇总，节省了一定的人力。

1）节省驾驶员出勤数据统计和计算工日。平均按每个车队每月节省 1 个工日计算（有的节省工日多一些，有的节省少一些，与车队或车班的规模有关），共节省 1188 工日，即 1 工日每月每车队 ×12 月 ×99 车队。

2）节省车辆维修费用统计和计算工日。维修数据量相对出勤数据量少一些，平均按每个车队每月节省 0.5 个工日计算［原因同 1）］，共节省 594 工日，即 0.5 工日每月每车队 ×12 月 ×99 车队。

3）节省车辆加油费用统计和计算工日。加油数据量和出勤数据量一致，平均按每个车队每月节省 1 个工日计算［原因同 1）］，共节省 1188 工日，即 1 工日每月每车队 ×12 月 ×99 车队。

4）节省车辆其他费用统计和计算工日。其他费用数据量相对出勤数据量少一些，平均按每个车队每月节省 0.5 个工日计算（原因同第 1 条），共节省 594 工日，即 0.5 工日每月每车队 ×12 月 ×99 车队。

共节省 3564 工日，约 14.26 人年（1 年大概 250 工作日）。按人均 18 万元 / 人·年计算人工成本，共节省人工成本 256.68 万元。

（2）促进车辆调度科学化、集约化，降低了运行成本

据相关单位总结，部分单位在成都、向家坝、溪洛渡等地域实现了车辆联动调度，实现了车辆调度的科学化、集约化，提高了车辆利用率，减少了空载行驶里程，降低了运行成本。按三峡建设公司、溪洛渡工程建设部、向家坝工程建设部、白鹤滩工程建设部、乌东德工程建设部、移民工作局、机电公司七个车队平均每车队每月减少一次从工地到成都或昆明的空载距离（七个车队从工地到成都或昆明的频率较高），约减少空载里程为：7 车队 × 12 月 × 1 趟 / 月 × 350 公里 / 月 = 29 400 公里，按每公里运行成本 4.00 元 / 公里（折旧费 + 油料费 + 维修费 + 过路费），则降低运行成本约 11.76 万元（29 400 公里 × 4.00 元 / 公里）。

（3）系统维护人工成本

目前，集团公司信息中心安排一人从事该系统的维护工作，年支付其费用为 13 万元。如果各个公司（99 个车队分别属于 31 家公司）均安排 1 个兼职人员进行维护系统运行，那么至少 31 人，兼职时间按占 10% 来计算：18 万元 / 人（年人工成本）× 31 人 × 10%=55.8 万元。因此，该系统的人工维护成本费用为 55.8 − 13 = 42.8 万元。

20xx 年车辆管理系统直接经济效益为：256.68 万元 + 11.76 万元 + 42.8 万元 = 311.24 万元。

G19.2　间接效益

（1）促进车辆加油、修理等工作规范化，相关费用透明可控

车辆用油、修理明细数据及时录入系统，为实时分析车辆百公里耗油提供了依据，促进了这些工作的公开透明，所花费的相关费用处于可控状态。

（2）原始数据的积累为指标制定、决策、员工考核提供了依据，各种原始费用数据（如加油、修理、保险以及其他费用等）为制定后续费用指标提供了借鉴，车辆行驶里程以及出勤的忙闲程度为车辆购置决策提供了依据（多次为资产购置审查小组提供数据），驾驶员的出勤率、行驶里程、安全事故等为员工考核提供了支持，同时多次为员工增减决策提供依据。

G20　集团公司视频会议系统效益分析报告（示例）

为适应集团公司多地域办公的需要，满足集团公司内部日常办公及集团与相关外部单位交流协作的要求，实现信息快速互通、提高沟通效率、节约办公成本，现阶段集团公司已经建设并应用了多种视频会议系统：①硬视频会议系统；②软视频会议系统；③新视真视频会议系统；④国务院国资委视频会议系统；⑤葡萄牙视频会议系统。

G20.1　集团视频会议系统应用情况统计

20xx 年 1—12 月，集团公司机关各部门举办的视频会议总共 2031 次，累计参会人数为 79 494 人次；以每月 22 个工作日、1—12 月共 264 工作日计算，平均每工作日召开 8 次视频会议，每工作日参加视频会议人数约为 301 人次。其中：

（1）硬视频会议系统

集团及电力生产单位 1、各电厂间共利用硬视频会议系统召开会议达 803 次，参加人数达 22 350 人次。

（2）软视频会议系统

集团公司范围内各单位、部门共利用软视频会议系统召开会议达 1227 次，参加人数达 54 882 人次。

（3）新视真视频会议系统

共召开了 260 次新视真视频会议，累计参会人数为 1495 人次。

（4）国务院国资委视频会议系统

共召开了 25 次国资委视频会议，累计参会人数为 737 人次。

（5）葡萄牙视频会议系统

共召开了 9 次北京与葡萄牙两地间的视频会议，累计参会人数为 30 人次。

G20.2　所属公司内部视频会议系统应用情况统计

20xx 年 1—12 月，所属公司内部举办的软视频会议总共 2768 次，累计参会人数为 37 684 人次；以每月 22 个工作日、1—12 月共 264 工作日计算，平均每工作日召开 11 次公司内部软视频会议，每工作日参加公司内部视频会议人数约为 143 人次。

所属公司内部软视频会议使用情况如表 G20-1 所示。

表 G20-1　内部视频会议系统应用情况

所属公司名称	内部软视频会议召开次数	累计参会人次
新能源公司	240	8579
三峡发展公司	187	2261
三峡实业公司	120	3558
三峡设备公司	350	6400
三峡高科公司	107	700
三峡财务公司	350	3121
招标公司	240	1310
呼蓄公司	152	550
三峡水电工程公司	31	300
传媒公司	142	570
西藏分公司	338	1736
湖北能源	142	6900
三峡资本	31	153
福建分公司	338	1726

G20.3　办公效率显著提高、经济效益突出

集团公司网络视频会议适应了集团公司跨地域、多点多项目的办公特点，解决了参会人员远程跋涉参加会议的不便，大大缩短了准备和参加异地会议的时间。

20xx 年 1—12 月，集团公司机关各部门举办的软视频会议总共 1227 次，累计参会人数为 54 882 人次；硬视频会议总共 803 次，累计参加人数达 22 350 人次；所属公司内部举办的软视频会议总共 2031 次，累计参会人数为 77 232 人次。

以将举办一次网络视频会议参加改为举办现场会议为例，异地参会人员往返旅途时间设定为 3 天，旅差费用设定为 3000 元。如果以异地参加会议的人数为总参会人数的 1/10 计算，20xx 年网络视频会议总参会人数为（54 882 + 22 350 + 37 684）=114 916 人次，则共有 114 916 ×（1/10）= 11 492 人次通过网络视频会议系统参加了异地会议。累计可节省 11 492 × 3 = 34 476 工作日的时间，节约 11 492 × 3 000 元 = 34 476 000 元（3448 万元）的旅差费用。

G21　IT 基础设施集中管理效益分析报告（示例）

集团公司 IT 基础设施集中管理主要包括数据中心统一建设管理、服务器统一建设管理、网络统一建设管理等方面。现将 20xx 年通过 IT 基础设施集中管理所产生的绩效进行分析。

G21.1　数据中心统一建设管理

20xx 年继续遵守数据中心统一建设管理的原则，按地域分区健全完善了北京、宜昌、成都三个数据中心的建设，对集团公司各办公地的信息系统平台设备进行集中统一放置、维护和管理，未出现私建、乱建机房的情况。目前集团公司三个数据中心为集团公司所有单位、部门统一提供 IT 基础设施服务。北京数据中心集中北方区域各单位信息系统平台设备，宜昌数据中心集中宜昌、三峡区域各单位信息系统平台设备，成都数据中心集中西南、金沙江区域各单位信息系统平台设备，驻京、驻宜、驻成所属单位和机构不再单独新建机房。

集团公司数据中心统一建设、管理经济效益明显，主要体现在节省一次性建设费用、节省运行费用、节省维护费用、节省人力成本四个方面。

（1）节省建设费

北京数据中心自投入运行以来，先后为集团外网信息系统、内网信息系统、各驻京单位、电力生产单位 1、招标公司、财务公司、传媒公司、安全生产应急指挥、三峡新能源集中监控系统等系统应用提供统一的 IDC 环境，北京区域通过数据中心统一建设将七个机房合为一个，节省了各单位单独建设机房的建设费用。

宜昌数据中心为集团外网信息系统、内网信息系统、各驻宜单位、电力生产单位 1、招标公司、旅游公司、实业公司、财务公司等单位提供统一的 IDC 环境，宜昌区域通过数据中心统一建设将七个机房合为一个。

成都数据中心为集团外网信息系统、内网信息系统、各驻蓉单位、电力生产单位 1、金沙江各项目等提供统一的 IDC 环境，成都区域通过数据中心统一建设将五个机房合为一个。

通过统一建设，集团避免了 16 个机房的重复建设，节省了各单位单独建设机房的建设费用。

（2）节省运行费用

三个数据中心提供统一的环境设施，各单位信息设备集中布置，共享机房物理环境、电气动力系统、空调新风系统、安全消防系统等，避免分散使用水、电等资源的浪费和重复消耗，参考北京数据中心每年的日常运行费用 40 万元进行估算，数据集中运行每年节约日常运行费用 40 万元 ×16 = 640 万元。

（3）节省维护费用

三个数据中心都应用了先进的结构化布线系统、数字化 KVM 管理系统、智能环境动力远程监控系统等机房环境设备，每年的系统维护、维保费约为系统建设费用的 5%，按北京数据中心每年的系统维护、维保费用 600 万元 ×5% = 30 万元进行估算，数据中心集中运行每年节省维护、维保费 30 万元 ×16 = 480 万元。

（4）节省人力成本

数据中心日常的运维管理至少需要 2 名运维工程师，人员人工成本按年人均 20 万元计，数据中心集中运维节约人力成本共约 20 万元 ×2 ×16 = 640 万元。

综上所述，20xx 年集团公司数据中心统一建设、管理，每年节约运维成本 1760 万元。

G21.2　服务器统一建设管理

20xx 年集团公司信息中心以服务器整合与企业云计算部署应用为工作重点。服务器整合应用主要采用在统一技术标准的前提下进行应用平台环境整合、数据库环境整合，统一数据存储平台和集中数据备份，以云计算技术为支撑对资源进行灵活调配、提高设备使用效率和灵活度。

目前集团公司在北京、宜昌、成都三地数据中心云计算服务器平台架构基本形成，生产、测试、培训、开发类虚拟服务器共 426 套，其中 20xx 年三地新增生产、测试、培训、开发类虚拟服务器环境共 84 套。管理经济效益主要体现在节约服务器采购成本，节省运营、维护成本，减少人员管理成本、减少工作量，降低故障率、提高用户满意度等四个方面。

（1）节约服务器采购成本

假设每套虚拟服务器需采购对应的物理服务器，每套物理服务器设备均价按 5 万元计算，84 套虚拟服务器共节约服务器设备采购开支为 5 万元 ×84 = 420 万元。

（2）节省运营、维护成本

按每 8 套服务器需配套一台机柜存放计算，新增 84 套物理服务器需 11 台机柜，每台机柜和相关配套设施均价约为 3 万元，云计算方案共节省机柜费用 33 万元。每台服务器能源消耗按每年节约 5 千元计算，426 套机虚拟服务器共减少能耗成本约 426 ×0.5 万元 = 213 万元。

（3）减少人员管理成本，减少工作量

服务器整合与云计算部署的结合，大大减少了人员管理成本和日常维护管理的工作量，促使运维管理更加简便、灵活，提高了设备使用效率和工作效率。以前各地的系统管理人员至少需要两名，且对技术能力要求较高，采用云计算环境后，为各地系统管理员资源统一协调调配提供了条件。按三地各减少一名技术人员、集团员工年均成本 28

万元计算，每年节约人工成本 3×28 万元 $= 84$ 万元。

（4）降低故障率，提高用户满意度

服务器的统一管理和云计算技术的应用，统一了服务器的配置，建立了标准模板，缩短了部署服务器的时间，降低服务器故障发生的频率，提高了用户需求的响应和满意度。

综上所述，集团公司服务器统一建设管理可节约一次性投资 420 万元，每年节约运维成本 330 万元。

G21.3　网络统一建设管理

20xx 年继续颁布了集团公司网络设备采购标准，加强对下属公司网络设备采购的规范，已完成集团公司网络平台技术实施标准的基本统一。由集团公司信息中心统一规划、统一技术标准、统一设备选型、统一实施，完成了北京、宜昌、成都办公楼、三峡国际公司、溪洛渡、向家坝、白鹤滩等办公无线网的统一建设，以区域性无线网络中心的方式并入集团公司网络，做到了一人一账号的多地漫游使用。各区域内三峡发展、水电公司、设备公司、财务公司、实业公司等单位都可以接入使用，避免了盲目建设、重复建设。

20xx 年集团各所属公司按集团信息中心与主要电信运营商签订的广域网专线链路租用框架协议中的价格优惠租用省内、省际专线链路。以每条 2M 的省际专线链路为例，月租用费用由 8000 元降低至 5000 元，每年节省 3.6 万元。根据统计，目前集团公司各单位和所属公司共租用电信运营商链路带宽 702M，按每 2M 月节约 0.3 万元计算，每年可为集团公司节约成本 702×3.6 万元 $/2 = 1263.6$ 万元。

综上所述，20xx 年集团公司通过数据中心统一建设管理、云计算平台建设管理节约成本 2510 万元，通过网络统一建设管理节约成本 1263.6 万元，集团公司 IT 基础设施集中管理共节约成本 3773.6 万元。

G22　三维设计系统效益分析报告（示例）

G22.1　BIM 技术应用范围与深度

20xx 年上海院开展 BIM 技术项目有 25 项，行业类型覆盖水利水电、风电、生态环保和建筑市政，阶段包括了可研、初设、招标、施工图等设计阶段和工程全生命周期应用，项目开展形式包括工程应用、咨询、产品研发、标准编制等。依托长江大保护九江水环境治理（一期）、大连庄河海上风电、福建风电智慧产业园等重点工程项目，开展了 BIM 标准体系制定、BIM 平台产品开发、施工组织模拟、无人机实景模型建立、场地布置模拟等大量的创新应用，各业务部门应用 BIM 技术的热情度、参与度提升显著，产品质量有显著提升，也锻炼和扩大了 BIM 技术人员队伍。

G22.2　工程数字化市场取得重大突破

20xx 年公司工程数字化市场取得重大突破，20xx 年新签工程数字化合同 7 项，合同额近 1338 万元，收款 636.626 万元，BIM 技术驱动上海院数字化转型速度加快。

G22.3　经济效益分析

除了市场化项目承接，通过 BIM 技术在降本增效方面也发挥了巨大作用。通过 BIM 协同平台云部署，在福建智慧产业园等 4 个项目上实现与业主、施工单位等的在线协同和沟通，乌干达伊辛巴水电站项目通过三维设计成果的直接交底，大大减少了设计人员数量。通过 BIM 技术，20xx 年全年减少的差旅成本和会议成本超过 80 万元。

通过对市场化项目承接和成本的统计，20xx 年三维设计系统（BIM 技术）应用直接经济效益超过 726 万元。

G23　设计管理系统效益分析报告（示例）

G23.1　项目管理信息系统

上海院所有项目（含公司本部和二级单位）的项目评审、通知单下达和合同登记等管理均通过系统完成，全年共下达通知单 896 个，按时间要求及时完成审批 870 个，及时率 97.1%；全年签入设计合同 651 个，完成与项目编号对应的共 637 个，对应率达到97.8%。

通过系统完成上海院所有勘测设计项目的任务单下达、项目进度计划的制定、项目费用的申请和下达、专业进度计划管理、分承包项目的全过程管理、专业人员工卡填报等工作。全年共下达勘测设计项目生产任务单 625 个，按时间要求及时完成审批 578 个，及时率为 92.5%。全年立项项目 502 个，完成项目进度计划的有 453 项，完成率 90.2%。在 629 个需要下达费用的项目中，529 项及时完成项目费用核定，完成率 84.1%。招标及采购项目累计 342 项，完成设计分包流转（网上流转）335 项，完成率 98%。在 651个开展工作的项目中，完成工作裁剪及反馈 590 项，占立项数的 90.6%。应填报工卡的专业人员 688 人，实际填报 669 人，覆盖率 97.2%。

G23.2　协同设计系统

20xx 年，上海院通过协同设计系统实现了所有勘测设计项目产品全过程管理，设计人员将产品成果传入系统并发起设校审流程，开展资料互提和产品会签等操作，完成校审流程的产品通过系统完成电子签名加载、出版打印和归档等工作。全年有交付记录的项目 237 个，开展协同设计应用的项目 228 个，覆盖率达 96.2%。

开展协同设计系统应用工作质量的监督工作，通过公司产品质量检查、部门质量监督自查、立功竞赛项目质量记录复查、管理体系内部审核等方式对产品质量校审、产品质量评分等工作质量进行抽查。根据产品校审、产品质量评分的监督检查情况，编制和发布季报。

G23.3　知识管理系统

全面深入应用知识管理系统（SKM），20xx 年全年 SKM 系统新增知识 4.42 万条，其中导入的工程知识 2.42 万条，各部门人工发布的知识点 640 条，分享到专业门户的知识点 373 条，分享的学术交流资料 83 条；共计 477 人登录 SKM 知识管理系统，登录入次 3680 人次，知识浏览 9495 条。随着知识的积累和浏览人次的增加，SKM 的运行效益正在逐步显现。按季度完成知识管理系统应用统计与分析，及时反馈统计结果。

G23.4　经济效益分析

借助设计管理系统大大减少了的项目管理人员数量，全年通过系统开展近 600 个项目应用，在任务、进度和费用管理上可以节约 12 名管理人员，按年人均 50 万元进行计算，节省 600 万元。通过系统可以与 4 个外地分公司，8 个工地现场实现快速的数据交换，实现异地办公，减少差旅费开支，20xx 年平均节约差旅费 5（万元）× 12（月）= 60 万元。另外，如每一名工程技术人员利用 SKM 知识管理系统节省 5% 的工作量，则每年可降低 3300 万元的人工投入。因此，通过设计管理系统的运行，20xx 年为上海院带来了约 3960 万元（600 万元 + 60 万元 + 3300 万元 = 3960 万元）的直接经济效益。

G24 合同综合管理系统效益分析报告（示例）

G24.1 系统简介

（1）系统概况

20xx 年，合同综合管理系统账号总数 5400 个，共访问人次 232 623 次，日平均访问次数 7503 次。

（2）系统功能和应用效果

合同综合管理系统主要有合同审批、合同用印、合同支付、合同变更等模块。2018 年合同审批及用印共 15 137 份，合同支付 4377 份，合同变更 2377 份。

G24.2 直接效益分析

合同综合管理系统通过网络协同方式，提高了办公效率，省却了文件传递环节，节省了时间和打印纸张。

通过系统进行合同审批及用印，合同支付和变更提高了办公效率，以办理每份合同从拟稿、内部审核、领导审批、打印归档节省 15 分钟计算，共节省 31 人月，以目前集团公司的平均人力资源成本 10 000 元 / 人月计算，20xx 年共节省 31 × 10 000 元 = 310 000 元。

通过系统进行合同审批、合同用印、合同支付、合同变更。20xx 年共处理 21 891 份，以每份需印 5 张文件，总共节约 A4 纸张 109 455 张。共节约经费 109 455 × 0.1 元 = 10 945.5 元。

共产生经济效益金额约 320 945.5 元。

G24.3 间接效益分析

通过系统大大提升了合同流转速度，当领导出差，也可以通过移动审批进行审批合同，并且使合同支付能够更快地进行，节约了人员签订合同的时间成本，不用经常找领导签字，进行重复工作。

文中注释

Notes

[1] 萨班斯法案，其全称为《2002 年公众公司会计改革和投资者保护法案》，由美国参议院银行委员会主席萨班斯（Paul Sarbanes）和众议院金融服务委员会（Committee on Financial Services）主席奥克斯利（Mike Oxley）联合提出。

[2] "斯达模式"：以数据信息为基础，以计算机网络化为手段，把握"两个市场（采购、销售）、一个源泉（生产）"，以旬成本电算化为核心，进行两级控制、两级制约，促进定性管理向定量管理、静态管理向动态管理、事后管理向超前控制的转变，不断追求高效益。

[3]《都柏林核心元数据元素集》：1995 年 3 月，由 OCLC（Online Computer library Center，联机计算机图书馆中心）和 NCSA（National Center for Supercomputing Applications，美国国家超级计算应用中心）联合在美国俄亥俄州的都柏林镇召开的第一届元数据研讨会上，产生的精简元数据集。是一种跨领域的信息资源描述标准，为信息资源定义了 15 种属性。

参考文献
References

[1] 唐志豪，计春阳，胡克瑾．IT 治理研究述评 [J]. 会计研究，2008（5）：76-82.

[2] ITGI. Board Briefing on IT Governance（2001）. www.itgi.org

[3] 孟秀转，于秀艳，郝晓玲，等．IT 治理：标准、框架与案例分析 [M]. 北京：清华大学出版社，2012.

[4] 孙强，郝亚斌，郝晓玲，等．IT 治理：中国信息化的必由之道 [J]. 办公自动化，2004（1）：5-8.

[5] 周志明，崔森．制造型企业数字化转型的研究 [J]. 管理观察，2014（21）：80-82.

[6] 金和平．以价值为导向的 IT 治理实践 [J]. 水电与抽水蓄能，2020，6（4）.

[7] 唐志豪．IT 治理与企业绩效关系的实证研究 [M]. 北京：经济科学出版社，2012：144-152.

[8] 李维安，王德禄．IT 治理及其模型的比较分析 [J]. 首都经济贸易大学学报，2005（05）：44-48.

[9] Weill Peter，Jeanne W Ross. IT Governance：How Top Performers Manage IT Decision Rights for Superior Results[M]. Harvard Business School Press，2004：10-20.

[10] 维尔，罗斯．IT 治理：一流绩效企业的 IT 治理之道 [M]. 杨波，译．商务印书馆，2005（5）.

[11] 樊启祥，强茂山，金和平，等．大型工程建设项目智能化管理 [J]. 水力发电学报，2017，36（2）：112-120.

[12] 金和平，潘建初，朱强．水电工程信息化特征、架构与实践 [J]. 水电与抽水蓄能，

2018, 4（5）：1-9.

[13] 林初学, 毕亚雄, 梁福林, 等 . 移民管理信息系统研发与应用 [C]. 全国电力行业企业现代化管理创新 5 年经典案例集（《中国电力企业管理》2015 年第一期增刊）, 2015：520-523.

[14] 樊启祥, 金和平, 翁文林, 等 . 基于数字流域的梯级水电工程管理系统设计与应用实践 [J]. 水力发电学报, 2016, 35（1）：136-145.

[15] 金和平, 柳东, 张睿, 等 . 基于 BIM 的水电资产全生命周期管理系统架构及实践 [J]. 水电与抽水蓄能, 2021, 7（4）：7-14.

[16] 孟秀转 . IT 控制能力与企业绩效关系的理论与实证研究 [M]. 北京：清华大学出版社, 2013.

[17] Mathias Salle. IT Service Management and IT Governance：Review，Comparative Analysis and their Impact on Utility Computing [J]. 2004.

[18] 徐璐璐, 叶鹰 . 从新冠肺炎疫情反思国家医学情报体系建设 [J]. 信息资源管理学报, 2020, 10（6）：38-46.

[19] 金和平, 潘军, 韦昌辉, 等 . 城市新区三维可视化平台设计及应用实践 [J]. 电脑知识与技术, 2020, 16（17）：22-24.

[20] Michael Hammer，James Champy. Reengineering the Corporation：A Manifesto for Business Revolution[M]. London：Nicholas Brealey Publishing，1993：30-51.

[21] 高复先 . 信息资源规划：信息化建设基础工程 [M]. 北京：清华大学出版社, 2002.

[22] 李飞, 李韦 . 地方政府推动智慧城市建设的政策工具选择——基于贵州省推动智慧城市建设的政策文本分析 [J]. 城市观察, 2019（1）：132-146.

[23] Modeling Enterprise Architecture with TOGAF®[M]. Elsevier Inc，2014.

[24] 金和平 . 大型集成化工程管理系统 TGPMS 设计、开发与实施 [J]. 中国工程科学, 2004, 6（3）：80-85.

[25] 韩海亮 . 基于信息化技术的物资管理模式探究——以溪洛渡水电站为例 [J]. 水电与新能源, 2014（5）：34-36.

[26] 张诚, 陈国庆, 杨兴斌, 等 . 跨区域大型水电站群电力生产管理信息系统（ePMS）[C]//. 电力行业信息化优秀成果集 2013. 2013：202-224.